本专著受北京市社会科学基金（17GLG011），北京工商大学工商管理学科高精尖学科建设项目（19008021087）和北京工商大学商学院发展基金项目（20601643007）的支持

开放式创新合作对企业创新绩效的作用机理

高俊光 著

中国财经出版传媒集团
中国财政经济出版社

图书在版编目（CIP）数据

开放式创新合作对企业创新绩效的作用机理 / 高俊光著. -- 北京：中国财政经济出版社，2021.11
ISBN 978-7-5223-0673-5

Ⅰ.①开… Ⅱ.①高… Ⅲ.①技术革新-技术合作-影响-企业创新-企业绩效-研究 Ⅳ.①F273.1

中国版本图书馆 CIP 数据核字（2021）第 147034 号

责任编辑：彭 波　　责任校对：张 凡
封面设计：卜建辰　　责任印制：史大鹏

中国财政经济出版社 出版
URL：http://www.cfeph.cn
E-mail：cfeph@cfeph.cn

社址：北京市海淀区阜成路甲 28 号 邮政编码：100142
营销中心电话：010-88191522
天猫网店：中国财政经济出版社旗舰店
网址：https://zgczjjcbs.tmall.com
北京财经印刷厂印刷 各地新华书店经销
成品尺寸：170mm×240mm 16 开 15.5 印张 239 000 字
2021 年 11 月第 1 版 2021 年 11 月北京第 1 次印刷
定价：78.00 元
ISBN 978-7-5223-0673-5
（图书出现印装问题，本社负责调换，电话：010-88190548）
本社质量投诉电话：010-88190744
打击盗版举报热线：010-88191661 QQ：2242791300

前　　言

2021年3月12日，《中华人民共和国国民经济和社会发展第十四个五年规划和2035年远景目标纲要》（以下简称《纲要》）正式发布。《纲要》提出，加强原创性、引领性科技攻关。在事关国家安全和发展全局的基础核心领域，制定实施战略性科学计划和科学工程。《纲要》中，有四章着力强调科技创新，涉及以“整合优化科技资源配置，加强原创性、引领性科技攻关，持之以恒加强基础研究，建设重大科技创新平台”实现强化国家战略科技力量；以“激励企业加大研发投入，支持产业共性基础技术研发，完善企业创新服务体系”实现企业技术能力提升；以“培养造就高水平人才队伍，激励人才更好发挥作用，优化创新创业创造生态”来激发人才创新活力；以“深化科技管理体制改革，健全知识产权保护运用体制，积极促进科技开放合作”来完善科技创新体制机制。

随着技术由经济增长的外生变量转化为内生变量，技术创新的重要性日益凸显。技术创新不仅是企业增长和发展的重要动力，还是国家经济行稳致远的活力之源。习近平总书记在党的十九大报告中10余次提到“科技”，50余次强调“创新”，特别强调了“突出关键共性技术、前沿引领技术、现代工程技术、颠覆性技术创新……”。以创新为主要动力的发展模式已然成为中国，乃至世界经济发展的主流。企业是创新的中坚力量，其创新能力是国家创新驱动力的重要组成部分，提升企业创新能力是实现国家经济发展模式转变的重要保障。然而，技术环境的动态性和复杂性，使企业很难拥有创新所需的全部能力，尤其是原创性、引领性技术和基础研究的成功突破，更加需要企业跨界整合多种资源。《纲要》中对科技创新平台建设、创新服务体系完善、促进科技开放合作等方面的强调，也正是为保障各种创新主体以开放合作的方式整合多方知识，实现原创性、引领性技术和基础研究的突破发展。

然而，迄今为止，关于开放式创新合作对企业创新绩效的作用机理，理论界和实践界尚未给出系统的解答。也就是说，开放式创新合作的哪些特征要素会影响企业创新绩效，影响机制如何？开放式创新合作的不同方式会对企业创新绩效有何种具体作用？此外，现有实证研究中以中国中小企业，尤其是以中国新创企业为对象的研究就更少，这与新创小企业在国家经济和社会发展中的战略地位是不相符的。为了解决上述问题，系统探究开放式创新合作对企业创新绩效的作用机理，并关注新创小企业的情况，既是技术创新领域理论研究的重要命题，也是企业和产业发展的紧迫议题，同时也是国家实现原创性、引领性技术和基础研究突破发展的内在需求。为此，本书探究了如下几项主体内容：

(1) 企业层面，研究企业创新合作广度和深度对企业创新绩效的作用机理。以中国新创小企业为对象，研究企业创新开放度对创新绩效的影响，并考虑吸收能力和市场环境的作用，进一步探索这种影响的发生机理。数据来源于全球创业观察（Global Entrepreneurship Monitor，GEM）。研究结果表明：①企业创新开放式创新合作广度、深度均对企业创新绩效有显著正向影响；②开放式创新合作广度、深度均对吸收能力有显著正向影响；③吸收能力对企业创新绩效有显著正向影响；④吸收能力在开放式创新合作广度、深度与企业创新绩效之间均起到部分中介作用；⑤市场竞争性正向调节开放式创新合作广度与企业创新绩效的关系，负向调节开放式创新合作深度与企业创新绩效的关系；⑥市场动荡性正向调节开放式创新合作深度与企业创新绩效间的关系，负向调节开放式创新合作广度与企业创新绩效的关系。

（2）企业家层面，研究企业家社会网络合作对企业创新绩效的作用机理。运用定量研究与定性研究相结合的方法，论证了作为企业获取外部资源的主要途径，企业家社会网络有利于提升企业创新绩效。首先，该项内容利用 GEM 数据，基于社会网络理论（Social Networks Theory，SNT）和资源基础观（Resource Based Theory，RBT），通过相关分析和回归分析，实证研究企业家社会网络对企业创新绩效的影响，并考虑企业家创业能力和创业动机的调节作用。研究结果表明，企业家的正式社会网络和非正式社会网络均与企业创新绩效呈显著正相关关系，且企业家创业能力和创业动机均正向调节上述关系。其次，为了探究上述关系的内在机制，对来自 14 家企业的 14 位企业家进行了半结构化访谈，基于资源管理理论（Resource Management Theory，RMT）和跨界知识搜索和转化过程，采用内容分析法，提出了企业家社会网络对企业创新绩效的作用机制模型。

（3）平台层面，研究开放式创新平台对跨界知识获取与整合的作用机理。以 HOPE 平台为研究对象，对 HOPE 平台不同层级的工作人员进行大量访谈依据理论分析框架梳理访谈内容，构建开放式创新平台跨界知识搜索与整合的机制模型。继而通过对典型产品的跨界知识获取与整合的全阶段分析，修正和完善该机制模型。①分析了 HOPE 平台跨界知识搜索与整合的过程，并将其分为动机形成、跨界知识搜索与跨界知识整合三个阶段。并将三阶段进一步细分为发现需求、定义需求、拆解需求、搜寻资源、评估资源、二次开发、技术验证七个环节；②明确了各阶段、各环节之间的交错、循环关系，描绘了 HOPE 平台促进企业跨界知识搜索与整合的路径；③确定了开放式创新平台在跨界知识搜索与整合过程中各阶段的具体作用。在动机形成阶段及时发现用户需求，在搜索阶段有效分解问题并找到相关的技术资源，在整合阶段弥补成员角色、协调合作并提供信用保障。

（4）开放式创新合作对企业创新绩效作用的国家异质性。利用全球创业观察（GEM）的调查数据，采用实证研究方法，以中国、巴西、印度尼西亚、泰国和尼日利亚为例，探究企业间合作对企业创新绩效的作用是否存在国家间差异。研究结果表明：在中国、巴西与印度尼西亚，企业间合作并不能带来创新绩效的显著提升；而在泰国和尼日利亚，企业间合作对创新绩效有显著的提升作用。

(5) 案例研究。其一，是 DB Schenker［德国铁路（信可）全球货运代理有限公司］厦门公司的供应链合作创新案例。由于第三方物流行业竞争加剧、客户需求不断趋于多样性和异质性，以及客户的成本压力不断加大等多重原因，致使传统客户关系管理难以在新的竞争态势下保持优势。在此背景下，DB 厦门以“为客户创造价值”为导向，针对劣势环节，建立供应链生态圈，挖掘优势环节，再创新模式，最终成功打造了“多方共赢的价值生态圈”。其二，是海尔 HOPE 平台的跨界融合案例。海尔开放式创新平台 HOPE 注重精准定位用户需求，结合跨界知识打造出一系列创新产品，为中国企业开放式创新探索出一条新的可行路径，为企业打破远距离知识获取和整合困境开拓了一种有效途径，为开放式创新平台的发展提供了可借鉴的经验。

总体而言，首先，本书以企业（尤其关注新创小企业）和企业管理者为主体，探究企业开放式创新合作广度和深度，以及企业家社会网络合作对企业创新绩效的作用机制”；其次，从开放式创新合作的目标着眼，探究企业获取和整合跨界知识的有效途径，实证研究了开放式创新平台对企业获取和整合跨界知识的作用机制；最后，通过 DB 厦门公司的供应链合作创新案例，以及海尔 HOPE 平台的跨界融合案例，进一步论证了开放式创新合作对企业创新的作用。该研究系统探究了开放式创新合作对企业创新绩效的作用机制，对企业构建行之有效的开放式创新战略具有借鉴意义，对政府部门制定提升开放式创新合作效用的政策具有指引作用。从而，该研究将对我国实现原创性、引领性技术和基础研究的突破发展有所助益，也是对《纲要》的有效响应。

目　　录

第1章
绪　论

1.1 研究背景和问题提出

党的十九大报告强调，要坚定实施创新驱动发展战略。企业是创新的主体，是推动创新创造的生力军。2020年7月1日，习近平总书记在企业家座谈会上强调"……努力把企业打造成为强大的创新主体。"创新能力已成为企业增强核心竞争力、在国际市场上维持竞争优势并获得超额利润的关键能力。然而，随着竞争加剧，研发成本不断增加，创新活动的不确定性提高以及创新资源稀缺性加剧，企业仅靠内部资源进行创新变得愈加困难。于此情境下，通过合资、技术购买、研发外包和合作研究等多种方式，利用开放式创新模式，从企业外部获取创新思想和知识技术资源，已经成为越来越多中国企业的现实选择。

随着技术复杂性、创新不确定性和市场竞争的加剧，企业仅依靠内部资源进行"闭门造车"式的创新已经很难保证创新绩效的有效提升，更难以在激烈的市场竞争中取得胜利。现实中，即使具有技术优势的企业也需要借助外部知识、技术等创新资源完成其创新活动，对于自身知识和资源都较为匮乏的中小企业来说尤其如此。基于创新实践的变革，Chesbrough（2003）提出开放式创新模式的概念，认为在技术创新过程中，企业同时利用内外部创新资源能够建立并保持竞争优势。企业要想在激烈的市场竞争中立足，就必须转向"开放式创新"的发展模式，积极与外部组织进行合作，不断构建与客户、供应商、同行企业、高校及科研机构等外部组织的合作网络，获取外部技术知识、节约研发开支、降低研发风险，进而不断提升企业创新绩效(De Noni et al.，2018)。

近年来，开放式创新合作与企业创新绩效间的关系一直是创新管理领域研究的热点问题，虽然现有文献已从多种角度对两者间的关系进行了广泛研究，但仍存在以下局限：

首先，伴随着市场环境日益呈现出的高度不确定性，开放式创新逐渐演变成一种更为复杂的活动，企业应判断市场环境的复杂程度，合理调整开放度（韵江等，2012）。现有研究论证了企业创新开放度和创新产出之间的联系，但对相应关系的发生机理关注不足（陈君达、邬爱其，2011）。为此，本书引进与创新开放度密切相关的两个因素——吸收能力和市场环境，将创新开放度、外部市场环境和内部吸收能力以及创新绩效纳入同一框架，探究企业创新开放度对创新产出的作用机理。同时，国外现有实证研究大多针对发达国家，尤其关注大型企业（Van de Vrande et al.，2009），国内此类研究相对较少，且该领域以中国中小企业，尤其是以中国新创企业为对象的研究相当匮乏。因此，本书内容将关注中国新创企业，探究企业开放式创新合作广度和深度对企业创新绩效的作用机理。

其次，尽管社会网络对创新的影响最近得到了越来越多研究者的关注，但仍存在三个不足：第一，现有研究大多基于行业层面（Lee，2015），为数不多的基于企业层面的研究，集中关注成熟企业，缺乏对新创企业的关注(Watson，2007)；第二，现有关于社会网络与企业创新间关系的研究结论尚存在争议。部分研究表明社会网络通过为企业提供更多的异质性资源，推动企业创新（Ozman，2009），部分研究则认为社会网络阻碍企业创新（Adler，Kwon，2002），认为社会网络中的友谊会使得网络成员过度嵌入，这种密切的关系会阻碍新进入者，进而阻碍新想法的提出，影响企业创新。与成熟企业相比，社会网络是新创企业仅有的获取外部资源的途径之一，因此，关注社会网络的作用对新创企业获取资源尤为重要；第三，现有研究集中关注社会网络与企业创新间的相关关系，对其内在作用机制关注不足。因此，本书明确提出了两个研究问题：企业家的社会网络对企业创新绩效起何种影响？这种影响是如何发生的？为了解决第一个问题，该部分利用 GEM 数据库中 1057 家中国企业进行了定量研究，并将企业家社会网络、企业家创业能力、企业家创业动机及企业创新绩效纳入同一框架，揭示了企业家社会网络与企业创新绩效之间的关系。为了回答第二个问题，我们展开案例研究，通过对来自 14 家企业的 14 位高管进行半结构化访谈，探索企业家社会网络对创新绩效作用的内在机制。

再次，技术环境的动态性和复杂性，使企业很难拥有创新所需的全部能力。为了弥补创新能力不足，获取和整合外部知识成为企业创新的必然选择（曾德明，文金艳，2015）。而外部知识中的远距离知识（Distant Knowledge：DK）对企业创新，特别是对突破性创新尤为重要，这一点已经得到产业界和学术界的一致认可（曾德明、文金艳、2015；Kaplan、Vakili，2015）。矛盾的是，DK 会引发获取、吸收和转化上的困难（Cohen、Levinthal，1990；Phene et al.，2006），以致企业的知识搜索范围往往局限于相似领域和邻近区域（Phene et al.，2006；Katila、Ahuja，2002；应洪斌，2016）。因而，如何帮助企业获取和转化 DK，进而提升企业创新能力，特别是突破性创新能力，既是技术创新领域理论研究的重要命题，也是企业和产业发展的紧迫议题。但迄今为止，学术领域依然未能给出系统而可操作的解决方案，企业成功获取和转化 DK 充满偶然性与随机性。是否存在某种途径与机制，能够在 DK 与企业知识基础之间构建一条通道，缩短相对知识距离？为此，本书将基于产业实践的成功经验，以海尔 HOPE 为对象，通过大量访谈和典型案例分析，研究开放式创新平台对企业获取与整合跨界知识的作用机理。

此外，现有关于开放式创新合作对企业创新绩效作用的研究主要集中于某一类国家，尤其关注发达国家（Akçomak、Weel，2009）。近年来，越来越多的学者开始关注创新合作对企业创新绩效的作用是否存在国家异质性，但仍然聚焦于发达国家，尤其是欧洲的国家，对发展中国家的关注不足。因此，研究创新合作对创新绩效的影响至关重要。同时，中国作为典型的"关系型"社会，基于社会关系的创新合作对企业行为具有重要影响，对中国情境下这一问题的探讨具有重要的现实意义。然而，尽管创新合作对企业创新绩效的影响越来越成为一个值得探讨的问题，但很少有研究以发展中国家的中小企业为研究对象。针对现有研究的局限，本研究将采用 GEM 的调研数据进行横向跨国比较，以中国、巴西、印度尼西亚、尼日利亚和泰国为例，阐述企业合作对小企业创新的影响，揭示这种影响在发展中国家是否存在异质性效应，本书有利于政府有针对性地制定提升中国小企业创新能力、促进中国小企业进一步发展的战略和政策。

最后，本书以 DB 厦门的供应链合作创新和 HOPE 平台的跨界融合为例进行定性案例分析。一方面，进一步验证上述实证研究；另一方面，系统探索开放式创新合作对企业创新绩效的作用机制，并厘清开放式创新能力形成的根源和路径，为企业有效建构完备的、与创新产出相互支撑的开放式创新合作战略提供全面的视角和便于理解便于实践的指导，也是我国建设创新型国家，发展创新型企业，推动经济高质量发展的内在需求。

综上所述，本书将整合企业的开放式创新合作广度、深度，企业家社会网络合作，跨界知识获取与整合，以及开放式创新合作的国家间差异等几个不同视角，系统探究开放式创新合作网络对企业创新绩效的作用机制。研究结论对于拓展和丰富创新领域的研究具有重要理论意义，对于帮助企业制定行之有效的开放式创新战略，提升企业创新能力具有重要实践意义。同时，本书有效响应了《中华人民共和国国民经济和社会发展第十四个五年规划和2035 年愿景目标纲要》对科技创新领域的规划。

1.2 研究意义

1.2.1 理论意义

本书基于资源基础理论、资源管理理论、组织学习理论、知识基础理论、社会网络理论、问题搜索理论和高层梯队理论，系统探究开放式创新合作网络对企业创新绩效的作用机制，具有很强的理论意义，具体如下：

（1）拓展企业创新绩效和创新开放度领域的研究，从企业创新合作层面提出促进创新绩效提升的开放策略。

首先，对于新创小企业的创新绩效提升，现有研究还相对匮乏，本书较为新颖地从开放度层面提出了新创小企业解决创新问题和提高创新绩效的方法。其次，对于创新开放度研究，本研究将企业外部因素——市场不确定性和企业内部因素——吸收能力，与开放式创新合作广度与深度纳入同一框架。这一框架下，对市场环境的考量将使得企业开放式创新合作策略更适应外部环境需求，使企业更好地规避风险；对吸收能力的考虑，将解析开放度对吸收能力的补偿作用，探析企业的外部合作与内部能力基础间的互动关系，从而得以从理论上指导企业建构内部能力与外部资源相匹配的开放式创新战略。

（2）建立社会网络作用于企业创新绩效的系统研究框架，从企业家社会网络合作层面揭示开放式创新合作对企业创新绩效的作用机制。

首先，本书引入创业能力和创业动机作为调节变量，解释了企业家社会网络对企业创新绩效的具体作用机制，并初步揭示了企业家社会网络对企业创新绩效作用的“黑箱”。其次，本书采用心理学领域的个体差异理论，揭示了企业家社会网络（正式网络和非正式网络）对企业创新绩效的影响机制。本书从个体差异的角度出发，具体以企业家创业动机和创业能力作为调节变量，拓展了个体差异理论的适用范围，也为企业家应对个体差异造成的影响提供了理论参考。最后，本书基于资源管理理论和跨界知识搜索理论进行了定性研究，解释社会网络如何影响企业创新绩效，不但深度揭示了企业家社会网络对新创企业创新绩效作用的“黑箱”，也丰富了资源管理理论和跨界知识搜索的应用范围。此外，本书的机理模型也为未来研究提供了有价值的参考。

（3）构建了基于开放式创新平台的跨界知识搜索与整合路径的理论模型。

本书基于知识基础理论、组织学习理论和问题式搜索理论，从跨界知识搜索与整合视角出发，以 HOPE 平台为研究对象，探索了开放式创新平台如何助力企业进行跨界知识搜索与整合。通过梳理相关理论文献，分析前期访谈资料，初步形成了跨界知识搜索与整合路径的分析框架。继而，通过整理和分析全部访谈构建了开放式创新平台跨界知识搜索与整合的理论模型。从理论上深度解析了开放式创新平台对搜索与整合跨界知识的作用，通过逐步分解跨界知识搜索与整合的不同阶段，以及开放式创新平台在不同阶段的作用，提出修正的理论模型，从理论上为企业搜索与整合跨界知识的困境提供一个可操作的解决方案，丰富了跨界知识领域的理论研究。

（4）揭示开放式创新合作对企业创新绩效影响的国家异质性，从国家差异角度提出促进创新绩效提升的企业开放式创新合作策略。

首先，现有文献关于开放式创新合作对企业创新绩效的异质性效应研究，主要关注发达国家。缺乏对中国等新兴和发展中国家的关注，本书较为新颖地以发展中国家为例，探索开放式创新合作对企业创新绩效影响的国家异质性。其次，尽管一些关于发展中国家的研究指出，创新合作或互动是新兴经济体和发展中国家的中小企业提升创新能力的重要途径，创新合作对中小企业创新的影响也越来越成为值得深入探索的问题，但以发展中国家的中小企业为对象的研究却依然相当匮乏。针对现有研究存在的上述局限，本书以中国、巴西、印度尼西亚、尼日利亚和泰国为例进行比较研究，试图阐述开放式创新合作对小企业创新的影响，揭示这种影响的国家异质性，研究结论将为促进中国小企业创新能力提升提供理论支撑。

1.2.2 实践意义

本书基于企业开放式创新合作广度、深度，企业家社会网络合作，跨界知识获取与整合，以及开放式创新合作的国家间差异等不同的视角，系统探究了开放式创新合作对企业创新绩效的作用机制，对于帮助企业提升创新能力具有重要实践意义，具体如下：

（1）为我国企业，尤其是新创小企业提升创新能力提供了明确的管理策略。

本书基于国家创新创业战略背景，顺应当前“大众创业、万众创新”热潮，关注中国新创小企业，与经济和社会发展关系密切，具有较大的现实意义。

首先，提出了新创小企业应重视外部知识搜寻，重视培养企业外部知识搜寻的能力，以及应对创新知识匮乏窘境的对策。提出企业应积极拓展和不同外部主体的联系，建议企业加强与供应商、客户、科研机构、竞争对手之间的互动交流，并强化双方交流的密切关系。比如从顾客中搜寻新的创意，从供应商中搜寻改善采购质量和降低成本的知识，从科研机构中搜寻可能的突破式创新机会和知识。同时，在搜寻外部知识的过程中，有利于提高组织动态能力，特别是吸收能力，实现对不同来源的知识进行整合应用。开放度越高，越有利于实现组织内、外部学习的融合和转化，资源获取的过程就是吸收能力动态提高的过程。中小企业开放式的组织文化特点、灵活的组织结构和企业家精神都会影响企业开放的程度。因此，企业还应重视开放、开明企业文化的培养，同时调整组织架构。

其次，新创小企业应该灵活适应外部市场环境，根据不同的市场环境，选择不同的开放策略，合理把握开放度，最大限度地规避新创弱性和小企业弱性带来的失败风险。一方面，在竞争激烈的市场环境中，管理者应重点拓宽开放的广度，尝试与更多的外部主体建立联系，广泛获取不同类型的知识资源，做好资源分配和战略目标的调整，发现一些可能存在的商业机会，为创新提供可行的方向。另一方面，在动荡、难以预测的市场环境下，管理者应重点加强开放深度，加强与现有外部主体的深度交流，从而有利于获取更加准确的信息和知识，以便能够准确预测和应对市场变化，继而有利于企业在动荡的市场环境中占据一定的市场份额。

最后，新创小企业初始资源不足，为了实现企业快速成长，要特别重视吸收能力在知识转化为创新绩效过程中的驱动作用。从知识转移视角，吸收能力动态提高的过程，就是把外部知识整合到组织内部知识体系的增值过程。吸收能力有利于企业全面探索外部资源，包括市场信息和技术知识，这不仅能够丰富企业现有知识基础，弥补内部稀缺的创新资源，而且能够在一定程度上帮助企业开发市场机会，提升企业内部创造力，促进新创企业快速成长，建立竞争优势。因此，建议企业开展系统的员工培训并建立学习激励制度，重视对员工吸收能力的培养。建议企业从管理因素、组织因素多方面培养吸收能力。

（2）论证企业家社会网络与企业创新绩效间的关系，并考虑创业能力和创业动机的作用，为企业家通过其社会网络提升企业创新绩效提供借鉴。

首先，本书证实了社会网络对新创企业创新绩效的重要性。因此，企业家应努力发展社会网络，加强与正式网络和非正式网络之间的联系，加强与网络行动者的沟通，发现并积极利用网络中的资源。根据定性研究，非正式网络是企业家获取外部资源的更重要途径，企业家应重视非正式网络中的资源。

其次，企业家应考虑自己的特点，了解自己的创业能力和创业动机。本研究发现，良好的创业能力有助于高管通过社会网络识别和获取资源。一方面，企业家应注重培养创业自我效能感、机会警觉性和风险倾向；另一方面，企业家在社会网络中展示自己的能力并建立良好的声誉也是至关重要的。对于机会动机型高管而言，应发挥其主观能动性，积极地从社会网络中识别和获取创业动机方面的资源。对于生存型创业者，在创业时应该谨慎，在创业前努力找到好的商机。如果选择创业，应及时调整心态，保持积极主动的态度，与网络行动者沟通，积极从社会网络中寻找资源。

再次，研究结论可以提高企业家利用社会网络资源的效率。本书有助于企业家理解如何准确有效地识别网络资源，快速获取资源，提高资源整合效率，将资源转化为有价值的能力，并考虑战略目标和行业环境，提升企业创新绩效。

最后，本书建议政府部门为创业者提供提升创业能力的机会，并营造良好的创业环境，提升他们的创业积极性，推动建设创新型国家。

（3）为企业克服远距离知识获取与整合的障碍提供了一条可行的路径。

本书通过详细的分析，构建了跨界知识搜索与整合路径模型，包括需求发现、需求定义、需求拆解、资源搜寻、资源评估、二次开发和技术验证七个环节，为企业进行跨界知识搜索和整合提供有效的解决方案，从而提高企业跨界知识搜索和整合的效率，对企业摆脱因无法搜索和整合跨界知识而形成的能力陷阱和路径依赖做出实际贡献。同时，本研究系统构建开放式创新平台跨界知识搜索与整合路径的模型，促进企业从行为角度全面且深入地了解跨界知识搜索与整合的全过程，以提升企业跨界知识搜索与整合的成功率，并为帮助企业有效构建基于开放式创新平台的跨界知识搜索与整合路径提供完整的解决方案。

（4）为小企业提升创新能力，以及为政府制定促进企业间合作的政策提供指引。

本书关于开放式创新合作对企业创新绩效影响的国家间差异的研究结论，为提高我国小企业的创新能力提供了许多管理启示。首先，鉴于企业间合作有利于小企业创新小企业应积极寻找外部创新资源。其次，考虑到中国企业间创新合作在促进小企业创新方面表现不佳，中国的政策制定者应该关注制度政策的质量。最后，制度条例的质量将随着中国经济的发展而不断提高。因此，企业合作对小企业创新的影响会发生动态变化。本项研究内容还提出了一些政策建议，即改革规则和法规，以提高企业间合作的有效性，从而推动小企业创新。研究结果也表明，随着时间的推移，与外国企业的合作将为中国企业的创新带来更大效用，因此我国企业应关注对外合作。

1.3　文献综述

1.3.1　开放式创新概述

目前，企业面临着由快速变化的技术、动态信息环境和新型商业模式所带来的前所未有的环境复杂性（Pilav – Velic、Marjanovic，2016）。为了应对激烈的市场竞争和快速缩短的产品生命周期，企业必须用更高的效率来完成新产品研发工作。然而，技术复杂度与技术间融合度的不断增加，使得企业进行独立研发的风险越来越大，以合作为基础的开放式创新（Open innovation：OI）成为企业创新的必然选择，特别是当研发强度高的行业进行根本性创新时，或所需知识和技能在企业的常规领域以外时，与外部伙伴的合作更加重要。近年来，在互联网兴起的背景下，OI作为一种更方便、更可行的创新形式，被越来越多的企业采用，以提升创新绩效。

1.3.1.1　开放式创新的概念界定

在“开放式创新”这一概念提出以前，该领域学者使用“合作研发”这一术语，并将其界定为“企业与相关组织机构为克服研发过程中的高额投入、降低不确定性、规避风险、缩短产品研发周期、应对威胁，以及节约交易成本而组成的伙伴关系”（Dyer、Singh，1998）。Chesbrough（2003）率先提出“开放式创新”这一概念，并将之界定为“企业利用外部资源促进内部创新活动，同时通过市场渠道促进企业创新产出商业化”。此后，学术界普遍使用“开放式创新（Open Innovation）”这一提法，并从经济学、管理学、社会学等视角对开放式创新加以界定。典型地，部分学者对开放式创新的界定关注创新的过程性，认为开放式创新是企业利用内外部技术和思想来进行产品与服务开发的过程（Franke、Piller，2003），是技术转让、资产分派和信息反馈的过程（Hastbacka，2004）。另一类开放式创新界定更多关注内外部合作。一方面，强调在创新过程中的内外部知识和渠道的整合（Lichtenthaler，2011）；另一方面，强调以创新为目的的内外部知识汇聚（Chesbrough、Appleyard，2007）。此外，与开放式创新涵义接近的术语还包括“合作研发”、“合作创新”、“协作创新”等，这些术语与开放式创新是等价且可以相互转化的（Pilav - Velic、Jahic，2015）。

开放式创新是外在的过程，是对外部知识的探索。开放式创新的核心思想是将外部资源纳入创新网络。企业在外部知识搜寻过程中，通过获取外部资源和提升自身的吸收能力，可以在发展中获得盈利。鉴于许多企业在开放式创新管理上面临的难题，Lichtenthaler 和 Ernst（2012）基于早期的定义，将开放式创新的概念与关于知识管理、组织学习、组织界限的研究相联系（March，1991），提出以下定义：开放式创新是指在组织边界外进行知识探索、维护和利用，从而为创新活动提供知识基础。开放式创新的概念明确地考虑了组织的创新过程，Pilav - Velić和 Marjanovic（2016）的研究则是从创新过程的角度界定了开放式创新，认为开放式创新是企业整合内外部知识资源开发新产品和服务的过程。另外，内部活动对于开放式创新过程也是至关重要的。Cohen 和 Levinthal（1990）指出企业需要具备吸收能力，只有具有吸收能力才能更好地利用外部资源。

开放式创新有时与开源软件开发的相关概念混淆。虽然开源软件开发在整个行业价值链中重视价值创造，但通常被否认或淡化价值捕获的重要性（王钦、高山行，2010）。由于开源软件重视价值创造，如果采取公司层面的观点，按照开放式创新框架，许多开源活动并不能构成开放式创新的中心内容。因此，开源不一定是开放式创新的一部分。然而，如果企业依靠开源方法来开发产品，会采取开放式创新的方式。

1.3.1.2 开放式创新的研究领域

（1）开放式创新的核心研究。

现有文献一方面集中于开放式创新的概念界定，Chesbrough（2003）开创了开放式创新的时代，界定了开放式创新的概念，此后相关文献对这一概念做出进一步阐释（付群英、刘志迎，2016）。这一领域还包括开放式创新对公共政策的影响，涉及政策制定者如何应对开放式创新，并提出开放式创新的政策框架（Sang et al.，2012）。此外，还涉及开放式创新对区域创新体系的影响（魏江，2010）。也有研究关注到“用户参与”在开放式创新研究中的重要性，例如 Von Hippel（1988）指出用户是开放式创新的主要外部创新源，提出了“用户是创新者”的革命性观点。此后，越来越多的学者对于用户创新进行研究，提出了用户参与开放式创新的类别框架，包括用户参与社区和平台的动机研究，众包以及开源软件的研究（夏恩君、王文涛，2016）。另有部分文献通过阐述用户参与创新的具体案例，探索用户参与对合作创新的影响，认为用户参与提高了新产品优势和新产品开发流程的执行质量。

（2）开放式创新对企业能力的要求。

现有文献主要关注企业进行开放式创新所应具备的能力。研究普遍认为技术水平高、创新搜索能力强、内部研发能力强的企业有更多的机会与其他企业合作（Allen et al.，2000），例如，企业所应具备的创造能力、吸收能力、转化能力、连接能力、创新能力和解吸能力对开放式创新有重要作用（陈劲等，2011）。而信任、沟通作为企业自身的能力可以降低企业间的交易成本，从而促进开放式创新（Mora – Valentin et al.，2004）。例如，企业的信息技术可以正向影响合作创新（赵付春、冯臻，2015）。

（3）开放式创新的目标—跨界知识获取。

现有文献集中在开放式创新的外部知识获取上，主要分为两个维度。其一，影响企业外部知识获取的因素，包括企业规模，企业发展阶段，研发强度，吸收能力以及内外部研发的互补性（赵立雨、张彦海，2016）。其二，外部知识来源对企业绩效的影响，一方面探索研发合作对企业绩效的影响，强调与外部伙伴合作的重要性（Marchi，2012），另一方面关注开放度，例如开放广度、深度对企业绩效的影响（郭尉，2016）。同时该领域的文献还特别强调开放式创新对中小型企业的影响，包括中小企业开放式创新的措施以及相应措施对企业绩效的影响（王方，2016）。

（4）外部技术的商业化及特定行业的开放式创新研究。

文献一方面探索外部技术商业化的最佳实践模式，涉及产品与技术路线图的整合（Lichtenthaler、Muethel，2012）。另一方面研究外部技术商业化的驱动因素，涉及技术市场的环境特征、营销水平，以及产品管理者的个人特征（张玲、崔毅，2015）。此外，部分文献探索外部技术商业化与外部技术获取的互补性，学者采用综合视角将外部技术商业化的输出与获取两者相结合进行研究（Lichtenthaler、Muethel，2012）。行业方面的开放式创新领域研究主要关注一些特定行业的开放式创新，例如生物制药领域，以及石油、天然气、空间行业的开放式创新举措等。同时该领域还关注管理开放式创新的最佳实践。

综上所述，学者们对开放式创新领域的研究一方面关注开放式创新的内涵和外延的界定，另一方面关注外部合作，认为外部知识获取以及用户参与创新是目前的研究热点。但大多研究都是从单一角度对开放式创新的外部合作进行理论和实践探索，不能全面客观地反映开放式创新合作的动态过程，虽普遍认可开放式创新对企业创新有益，但未能系统解析开放式创新合作的不同策略选择和不同合作方式对企业创新绩效的作用效果，以及相应效果的发生机制。因而，系统探索企业开放式创新合作对企业创新绩效的作用具有理论和现实的必要性和紧迫性。

1.3.2 开放式创新合作策略

过去的理论和实践表明，开放度太低使企业无法充分利用外部资源，从而阻碍创新，降低企业竞争优势。然而，过度的开放式创新会使企业对外部资源产生依赖从而导致技术积累不足，进而引发创新乏力，竞争力下降等问题（梅亮、陈劲，2015）。这一矛盾引发学术界的广泛思考，究其原因，主要在于理论界和实践界对于开放式创新合作伙伴的选择机制和合作策略还缺乏统一、系统的认识（汪欢吉等，2016）。为此，本书针对这一问题对相关文献加以汇总、分析，以期对开放式创新的合作伙伴选择机制和合作策略领域的研究奠定一定的基础。

1.3.2.1 开放式创新的合作伙伴选择策略

合作伙伴的选择是开放式创新合作的一个重要问题。不同类型的合作伙伴拥有不同的属性和特征，会对合作产品创新产生不同的影响。本书基于供应链视角对合作者进行分类，以综述不同合作者的选择策略。

（1）合作伙伴分类。

创新研究强调，除了利用内部资源以外，企业日趋与领先用户、供应商、大学（Von Hippel，1988）以及竞争对手（Pilav – Velic、Marjanovic，2016）等合作创新。Marchi（2012）对相关文献进行了汇总，概括了七种可能的外部伙伴。而国内学者倾向于从供应链内外的视角对合作伙伴进行分类，其中对供应链以外的合作者格外强调政府和中介机构的作用（王涛等，2016）。本书采用基于供应链的分类方法，对文献中的合作伙伴分类进行概括，见表 1 – 1。

表 1 – 1　　合作伙伴分类概括

	主要合作者	文献来源
供应链内	供应商	Pilav – Velic 和 Marjanovic（2016）；Marchi（2012）；王涛等（2016）；陈永广和韩伯棠（2011）；张峰和刘侠（2014）
	消费者	Pilav – Velic 和 Marjanovic（2016）；Marchi（2012）；王涛等（2016）；陈永广和韩伯棠（2011）
供应链外	竞争者	Pilav – Velic 和 Marjanovic（2016）；Marchi（2012）；王涛等（2016）；陈永广和韩伯棠（2011）；张峰和刘侠（2014）
	大学和学术机构	Pilav – Velic 和 Marjanovic（2016）；Marchi（2012）；王涛等（2016）；陈永广和韩伯棠（2011）；张峰和刘侠（2014）
	政府	Pilav – Velic 和 Marjanovic（2016）；王涛等（2016）；陈永广和韩伯棠（2011）；张峰和刘侠（2014）
	中介机构	储节旺和吴川徽（2016）；闫春和赵巧艳（2014）

（2）合作伙伴选择策略。

①合作伙伴选择标准和影响因素。Tyler、Steensma（1995）基于企业战略理论将合作伙伴的选择标准分为企业属性、合作伙伴属性、技术属性和关系属性四类。其中，企业属性包括规模相似性，文化、管理经验、学习经验和组织稳定性等（Hoang、Rothaermel，2010）；合作伙伴属性方面包括合作伙伴的文化、规模和结构与组织相关的因素，以及伙伴灵活性和市场相似性；技术属性方面包括技术和资源互补性、技术兼容性和知识重叠性（Emden et al.，2006）等；关系属性方面包括战略配合性、风险共担、信任和沟

通、合作技巧、合作效率等。

②合作伙伴能力评估。合作者能力评估包括两个方面：其一，评估合作者的知识能力（Baum et al.，2009）；其二，评估财务状况、产权状况以及内部管理能力和营销能力（游达明，黄曦子，2014）等其他方面的能力。例如，Yoon 和 Song（2014）利用 GTM（有生产力的拓扑图）评估候选伙伴知识、经验、资源等方面的技术能力，以及沟通与合作方面的合作能力。

③合作伙伴选择研究方法。国外学者关于合作伙伴选择的方法大多是计算出合作效用，从而得出每个候选伙伴的总排名。研究方法涉及的模型包括匹配的核心理论性质模型、合作伙伴 NPD 联盟的理论过程模型、最大得分估计量估计模型（Fox，2010），以及 MA 和 GTM 的系统方法（Yoon、Song，2014）。国内学者的主要贡献是在已经确定的影响因素基础上，运用博弈论或层次分析等数理模型研究合作伙伴选择问题。

1.3.2.2 开放式创新供应链内部合作策略

企业内部合作能产生重要且广泛的影响，此方面的研究涉及内部网络策略和跨部门合作策略。内部网络策略包括利用创新网络的独特知识、技能和背景，通过分享和交流进行合作，同时应考虑内部网络的能力和特征（Tzabbar et al.，2013）。跨部门合作策略方面的研究主要关注跨部门合作创新的影响因素及其影响效应。

（1）供应链内部合作的必要性。

①供应商。关于与供应商合作的必要性，许多研究都有涉及。与供应商合作有利于利用供应商的技术，使自己专注于开发、利用和维系核心技术（Marchi，2012）。供应商参与新产品开发有利于提高企业知识创造与创新能力、获得更重要的信息、提高效率和丰富技术基础，以及取得较高的环境绩效（Geffen、Rothenberg，2000），从而在产品开发成本、产品开发周期、产品质量等方面提升竞争优势。同时，产业链系统达到有效帕累托最优（刘志迎、李芹芹，2012），全行业的总利润得到提高。

②用户。用户创新是普遍而重要的，各种行业 20% ~80% 的重要发明由用户创造（Von Hippel，2005），用户在新产品开发的各个阶段均能产生影响。企业通过与用户合作可以补充知识、平衡标准、创新定义、增加用户信

心，从而获得独特的创新意识和能力、潜在改进或解决方案以及更多市场信息，进而提高自身的新产品开发质量和创新效率，更好地满足用户需求进而降低市场风险。然而，并非所有用户的参与都能提高新产品开发绩效，因此，现有研究强调领先用户的重要性。

（2）供应链内部合作策略。

①供应商。作为企业供应链上最基础的组成部分，供应商被视为企业开放式创新合作的重要对象，企业通过将供应商整合入创新过程来利用供应商的资源和能力。与供应商有效合作的方式可以归为如下四类：其一，根据职能划分供应商，采取不同合作策略；其二，过程控制，包括利用供应商扩展产品线、加速原型设计、处理到期产品、进行知识转移和遵守相关的环境法规；其三，提高供应链质量，包括促进信任，加强供应网络可及性和互联性、提高企业的吸收能力以及促进结构性变革（Bellamy et al.，2014）；其四，制定并实施避免竞争风险的应对策略，例如建立知识共享机制、建立和保护品牌资产以及制定收益分配和成本分担机制（艾凤义、侯光明，2004）等。

②用户。用户是外部知识的最重要来源之一。一些研究强调了对企业创新而言有价值的用户类型，如专业用户、狂热的爱好者、关键用户，并界定了增权用户（Empowerment Consumer）和领先用户。一些研究聚焦于如何吸引和激励用户，包括如何激励用户参与公司的用户社区、挖掘用户的创新精神和利益动机、辅助用户完成创新过程并建立交互平台，如何利用领先用户创新法、用户创新工具箱以及各类资本建立转化式学习的良性运行机制以及知识共享机制（王涛等，2016），如何匹配客户的创新能力，使客户进行自我选择以提升创新效率（何俊辉，2013）。

1.3.2.3　开放式创新供应链外部合作策略

（1）供应链外部的合作者。

①竞争者。开放式创新合作过程中，相较于非竞争者，竞争者之间的合作往往更具创新优势，与竞争对手紧密联系有助于推进创新活动，提升创新组织的学习能力和技术能力，并实现资源互补。此外，与竞争对手合作还有助于分散创新成本和风险、提高集体议价能力、制定行业标准和行业规范、设置进入壁垒、有效抵抗其他竞争对手和外部制度环境的威胁并提高

行业影响力（Von Hippel，2005），从而有利于后续更好地开展突破式和渐进式创新。

②大学和学术机构。高校是新的科学技术知识的重要贡献者，尤其是在基础研究阶段，企业更应该侧重于与大学及相关科研院所合作。产学研合作有利于企业实现资源互补、提高研发能力和边际收益、获得隐含的科学知识和编码知识、实现科学研究与技术创新的有效融合、提高创新效率和创新绩效（庄涛等，2015），并有助于开发新市场并开发复杂的创新，扩大网络和获得关联创新（Howells et al.，2012）。

③政府。随着国际竞争的加剧，政府在产学研合作中的作用日益显著，政府对创新具有引导、干预和约束作用（庄涛等，2015）。政府通过提供更好的创新环境，帮助企业提升创新成功率。中国独特的制度环境在企业开放式创新合作中发挥了关键作用（Wang et al.，2016）。政府不仅可以通过出台相应政策来支持和引导产学研合作，而且可以在资金与税收政策方面直接推动产学研合作（庄涛等，2015），从而降低企业的创新投资成本、加快社会成果转化速度、加快落实预期收益、提高企业创新的积极性和创造性、优化资源，进而提升竞争优势。

④中介网络。中介网络有利于知识的共享，有利于协同促进组织的网络战略能力、网络过程能力、网络知识能力和网络关系能力的提升（储节旺、吴川徽，2016），并有助于识别和发现网络价值机会，同时引导合作网络，促进个体间建立一次性的、有效的合作关系，使得企业能够快速、低成本地获得知识，扩展创新搜索的范围，解决专门的技术问题（Bellamy et al.，2014），从而降低重复性和风险。此外，中介网络可以促进知识产权交易、推动创新网络组建，以及在网络成员间建立互信关系（闫春、赵巧艳，2014），进而有助于构建良好的外部环境，形成群体生态效益，加速知识积累与知识创新（储节旺、吴川徽，2016）。

（2）供应链外部合作策略。

①竞争者。企业在与竞争者的合作过程中要注意分享与控制并存。在分享方面，有研究认为应考虑竞争者研发结盟阶段的溢出效应和技术多样化的程度，将竞争者的能力和技术内部化，建立研发资源池，进行精准激励（Von Hippel，2005）。此外，竞争对手倾向于在竞争领域之外，并在能影响

监管环境的情况下展开合作。在控制方面，企业需要控制协作，包括分配合作资源、设置与度量标准（Von Hippel，2005）、创建协作平台、围绕特定主题和产品/技术组织创新以及避免知识泄露等（Terwiesch、Ulrich，2008）。

②大学和学术机构。企业可采取多种方式与大学合作。有研究提出，可以通过开展培训、共享研究设施、合作研究项目和企业实践进行非正式合作，实现技能互补。此外，大学和学术机构可使知识多元化并分享知识，比如开展创业活动、结成产学研创新联盟（王涛等，2016）等。同时要考虑声誉和利益分配问题（原毅军、于长宏，2012），大学和学术机构的研发能力、合作态度，以及企业与大学间彼此的互补性对合作的影响，力求建立完善的学习机制，转变大学评价机制，杜绝不利于合作的投机行为（庄涛等，2015；王涛等，2016）。

③政府。政府主管机构能为企业提供创新所需的重要支持（闫春、赵巧艳，2014）。政府可以通过制定相关法令和法规，以配套的技术政策、承担专利保护和专利数据库建设的职能，为企业的开放式创新提供政策支持环境（Das、Teng，2003），还可以通过财政和税收政策鼓励企业进行研发合作（王涛等，2016）。近年来，政府支持由直接投资转为对完善产学研联盟及平台建设、优化创新要素环境、降低合作成本、完善机制体制建设等方面进行持续投入，从而带动企业和社会的大量科技投入（庄涛等，2015）。此外，政府还应采用权变管理、加强知识产权保护，支持企业开展国际化创新合作（翟瑞瑞等，2016）。

④中介网络。大多数学者将社会化网络研究的重点集中于网络的社会化色彩，即突出其独特的社会化，强调企业在与中介网络合作的过程中应注意构建治理结构、挖掘知识中介的潜力、开发特定的组织学习例程，与多个中介网络共同合作并开发相应的内部网络，确定激励机制。还应建立筛选或过滤机制，收集外部知识，辅以内部知识（Terwiesch、Ulrich，2008），确立与合作伙伴的合作机制，建立知识共享机制（任宗强等，2011），同时注意合作网络中结构洞数量的合理性（Bellamy et al.，2014）。

1.3.2.4　开放式创新合作网络均衡策略

与不同组织开展合作或构建创新网络，对于开展创新活动的企业而言已是一项必要的业务活动。如何构建均衡网络推动企业的创新活动，是企业开放式创新合作领域亟待解决的重要命题。开放式创新网络领域的早期研究主要集中于网络对创新效率的影响。近年来，该领域研究侧重于探索合作网络特征对创新网络绩效的影响。

（1）合作广度和深度。

在“开放度”概念被正式提出前，Katila 和 Ahuja（2002）区分了搜寻深度与搜寻广度，通过实证发现搜寻深度与创新绩效之间存在倒“U”形关系，搜寻广度对创新绩效具有正向影响。Laursen 和 Salter（2006）在开放式创新的实证研究方面做出了开创性工作，正式提出了“开放度”的概念，并将之分成广度和深度两个维度。其中广度是指企业在创新过程中合作的外部组织类型数，即开放的范围；深度是指企业与外部各创新要素合作的频率，即企业在创新过程中利用外部创新资源的程度。此后，学者将广度界定为企业外部知识来源的数量（郭尉，2016；Ghisetti et al.，2015），将深度定义为与外部资源创新合作的紧密程度（Das、Teng，2003）。该领域的实证研究多集中于检验开放度对创新绩效的影响。

（2）合作重复度。

通常而言，密切和持久的重复伙伴关系对于成功合作是至关重要的。Klein 和 Leffler（1981）较早开创了合作重复度这一领域的研究，认为彼此熟悉的公司之间存在良好的合作基础，并且能够相互激励。相关研究进一步指出，重复关系有利于更有效的协调、更充分的合作并共同解决问题，促进合作网络中各方共赢（Gulatir et al.，2012）。然而，重复合作策略也有其缺点，如合作伙伴会过于依赖现有的资源和能力、缺少激励，且忽视技术上更好的选择（Poppo et al.，2008）。国内学者关于重复度的研究较少。罗家德（2012）研究了非重复性与合作创新的关系，认为从长远角度看，成员间的高度非重复性不利于网络成员对彼此合作关系进行长期投资。

1.3.2.5 开放式创新合作策略的间接影响因素

学者们在开放式创新合作的实证研究中发现一些影响开放式创新合作效果的间接因素，包括内部吸收能力、外部政府参与以及企业背景特征等。

（1）吸收能力。

Cohen 和 Levinthal（1990）最早提出吸收能力的概念，认为吸收能力是企业评估、消化外部知识并最终实现商业化应用的能力。Zahra 和 George（2002）整合以往研究，从动态视角指出吸收能力是企业获取、消化、转化及利用外部知识的一系列组织惯例和过程，并将其划分为潜在吸收能力和实际吸收能力两个维度，这一划分方法得到了学术界的广泛认同。存在合作网络和大量合作伙伴使得企业有条件充分利用合作关系来获取新知识。但企业自身的吸收能力也非常重要（Lichtenthaler，2009），例如，Chang（2003）通过实证研究发现，外部创新源通过吸收能力对企业创新绩效产生影响。Pilav - Velic 和 Marjanovic（2016）也发现，吸收能力能够对企业创新活动的可持续性产生影响。近年来，国内学者在这一领域也展开了广泛研究，认为吸收能力对多种要素与企业创新绩效的关系具有调节作用。

（2）合作意向。

Boddy 等（1998）利用对多家企业有关合作意向的调查数据，总结出合作意向会影响合作绩效。Ishii 和 Kurzban（2008）也指出，合作意向影响与非贡献者分享成果的程度，是影响创新绩效的重要因素。Levine 和 Prietula（2014）在研究开放式创新合作绩效的影响要素时，发现贡献者的合作意向是重要影响因素之一，指出那些愿意与非贡献者分享资源的企业可以提升合作绩效。赵佳佳（2014）等在研究“农超对接”组织效率时，也指出持久的合作关系至关重要。

（3）市场环境。

根据战略权变理论，作为一项复杂的企业策略或行为，外部合作的有效性显著受到市场环境影响。竞争强度和动荡性是描述市场环境特征的两个重要变量（Gu et al.，2008）。竞争强度是指由竞争对手数量和竞争领域数量反映的市场竞争程度。竞争越激烈，扩大搜寻广度越有助于改善创新绩效（Hargadon、Bechky，2006），扩大搜寻深度越不利于创新绩效的显著改善（Dyer、Nobeoka，2000）。动荡性是指顾客需求、产品技术的变化速度和不可预测程度。在动荡的市场环境中，扩大搜寻深度有利于企业获得更准确的市场知识并降低创新风险，而扩大搜寻广度不利于企业建立竞争优势（Dyer，Nobeoka，2000）。张峰和刘侠（2014）也指出，外部知识搜寻与市场环境的匹配显著影响创新绩效，其研究结论与上述研究一致。

（4）内生性问题。

在利用数据进行实证分析时，无法避免的是企业层面的某些不可观测因素导致的内生性问题。对此，开放式创新合作领域的文献提及两种解决途径：其一，是尽可能多地纳入反映企业特征的解释变量；其二，是使用工具变量法减小内生性带来的系统性影响。Catozzella 和 Vivarelli（2007）在解决内生性问题时，采用工具变量和二阶段最小二乘法对企业内部研发与产学研合作的关系进行重新估计。原毅军和于长宏（2012）在普遍最小二乘法（ordinary least square，OLS）回归中引入企业规模、利润率等控制变量，部分解决了内生性问题。Bellamy et al.（2014）采用两阶段最小二乘法（two stage least square，2SLS）估计程序来解决每个供应网络结构特征与创新产出之间的潜在内生性问题，指出要执行 2SLS 必须确定满足有效性要求的工具变量。

（5）其他背景特征。

上面研究的变量是行为的或经验的，它们直接与企业的创新相关活动和经验相关。此外，还有一些企业背景特征虽然与创新没有直接关系，但是已被许多研究发现与创新活动的性质和模式有关。

①公司规模。在实证研究中存在一些会对核心变量的估计结果产生影响的因素，需要对这些因素进行人为控制，这样的因素称为控制变量。在开放式创新合作领域的实证研究中，首先考虑的控制变量是企业规模。通常企业规模由记录在册的员工数量来测量（Pilav - Velic、Marjanovic，2016）。按照 Schumpeter 的创新假设，公司规模与创新之间存在密切关联（陈永广、韩伯棠，2011）。Lhuillery 和 Plister（2009）的研究发现，采取创新合作策略的倾向与企业规模正相关。Marchi（2012）在研究企业的研发合作战略与环境的关系时，也发现企业规模是需要考虑的控制变量。

②发展阶段。Tether（2002）在研究企业背景特征对参与创新合作的影响时，将企业发展阶段作为控制变量。一般而言，新成立的企业通常较少参与开放式创新合作，且在开放式创新合作中更可能与大学合作。相关研究指出，战略性新兴产业具有技术复杂性、市场不确定性和高风险性等特征，因

此后发企业仅依靠自身资源难以实现赶超发展，亟须借助价值网络整合创新资源并推进开放式创新，以加速技术突破和市场突围，从而实现后发先至（黄永春，胡晓娟，2015）。

③行业特征。开放式创新合作领域的实证研究多将行业特征作为控制变量。Sundbo 和 Gallouj（2000）将行业特征作为控制变量，研究其对结论的影响，认为高科技行业企业比其他行业企业更可能开展合作创新。Brimble 和 Doner（2007）研究了泰国 4 个行业的产学研合作创新效率，发现不同行业的合作创新效率显著不同。Okamuro（2007）的实证研究发现，合作伙伴的数量和所属行业都对合作创新具有显著影响。庄涛等（2015）探讨了中国高技术产业产学研合作创新效率的行业特征，并找到了显著影响创新效率的因素。

④空间距离。早期国外学者普遍认为，创新活动者之间的地理邻近是促进合作创新的重要因素。创新主体间地理邻近带来的沟通便利和相互信任均使得合作创新关系易于建立，进而提升创新绩效（Ponds et al.，2007）。而 Powell 和 Giannella（2010）则提出，由来自不同区域的技术人员构成的合作网络的整体创新绩效更好。Ghisettiet al.（2015）在研究开放式创新合作时，也将地域差异作为控制变量。还有一些文献分析了地理距离与产学研合作倾向的关系。

1.3.2.6　开放式创新合作伙伴关系的治理机制

合作研发各方是独立的利益主体，其机会主义行为会增大合作研发组织的不稳定性。因此，要设计合理的治理机制引导合作研发组织成员遵守已达成的合作协议。现有文献关于开放式创新合作关系治理机制的研究涉及如下三个方面：

（1）契约机制。

治理机制分为事前治理机制和事后治理机制。事前治理主要治理的是正式契约，正式契约是指企业内部的正式协议，即合同。事后治理则是治理的非正式契约，非正式契约是存在于企业内部非正式协议中的行为准则，对于合作伙伴关系的持续具有更为重要的作用（Baker et al.，2002）。在合作研发组织中，正式契约往往是不完备的，无法保证研发项目成功所需的充足资源投入。以信任为基础的非正式契约有助于建立和保持组织间的长期稳定关系，实现知识共享和协同创新（Frankel，1996）。王海军等（2015）在研究契约式伙伴关系对合作研发效果的作用时，也指出合作伙伴需要严格遵守设定的契约机制，以便产生预期的创新成果。

（2）信任机制。

信任作为一种非正式治理机制，能促进全方位的信息交换、增大获得知识的可能性，使成员相信其合作伙伴的许诺可靠、能够履行义务，并具有与其建立利益一体化、风险共担的合作关系的信心（Narasimhan et al.，2010）。信任机制还有助于降低企业间的交易成本，促进企业间的合作创新（Mora - Valentin et al.，2004）。国内关于信任机制的研究较少，陈永广和韩伯棠（2011）在研究企业研发合作组织模式选择的影响因素及决策机制时，强调了企业间信任的重要性。陆杉（2012）则指出，信任是成员间长期博弈的结果。

（3）矛盾管理。

Jarvenpaa 和 Wernick（2011）结合矛盾管理观点治理开放式创新合作网络成员间的合作关系，认为矛盾管理是开放式创新管理中的一个重要内容。开放式创新合作被描述为矛盾的张力，需要加以平衡从而创造重大突破。关于矛盾张力和创造力的文献涉及矛盾管理的观点。根据矛盾管理的观点，潜在的张力能够促进新思想的产生，从而促进创新。Jarvenpa 和 Wernick（2011）在此基础上发现了广泛的通用模式，并指出矛盾张力涉及边界、关系和组织三个方面。国内学者也对矛盾管理展开了研究，但尚不够深入和系统，主要探讨了技术创新中企业矛盾管理的一般原则和管理过程。

1.3.3 企业家社会网络合作与企业创新绩效

现有关于企业家社会网络的研究主要基于“结构性嵌入”和“关系性嵌入”两种研究视角，聚焦企业家社会网络对企业产出的影响，着重关注企业家社会网络对企业绩效、创新绩效、行为与能力三个方面的影响。

1.3.3.1　企业家社会网络对企业绩效的影响研究

Moran（2005）通过对美国财富 100 强企业的 120 名生产、销售经理的研究，提出管理者的结构维度和关系维度社会网络均对企业绩效有显著提升作用。Watson（2007）的研究结果表明，企业绩效受管理者社会网络的正向影响，该研究从企业家正式网络和非正式网络角度，研究了企业家社会网络对企业绩效的影响，结果表明企业生存、成长分别受到企业家网络强度、网络范围的正向影响。Peng 和 Luo（2010）通过对中国 127 家企业的经理人进行调查，实证研究得出企业家与政府官员的关系、与其他企业经理人的关系均对企业绩效的改善有帮助。Kemper 等（2013）研究表明，企业家社会网络能够有效促进企业获取所需的知识和资源，为企业的生存发展创造机会，企业家社会网络在提升企业绩效方面发挥显著作用，对中小企业而言尤其关键。郭立新和陈传明（2011）从战略过程的视角，实证检验了企业绩效同时受到企业家制度性社会网络和市场性社会网络两个维度的影响。此外，国内多位学者的研究也表明企业绩效受到企业家社会网络的正向影响（吕淑丽，2010）。然而，与上述研究结论不同的是，Rostila（2011）认为企业间社会网络具有机会成本，而其收益具有不确定性，成本与收益不一定成正比。Rostila（2011）也认为过度的网络嵌入性会带来负面影响，从而不利于企业绩效提升。国内学者邓建平和曾勇（2009）同样指出，民营企业生产效率与其政治关联程度呈负相关关系。此外，还有学者研究发现管理者关系对企业绩效存在倒“U”形影响（Luo，Chung，2005）。

1.3.3.2　企业家社会网络对企业创新绩效的影响研究

企业家社会网络作为企业在中国转型经济下成功应对市场机制和制度环境不确定性的有力补充，能够帮助企业获取内外部资源，增强企业内部凝聚力和知识吸收能力，提高企业的治理效率，降低交易费用，使企业适应环境变化的能力得到提升。企业家社会网络通过信任机制和共享机制，引导资源高效流动，提高企业内外部资源互动频率，有利于企业突破“资源壁垒”，推动企业实现技术创新（刘寿先，2014）。Burt（1992）的“结构洞”理论，突出企业家在其社会关系网络中的位置中心性，体现网络“结构洞”优势，有利于企业获取和控制信息资源。企业家强关系网络可以为企业带来多样性资源，而其弱关系网络则能够使企业获取更多异质性资源，从而更有助于企业整合内外资源，把握正确的创新方向、方式和方法，增强自主创新能力，推动技术创新绩效提升（Granovetter，1973）。Landry（2002）认为企业技术创新绩效受企业家社会网络的正向影响，该研究发现，企业家社会网络有助于企业家获取新的市场和技术领域的知识，促进企业组织学习，以提升新产品绩效。持积极观点的国外研究还有 Watson（2007）等。国内学者吕淑丽（2010）从结构型、关系型和认知型企业家社会网络三个维度分析验证了企业家社会网络对技术创新绩效所产生的积极影响。吴俊杰和戴勇（2013）以知识整合能力为中介变量的研究发现，企业家商业和技术社会网络均显著影响技术创新绩效。持类似积极观点的国内研究还有马富萍（2014）等。

与此同时，也有部分学者得出了与上述研究不同的结论。Adler 和 Kwon（2002）的研究认为，维系关系的高昂成本、过度关系嵌入的思想束缚、影响力与资源获取间的权衡冲突等方面是制约社会网络发挥功效的重要因素。李永强等（2012）指出，交易成本过大、束缚思想、决策受限是企业家社会网络消极影响的主要表现，并以提名法收集数据实证检验了其负面效应的存在。白璇等（2012）基于企业家个体层面，从过量资源投入、创新思想束缚和决策自由限制三个方面，分析验证了社会网络与企业创新绩效的负向关系。Vanhaverbeke et al.（2008）的研究认为，虽然企业家社会网络能够对技术创新活动产生积极影响，但随着企业家社会关系网络规模的扩大，企业获取信息知识存量和门类的不断增加，达到一定程度（阈值）以后，企业家需要花费很多时间和精力去维系这张关系网络，企业整合利用内部资源会投入很多成本，从而逐渐降低了企业家社会网络向企业创新绩效转化的积极功效。吴俊杰等（2015）也认为，企业家社会网络虽然在提升资源获取能力、降低创新交易成本等方面发挥了积极作用，但当企业家社会网络维系成本超越创新溢出时，企业家社会网络的创新效用将呈下降趋势，同时他们调查了151 家中国高技术民营企业，实证发现企业家社会网络对企业创新绩效有倒“U”形影响。此外，还有研究指出，企业家社会网络对创新绩效没有显著影响，或存在间接影响。如贺小刚和李新春（2005）认为，在中国的社会制度背景下，企业家社会网络需要通过企业组织能力间接地促进创新绩效，其所发挥的直接功效非常有限。

1.3.3.3　企业家社会网络对企业行为与能力的影响研究

国内外学者以企业行为与能力为结果变量，围绕企业家社会网络与创新行为、组织学习行为、组织能力、多元化行为及机会主义行为的关系进行了积极探索。Butler et al.（2003）对泰国 100 名制造业企业家的研究发现，企业家社会网络对技术创新行为没有影响，也不会促进企业绩效的提升。孟耀辉（2011）实证研究表明企业家任职规模的横向关系网络对企业技术创新投入产生积极影响；企业家纵向关系网络（与政府联系网络）与企业技术创新投入无相关关系；而企业家的政治地位则负向影响企业的技术创新投入。Barr（2000）对加纳制造业的研究发现，企业家社会网络可以促进组织间知识的流动和共享，能够明显改善组织学习的效果，从而提高企业的生产效率，并由此促进企业绩效提升。蒋春燕和赵曙明（2006）通过对广东和江苏两个省份新兴企业的实证研究发现，强关系能够对企业的利用式学习产生积极影响，并有效促进财务绩效提升；弱关系对企业的探索式学习具有显著的正向影响，进而促进新产品绩效提升。耿新和张体勤（2010）的实证研究表明，组织动态能力同时受到企业家技术、商业社会网络的正向作用，而其制度社会网络则仅有网络强度指标对市场动态能力具有显著正向影响，但对组织技术动态能力影响不显著。杨鹏鹏等（2015）通过对我国小型民营科技企业连续多年在复杂多变的环境中保持高速增长这一现象的研究发现，企业动态能力的构建和发展很大程度上会受到企业家社会网络的影响。孙俊华和陈传明（2009）的研究认为，企业家的网络规模和动员能力都能够促进企业多元化战略实施。

1.3.4　跨界知识获取与企业创新绩效

1.3.4.1　远距离知识获取和转化与创新的矛盾关系

（1）DK 搜索领域研究概况。

组织领域对搜索（Search）行为的研究，主要是在“学习基础”研究上发展起来的。组织会基于多种目标进行知识搜索，例如：更好的组织设计、最优生产方式、最佳创新途径（Hippel、Tyre，1995）等。学者们基于多样化背景，认为搜索使企业能够以不同的方式开展创新、解决问题和提升绩效（张文红等，2014）。March（1991）认为企业要平衡开发利用性搜索和探索性搜索，并首次提出了知识距离的概念。探索性搜索是指企业有意识的摆脱当前组织惯例或知识基础的搜索行为，Katila（2002）将其定义为远距离搜索（Katila、Ahuja，2002）。在 March（1991）的开创性研究基础上，学者们持续在该领域探索，迄今已发展出知识搜索的多种维度，包括组织边界内外、范围（远距离或本地）和深度（对现有知识的挖掘利用程度）、时域、时机、地理区域、空间维度和启发维度（经验或认知）（Lopez - Vega et al.，2016）等。此外，学者们在对搜索维度的研究中，也涉及多种调节因素，例如环境动态性、行业增长、竞争强度、制度逻辑、内部用户、战略柔性、合作经验及合作模式、共同语言（胡畔、于渤，2017；蔡永明、俞峰，2017）。

（2）DK 搜索与创新的矛盾关系。

以 Katila（2002）提出的搜索深度和搜索范围为代表，该领域的研究普遍围绕知识距离的非线性作用展开。首先，提升搜索深度可以提高可靠性和可预测性（Eisenhardt、Tabrizi，1995），并能提升在特定知识领域的识别和组合能力（Katila、Ahuja，2002），从而促进产品创新。但过分的深度搜索会导致路径限制和僵化，从而抑制创新（Dosi，1988）；其次，扩大搜索范围能够丰富知识池并提高重组概率（Katila、Ahuja，2002），从而提升创新绩效。然而，搜索范围过大会动态提升知识整合成本并降低可靠性（Henderson，Clark，1990），从而抑制创新。搜索深度和范围对探索性创新和开发利用性创新的影响有所不同（曾德明、文金艳，2015）。文献中搜索时域、时机和地理区域等对创新作用的研究也基于知识吸收和利用平衡的角度展开，依然集中在知识距离与创新绩效的矛盾关系上（Katila、Ahuja，2002；Katila，2002；王巍，2017）。近年来，该领域的学者开始尝试将企业置于多维知识空间，研究多种维度的平衡和交互对创新的作用（杨雪等，2015）。本研究将该领域代表性实证研究成果进行了总结，见表 1 - 2。

表1-2　　知识搜索维度与创新产出关系的实证研究

文　献	搜索维度	与创新产出的关系
曾德明和文金艳（2015）；Katila 和 Ahuja（2002）	深度/范围	深度和范围与创新产出均是倒“U”形关系，二者的交互与创新产出正相关；范围与探索式创新呈“U”形关系，与利用性创新呈倒“U”形关系。
Katila（2002）	时间范围	产业内的旧知识损害创新，产业外的旧知识促进创新。
Phene et al.（2006）；张文红等（2014）	技术空间/地理空间距离	本国原创 DK 和他国相似知识与突破性创新呈倒“U”形关系；本地与国际二元平衡及联合维度均与创新正相关。
Sidhu et al.（2007）	供应方/需求方/地理区域跨界	三个维度都对本地和远距离搜索有促进作用；三个维度的远距离搜索总量促进创新。
Katila 和 Chen（2008）	时机	晚于竞争者会提高创新数量，早于竞争者会提高创新质量，搜索竞赛对竞争双方的创新数量和质量都有损害。
Li et al.（2013）	选择/强度	研究对象是 TMT。两个维度的单独和交互作用都促进企业创新产出。
Afuah 和 Tucci（2012）	内容/结构/人际	三种距离都与 DK 搜索和转化负相关，而众包加剧了这种作用。

（3）DK 转化与创新的矛盾关系。

DK 转化的困难源自于知识距离与企业吸收能力之间的平衡问题，企业能否有效吸收新知识取决于企业是否有相关知识基础（Li et al.，2013）。吸收能力是企业在既有技术轨道中学习而积累的能力（Cohen、Levinthal，1990），因而吸收能力和整合能力在创新过程中起到的基础性作用是渐进的，并具有路径依赖特征。因而，整合 DK 会提升创新本身既有的不确定性和风险。然而一旦整合达成，回报将会非常可观，尤其是当 DK 整合与根本性创新相关，或与新兴技术轨道、新兴产业的基本组成要素相关时（Guerzoni et al.，2014）。

另外，DK 整合与企业吸收能力间的关系也是双向的，技术多样化的过程也会扩展企业的吸收能力和知识能力（Corradini、De Propril，2017），进而企业的技术轨道得以扩展和多样化，技术领域也会随之延伸，并使创新公司免于技术锁定。在此意义上，DK 整合能力是创新公司可持续发展的基础，恰似成员背景多样化的创新团队能为创新带来更广的知识基础，尽管成员能力会有一定相关性。吸收能力对知识距离不同维度的影响也不尽相同，例如范围距离与吸收能力正相关，而深度距离与吸收能力负相关（肖志雄，2014）。此外，吸收能力又可以具体化为纵向和横向两个维度，任一维度利用不足或过度都会降低 DK 转化水平（Vasudeva、Anand，2011）。

DK 转化的另一个研究视角，是关注技术本身的特征。事实上，这一视角同样基于吸收能力和知识交叠的根本性作用（Corradini、De Propril，2017）。早期研究强调技术间交互和依赖的程度对创新的重要性，尤其是对“普遍性技术”和“关键促成技术”的关注较多。近期研究多关注知识隐含性和知识复杂性，认为知识距离与知识转化的关系受到知识特性不同维度的影响（周密等，2015）。

1.3.4.2 促进远距离知识获取和转化的途径

关于组织如何获取和转化创新所必需的 DK，创新理论家和组织理论家给出了几种可行方案，研究主要关注相应方案与知识距离之间的关系。可以概括为如下三个研究视角：

其一，创新人员个体层面，现有研究主要关注创新人员的流动性与背景。创新者的流动性对企业间知识流动有显著的促进作用。创新者的背景对获取和转化 DK 有多样性影响，例如：科学类比工程类背景更有利于提升技术重组范围；相较于目标市场，类似市场（远距离，但有类似的问题或需求）的创新者更有利于创新产出，并且有助于企业摆脱本地化困境（Franke et al.，2014）。此外，Hohbergeret al.（2015）的研究表明与外部个人科学家合作有助于远距离搜索。

其二，创新公司组织层面，研究主要涉及如下知识获取渠道：①通过某种中介机构，如技术经纪人、作为知识仓库的专业技术服务公司（Wagner et al.，2014）；②通过收购，例如收购具有独特技术的公司有助于收购发起方进行探索性搜索（Nooteboom et al.，2007）；③通过某种新的搜索渠道，例如众包，但尚无一致性结论。例如，Afuah（2012）认为众包有助于远距离搜索，从而提升解决问题的效率、改善解决问题的效果，而 Insead 和 Dahlander（2015）的研究则给出了相反的结论。

其三，关注技术本身。这一视角认为当外部知识与企业知识基础有某种程度的相似性，但又不完全交叠时，有助于企业识别、获取和整合该知识，并提升创新绩效。例如，Corradini 和 De Propril（2017）提出由跨越多样化技术领域、具有普遍特性的促成技术构成的桥接平台（bridging platform），可以在不相关技术间形成耦合效应，从而缩短知识距离。

1.3.4.3 生态系统与技术创新的关系

（1）生态系统概念演进。

Moore（1996）将“生态系统”这一概念引入商业领域，此后这一概念在商业领域的发展包括两个阶段。早期研究倾向于“将生态系统视为隶属关系（ecosystem - as - affiliation）”，认为生态系统由大量为了共同效用和生存而相互依赖、松散联结的参与者围绕一个关键物种而组成（Iansiti、Levien，2004），“主体之间的依赖关系”是这一领域的研究重点。这一视角有助于在宏观层面描述系统内的相互作用，但是很难厘清其系统特征以及具体的价值创造行为（Adner，2017）。近年来，以 Adner 和 Kapoor 为代表的学者提出“将生态系统视为结构（ecosystem - as - structure）”，提出“为了核心价值主张能够实现，需要相互联系的合作者建立多边一致性结构”，这非常有助于生态系统的有效建构与运行（Kapoor、Agarwal，2017）。该视角为研究组织和外部环境间的相互作用，以及这种相互作用对价值创造动态机制的意义提供了一个更具体的角度（陈衍泰等，2015）。

（2）生态系统中的创新依赖关系。

企业根植于商业生态系统中，与系统中其他行动者间的相互依赖关系构成了企业能力的基础，决定着企业创新收益。第一，创新要求企业加入生态系统。消费者需求日益多样化，单个企业很难满足这种动态异质需求，松散耦合的生态系统可以帮助企业构建竞争优势。企业嵌入生态系统中不仅可以扩散现有信息和知识，还可以补偿自身能力的不足（彭华涛、Sadowski，2014）、提升知识重组能力，从而促进创新产出。第二，创新决策和创新成果均受行动者间依赖关系的影响。一方面，行动者间现有关系影响企业创新决策，例如与上下游（Helper、Levine，1992）和互补者的关系均会牵制主导公司；另一方面，其他行动者对创新的反应会影响创新成果，创新很可能导致系统内其他行动者承受新投资或调整一贯的行为（Adner、Zemsky，2006），因而创新能否成功部分取决于那些需要因创新而变的行动者。故而，生态系统中的核心企业不仅要考虑如何与其他行动者分享创新价值，更要关注如何协调行动者关系，克服创新挑战、创造出价值。

此外，个别研究提及生态系统与跨界知识间的适应关系。Levinthal（1997）根据生态系统的复杂程度考察知识相似度与创新的关系，认为当生态系统的复杂程度较低时，相似知识有助于创新；当生态系统复杂度较高时，成功的创新需要 DK（Levithal，1997）。然而，困难的是，高度复杂的生态系统使得企业获取和转化 DK 非常危险，因为很小的错误可能导致很严重的后果（Henderson、Clark，1990）。但生态系统的内部复杂性又可以提升“做中学”的机会，使跟随者难以赶超领先者（Balasubramanian、Lieberman，2010）。

1.3.4.4 技术平台与生态系统的关系

管理领域对技术平台的研究包括产业组织经济学、战略管理和技术管理三个分支（Gawer，2014）。产业经济学领域的研究将平台视为接口，关注从各种角度解释网络效应，例如张小宁和赵剑波（2015）认为平台结构是影响平台价值和网络效应的重要因素（张小宁、赵剑波，2015）；战略领域的研究关注竞争优势的建立和维持（Hoopes et al.，2003）；技术管理领域关注技术平台，将其视为模块化系统，技术平台发起人及互补者在平台上寻求创新。Gawer（2014）将不同领域的研究整合到一个框架，将技术平台视为演变中的组织或者元组织。技术平台、生态系统和技术创新紧密相连。现有研究可以分为如下两个视角：

首先，创新生态系统中需要技术平台这类角色。技术平台的中介角色对技术平台生态系统创新具有促进作用（Parker et al.，2016）。研究指出“中心枢纽（hubs）”、“经纪人（broker）”和“纽带（bridge）”这三种角色对生态系统是非常重要的。“中心枢纽”是指在“联结”数量上占有绝对优势的行动者；“经纪人”是指在两组公司间建立联结的行动者；“纽带”是指对整个系统的联结关系非常重要的节点。作为产业技术创新生态系统结构的中心，技术平台兼具这三种角色的作用，有助于生态系统的建立和发展，并有助于解决复杂问题（Jha et al.，2016）。

其次，创新企业需要通过技术平台构建生态系统，从而保障竞争优势。理解产业竞争的本质、理解组织与环境的关系需要生态系统思维。每个企业的价值网络都包括其独特的利益相关者，多方相关者相互交叠、相互缠绕，产生了多重相互补充或相互替代的价值主张，就像是缔造在多边平台周围的系统性产业。技术平台解决问题的能力，不仅取决于其技术能力，更取决于其能否构建一个合理的生态系统吸引更多企业对其产生依赖（Parker et al.，2016）。因而，企业有动力通过提供平台而精心策划一个生态系统，并保证其在动态演进中健康运行和发展（Parker et al.，2017）。围绕技术平台而形成的技术平台生态系统已成为创新企业参与竞争的主要模式（Parker et al.，2017；Kapoor、Agarwal，2017）。

1.3.4.5　知识距离的测度方法

关于知识距离的测度，现有文献基于专利文件的引用、分类和发明者身份信息给出了多种方法。一些文献基于“知识相似性”角度展开研究，这是与知识距离直接相对的概念（Jaffe，1986；Leydesdorff et al.，2014）。

（1）基于专利引用的方法。

这类方法大多采用“余弦相似指数”测度知识距离，用两个专利分类到另一引用分类的矢量余弦夹角值代表知识基础的相似性。Jaffe（1986）第一个提出使用这一指数来绘制专利地图，衡量专利分布矢量之间的相关性。Leydesdorff et al.（2014）和王元地等（2015）也应用余弦相似性测度不同专利分类间的知识距离。此外，为了测量专利间的知识距离，“共引”和“文献耦合”法也在文献中广泛使用。基于对每一专利的引用总量，能够进一步将共引指数标准化为 Jaccard 指数（Leydesdorff et al.，2014）或共引数的期望概率（Zit et al.，2000）。

（2）基于专利分类的方法。

通常专利发布机构会给每个专利指派多个分类。基于此，知识领域间的距离可以用分配给某个专利文件的类别代码共现来测度。依然是 Jaffe（1986）第一个应用“余弦指数”测度企业技术组合间距离，此后，“余弦指数”成为通用的对称共现矩阵（Kogler et al.，2013）。学者们认为分类数据法不如共引数据法效果好，并发现使用余弦来标准化共现矩阵可能曲解数据并产生伪相关。为此，文献给出了一系列方法来弥补这种不足，例如用多维列联表来代表专利分类数据、进一步细分专利分类（Aharonson、Schilling，2016）等。

（3）多样化的可能性作为距离测度方法。

另一类测量方法应用创新主体（例如国家、区域、城市、组织或个人）跨领域多样化行为数据来度量知识领域间的临近性（相反就是距离）。Hidalgo et al.（2007）用国家在相似产品类别间传递竞争优势的可能性来测度产品类别间的距离。Boschma et al.（2013）用相似的方法测量不同区域生产能力的多样性。Boschma et al.（2015）应用这一方法测度了区域和城市层面的技术多样化可能性，并运用这种可能性作为专利技术分类网络中的边权重。

（4）其他测度方法。

除上述方法外，专利文本也可用于测度不同技术或不同技术领域间的距离。例如，Nakamur et al.（2015）应用配对子域中专利标题和摘要中词语频度测度专利技术距离。Fu et al.（2013）用出现在专利文本描述中动词的功能含义测度知识距离；Gerken 和 Moehrle（2012）在研究知识距离和专利间差异时同样采用了文本分析方法；Aharonson 和 Schilling（2016）在细分专利分类的时候，也引入了专利文本语义分析。

1.3.5 创新绩效

创新绩效已经成为创新管理领域学术研究的热点命题，是对创新效果的综合反映，难以明确界定。企业的竞争优势和突出绩效得益于创新，创新的结果是创造出新产品和新服务。

管理学中对创新绩效的理解有狭义和广义之分。从狭义的观点来看，创新绩效指的是企业迎合市场需求开发新产品的程度（数量、速度），以及新产品占据的市场份额（Hagedoorn、Cloodt，2003），因而衡量时多采用新产品开发的速度、新产品推向市场的数量，或者新产品销售总额占整体销售总额的比重来测量。从广义的观点来看，创新绩效涉及从概念产生到新产品商业化的全过程，既关注技术创新，也关注商业化（Ahuja、Katila，2001），通常采用研发经费投入、专利数量、新产品发布数量以及组织的管理制度和流程改进等多种指标度量。

韩炜和薛红志（2008）指出创新绩效体现了企业的创造力和生存能力，而企业的创新行为和创新效果与市场环境因素、内部能力有密切关系。企业的学习能力以及企业根据外部环境变化调整战略的能力关乎企业的生存与发展，企业的成长过程就是一个不断创新的过程。Molina - Morales et al.（2014）认为中小企业的开放有利于其全面探索技术知识和市场知识，通过有效地将外部知识整合到组织内部，有助于提高创新绩效。因此，在不同的情境下，制订合理的开放策略对新创企业提高创新绩效至关重要。

对于创新绩效的测量，目前尚缺乏较为一致的测量指标。分析相关文献发现可以大致分为两种标准。第一种测量标准是从主观和客观角度的企业指标来对创新绩效进行测量。其中客观指标有工作进度，专利申请、报告、论著的数目，产品的获利能力等量化评价指标（Laursen、Foss，2003）。主观指标则包括新产品品质的提高，工艺流程在品质与功能上的提升，提高市场占有率，为企业提供新的机会（Laursen、Foss，2003）。第二种测量标准则是用创新资源投入和产出的指标来测量创新绩效。创新绩效受企业创新资源投入的影响，资源投入带来的产出以及企业能在多大程度上节约投入，是衡量创新绩效的两个方向，分为技术、营销与整体绩效等指标。目前大部分研究都采用如创新投入、专利数、新产品数等作为测量创新绩效的指标，尤其是开发新产品数量和新产品销售额在总销售额中的比重在众多文献中被广泛应用（Cooke、Clifton，2002）。Devinney（1993）的研究表明，采用专利数和新产品数来衡量企业创新绩效更适用于产业研究而非组织研究。一些学者在研究过程中也提出了相似的观点，认为用新产品数和专利数来测量创新绩效，存在较大缺陷（Dosi，1988）。但是在测量企业创新绩效，尤其是技术创新绩效时，仍然被大量文献广泛采用。

1.3.6 研究述评

针对上述几个方面的文献综述，评价如下：

（1）关于开放式创新概述。通过对国内外文献的梳理，可以看出关于开放式创新的概念和理论基础的研究已经相当完善。开放式创新合作是一种与个体创新相对的创新活动。代表性观点认为，创新是一种联合创新行为，一种突破传统组织边界的外部技术协同活动，企业与多样化组织开展合作是其获取外部资源、提升创新绩效的关键因素（Chesbrough，2003；Chesbrough，Appleyard，2007）。

（2）开放式创新合作策略。关于开放式创新的合作伙伴选择策略和内外部合作策略，现有研究虽较为丰富，但仍存在不足。首先，以往学者大多关注合作网络结构（Phelps，2010）以及合作伙伴数量对创新的影响。随着网络研究的深入，学者们呼吁要探讨合作网络的内容这一关键特征，例如网络中合作伙伴的特征、网络中合作伙伴的多样性程度等；其次，关于多样性与后果变量的研究，从理论到多样性的测度，大多仍停留在个体层面、团队层面以及二元关系层面（如联盟），除了少数例外，这方面的研究尚未拓展到网络层面；再次，现有研究多停留于静态视角，鲜有研究涉及创新阶段和企业发展阶段等动态要素。最后，关于伙伴多样性如何影响创新绩效这一问题，目前的实证研究结论仍存在矛盾，有待进一步研究。

（3）企业家社会网络合作与创新产出。通过前文研究梳理发现，企业家社会网络会对企业绩效、创新绩效、创新行为、组织学习、企业能力、行为和结果产生重要影响。但由于学者们在研究视角、样本选取、研究情境等方面的不同，致使企业家社会网络的内涵、维度和相关研究并未达成一致意见，对企业产生何种影响也并未取得一致结论（吴俊杰等，2015）。这表明企业家社会网络研究仍处于探索阶段，需要进一步深入探究。目前争论的焦点在于：企业绩效及企业行为受到企业家社会网络的何种影响？这种影响的发生机制是怎样的？

（4）跨界知识获取与企业创新绩效。该领域现有研究在如下几个方面取得了许多成绩，但每一方面均存在相应不足：①有关跨界知识与创新的关系，首先，现有文献强调跨界知识获取与转化的重要性和收益，并且经济学和管理学领域均用不同的方法和数据对跨行业知识溢出的重要性做出了解释（Katila、Ahuja，2002）。其次，现有研究主要关注跨行业知识获取与整合对生产率、经济增长和创新绩效的作用（胡畔、于渤，2017）。然而，跨界知识与企业创新绩效之间的输入输出之间关系发生的过程和机理却一直是“黑箱”。②跨界知识获取和转化的途径。该视角的现有文献从不同层面给出了一些解决方案（Afuah、Tucci，2012），但现有文献主要关注组织内特定因素或治理模式对于跨界知识的作用（胡畔、于渤，2017）。对于外部获取渠道的探索，一方面尚未涉及技术平台，另一方面对于已涉及的外部途径，缺乏对相应关系发生机理的探索。③管理领域对技术平台生态系统的研究。首先，现有文献普遍忽视了技术平台、生态系统和技术平台生态系统对企业跨界知识获取和转化的作用，以及由此而引起的对突破性创新的作用（Phelps et al.，2012），虽有个别研究提出基于生态系统获取跨界知识的矛盾问题，但未能进一步探索其机理，更没有提出应对机制。其次，对于如何管理平台生态系统内的复杂关系，现有研究比较分散，多数研究只关注生态系统运行的某一方面。④知识距离测度方法。对于知识距离测度方法，现有文献未能阐释不同方法的适用情境和差异，因而针对不同的研究目标和背景情况，无法确定如何选择适合的方法（Helper、Levine，1992）。这种现状也导致未能基于知识距离测度方法发现知识间的关联路径，也就无法以此为基础进一步探索缩短相对知识距离的方案。

（5）创新绩效。通过对现有中英文文献的梳理，本书研究发现企业创新绩效是一个较为宽泛的概念，衡量的是企业创新的整体效果，学者们往往基于不同的视角进行界定（宋方煜，2012）。同样地，对企业创新绩效的测量也尚无定论，大多采用客观的创新绩效数据或主观问卷测量，但并未形成一致的测量标准，现有文献通常基于研究需要和数据可获取性选取创新绩效测量指标。同时，本书研究发现相关文献中对于创新绩效的测量，大多采用多指标体系（两个或者两个以上指标）进行，这说明学者们在相关研究中，针对不同的问题会对指标做出选择组合。

1.4　研究内容及主要研究方法

1.4.1　研究内容

全书结构与内容安排如下：

第 1 章，绪论。首先，本章阐述了本书的研究背景、提出研究问题，并阐明研究意义。其次，本章对开放式创新、开放式创新合作策略、社会网络合作、企业创新产出、跨界知识获取，以及企业创新绩效的相关文献进行回顾，并加以述评。最后，本章阐述了本书的研究方法与技术路线。

第 2 章，相关理论基础。本章具体阐释了资源基础理论、资源管理理论、组织学习理论、知识基础理论、社会网络理论、问题搜索理论与高层梯队理论，这些理论构成了本论著的核心理论基础，贯穿始终。

第 3 章，企业创新合作广度和深度对企业创新绩效的作用机制。本章以中国新创小企业为对象，探索创新开放度对企业创新绩效的影响，并考虑吸收能力和市场环境的作用，进一步探索这种影响的产生机理。

第 4 章，企业家社会网络合作对企业创新绩效的作用机制。本章运用定量研究与定性研究相结合的方法，论证社会网络作为新创企业获取外部资源的主要途径，有利于提升其创新绩效。

第 5 章，开放式创新平台对跨界知识获取与整合的作用机制。本章以 HOPE 平台为案例研究对象，采用案例分析方法，依据理论分析框架梳理不同阶段的具体内容，构建基于开放式创新平台的跨界知识搜索与整合路径模型，并通过典型案例研究分析并修正跨界知识搜索与整合的路径模型。

第 6 章，创新合作对企业创新绩效作用的国家间差异。本章利用全球创业观察（GEM）的调查数据，以中国、巴西、印度尼西亚、泰国和尼日利亚为例，探讨创新合作对企业创新绩效作用是否存在国家间差异。研究结果表明：在中国、巴西与印度尼西亚，企业创新合作并不能带来显著的创新绩效提升；而在泰国和尼日利亚，企业创新合作对创新绩效提升作用显著。

第 7 章，案例研究。本章探索了两个企业案例，其一是 DB 厦门供应链合作创新的多方共赢。该案例介绍了由于第三方物流行业竞争加剧、客户需求不断趋于多样性和异质性，以及客户的成本压力不断加大等因素的多重作用，致使传统客户关系管理难以在新的竞争态势下保持优势，在这种背景下，DB 厦门以“为客户创造价值”为导向，针对劣势环节，建立供应链生态圈；挖掘优势环节，再创新模式，最终成功打造了“多方共赢的价值生态圈”。其二是“用户需求 + 跨界知识，打造突破性创新产品——HOPE 平台的跨界融合”，该案例探究了海尔开放式创新平台 HOPE 注重精准定位用户需求，结合跨界知识打造出一系列创新产品，为中国企业开放式创新探索出一条新的可行之路，为企业获取和整合远距离知识开拓了一条有效路径，为开放式创新平台的发展提供了可借鉴的经验。

第 8 章，结论。本章是对全书的研究内容的总结。

1.4.2　研究方法

（1）文献分析法。通过梳理大量相关领域的文献，形成对研究内容的理论认知。本研究通过分析和筛选国内外相关文献，了解国内外与本论著研究相关的研究现状，对相关理论进行归纳、分类、整理，发现现有研究的不足之处，找到研究的切入点，并在此基础上提出本书的研究分析框架，为理论研究提供依据。

（2）实证分析法。本书使用多种分析方法进行数据分析，主要包括描述性分析、相关性分析、回归分析、信度分析和效度分析。

①描述性分析。说明企业和个人信息的基本情况，如企业规模、企业性质、被调查者性别、年龄、教育程度、收入等。

②相关性分析。相关性分析是一种研究各个变量之间相关程度的统计方法，体现在条件不变的情况下，控制其中一个变量，另外一个变量的变异程度。

③回归分析。回归分析是一种应用极为广泛的数量分析方法。它用于分析事物之间的统计关系，侧重考察变量之间的数量变化规律，并通过回归方程的形式描述和反映这种关系，帮助人们准确把握变量受一个或多个变量影响的程度，进而为预测提供科学依据。

④效度分析。效度即有效性，它是指测量工具或手段能够准确测出所需测量的事物的程度。实验研究中，为提高研究的内在效度，在研究设计时可把握以下四点：其一，理论正确，解释清楚；其二，操作忠实以减少误差；其三，样本合宜且预防流失；其四，正本清源，排除无关变因。而在提高外在效度方面，则可以通过：其一，解释分析应具普遍性、客观性、中立性、合理性与真实性；其二，以操作型定义代表概念性定义，取样性具有代表性，研究的情境要适切；其三，观察具有普遍性，资料搜集来源要多元性并

且要客观；其四，尽可能排除无关的干扰变量，并慎防实验者效应发生（林生传，2002）。

⑤信度分析。信度是指根据测验工具所得到结果的一致性或稳定性。一般而言，两次或两个测验的结果愈是一致，则误差越小，所得的信度越高。它具有以下特性（王保进，2002）：其一，信度是指测验所得到结果的一致性或稳定性，而非指测验或量表本身；其二，信度值是指在某一特定类型下的一致性，而非泛指一般的一致性，信度系数可能因不同时间、不同受试者或不同评分者而出现不同的结果；其三，信度是效度的必要条件，而非充分条件，信度低效度一定低，但信度高未必表示效度也高；其四，信度分析的方法主要有以下四种：重测信度法、复本信度法、折半信度法、α 信度系数法，它们完全是一种统计量，因而信度主要是藉由统计方法取得。

（3）案例访谈法。通过对案例企业进行调研，与案例企业相关人员进行深度访谈，解决研究问题。本书以 HOPE 平台作为案例研究企业，通过实地观察、阅读内部文件，以及大量深度半结构化访谈获取研究资料，探究开放式创新平台帮助企业获取和整合远距离知识的内在机理。

（4）内容分析法。通过对访谈资料进行分析得出研究结论。本书结合案例访谈的一手资料与公开收集的二手资料，通过对客观事实进行剖析，以一种非直接介入的方式获取企业的客观描述与信息。通过层层推理分析，构建出本书的理论模型，验证路径模型的可行性并修正模型。

1.4.3 技术路线

本书涉及的多源数据包括全球创业观察（Global Entrepreneurship Monitor：GEM）数据、驻企调研数据、电话访谈数据，涉及的主要研究方法包括文献分析法、实证分析法、案例访谈法和内容分析法等。对获取的数据进行数据清洗、整理与分析，采用 Excel、Spss、Nvivo 等分析软件。在此基础上，立足于资源基础理论、资源管理理论、组织学习理论、知识基础理论、社会网络理论、问题搜索理论以及高层梯队理论，从企业创新合作广度与深度、高管社会网络两个层面，实证检验了提升企业创新绩效的动力因素，并检验了企业间合作对企业创新绩效的影响是否存在国家间差异；同时，从开放式创新合作的目标着眼，探索了开放式创新平台对跨界知识获取与整合的作用机制，最后通过德铁信科厦门公司的供应链合作创新案例，以及海尔 HOPE 平台的跨界融合案例，进一步论证了开放式创新合作对企业创新绩效的作用机制。本研究的技术路线如图 1－1 所示：

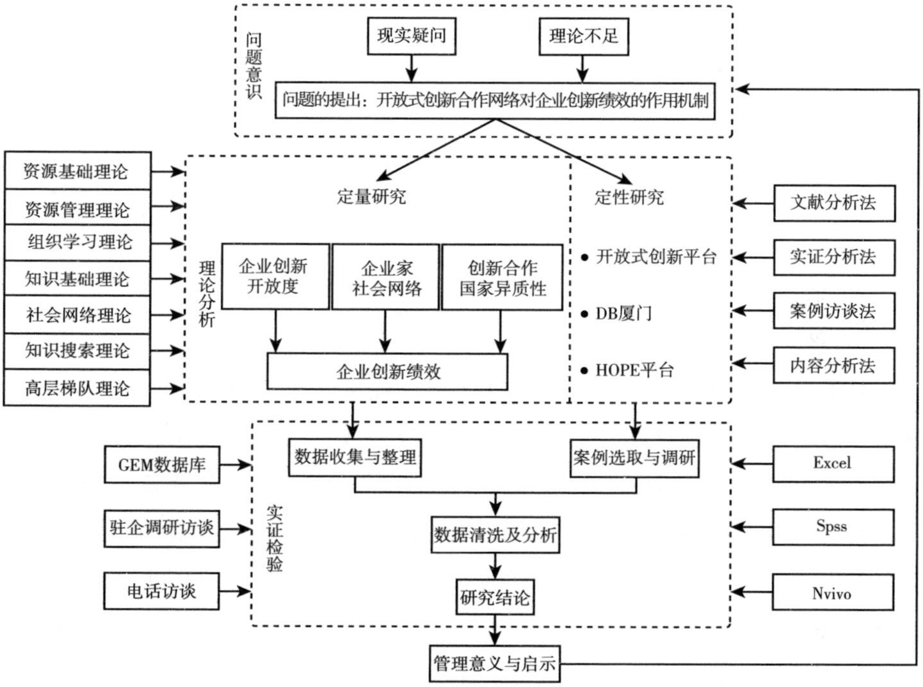

图 1－1　技术路线

| 第 2 章 |

相关理论基础

2.1 资源基础理论

RBT 最早可以追溯到 20 世纪 30 年代，经济学家 Robinson 研究了对企业拥有的特定资源的重要性，提出了特殊的资源或匹配的能力是保证企业在非完全垄断竞争状态下获取经济回报的关键要素，并认为这些要素是企业异质性的表现（Robinson，1933），包括我们所熟知的管理人员协调配合能力、技术能力等，从中可以比较清晰地看出资源基础理论的资源概念原型。Penrose（1959）在其企业成长理论中总结性的提出企业是一系列资源的集合，掀开了企业资源基础理论研究的序幕，被认为是 RBT 的理论基础。

20 世纪 80 年代以来，资源基础理论得到了迅速发展，Wernerfelt（1984）提出了公司内部资源对公司获取经济利润并维持竞争优势的重要意义，他认为企业内部的组织能力、资源和知识的积累是解释企业获得超额收益、保持竞争优势的关键，与外部环境相比，公司内部资源具有更重要的意义，并对企业创造市场竞争优势具有决定性作用。Rumelt 和 Lamb（1984）提出资源位置壁垒、隔离机制和资源属性与企业收益有关。上述研究都被认为是对 RBT 具有开创性贡献的研究。

被誉为 RBT 创立性文献的 Barney（1991），全面分析了资源具有带来可持续竞争优势潜力的必要条件：有价值、稀缺的资源，例如极少企业能够获取的资源，可以创造竞争优势，但是这种优势往往是短暂的；如果这种资源同时难以模仿、难以复制，企业就可以利用这种资源建立一种竞争者在任何情况下都不能具备的价值创造策略，那么这种资源就可以带来可持续竞争优势。即只有当资源具有价值性、稀缺性、难以模仿性和不可替代性时，资源才具有建立可持续竞争优势的潜力，这就是著名的资源“VRIN”框架。Barney（1991）的研究使资源基础理论回归到关注企业内部的资源和能力上，他所提出的 VRIN 框架在分析资源获取竞争优势的潜能时，具有很强的实用性。此后，Barney 和 Hesterly（2012）在 VRIN 框架基础上提出 VRIO 框架，即资源只有同时具有价值性、稀缺性、难以模仿性以及组织利用性，才有可能带来持续的竞争优势。类似的，一些研究分析了能够带来竞争优势的资源的属性，认为资源是能力的基础，并对资源和能力做了详细的区分。Peteraf（1993）等对企业持续竞争优势作了进一步探求，从公司内部资源和能力的角度对公司竞争优势的产生和维系加以研究，形成了所谓的资源基础理论学派。以 Barney（1991）和 Peteraf（1993）为代表的研究构建了较为完整系统的基于资源的竞争优势理论分析框架，为后续资源基础理论的相关研究奠定了坚实基础。总之，早期 RBT 认为竞争优势主要来自于企业内部，即企业拥有的难以模仿的资源和能力。因此，早期 RBT 主要是一种内生、静态的观点。

然而，随着市场环境日益复杂化、动态化，基于静态观点的传统 RBT 在解释如何获取和维持竞争优势的问题上表现出越来越大的局限性。Prahalad 和 Hamel（1990）在传统 RBT 基础上提出核心能力观，认为企业本质上是一个能力集合体，核心能力是企业能力和长期竞争优势的根源，这是对企业资源基础理论的极大发展。核心能力观不仅重视企业内部长期形成的能力的重要性，同时开始关注外部环境。继而，Teece et al.（1997）提出了动态能力观，认为动态能力是企业整合、建立和重构企业内、外能力以适应快速变化的环境的能力，这是继承与发展 RBT 理论的集大成者。Eisenhardt 和 Martin（2000）在 Teece 等研究的基础上，将动态能力具体化为四种常规程序：资源获取、配置、整合和让渡这四种过程能力，提出了基于过程论的动态能力观，这一理论使 Teece 的动态能力观更加丰满。动态能力观将企业内部因素和外部环境因素整合在一起，关注企业战略与外部环境间的适应性，这就要求企业必须具备组织双元能力：一方面，要在成熟市场继续保持稳定收益，同时又能够适应未来市场的迅速变化。双元能力（或双元组织）是在动态能力之前提出来的概念，不过一直没有引起重视。企业所面临的外部环境日益复杂多变，这对动态能力观提出了更高的要求，而双元能力恰好满足了动态能力观的发展需要，二者可谓相得益彰。另一方面，以 Dyer 和 Singh（1998）为代表的一批学者对传统资源观的扩展研究，逐渐形成了网络资源观这一理论分支。网络资源观在承认企业的竞争优势来源于内部资源异质性的同时，突破传统 RBT 强调的“竞争优势来自于内部资源异质性”的局限，将企业外部可以利用的关键资源纳入企业资源分析框架，在不拥有资源的情况下，竞争优势的获取需要借助组织外部可利用的资源。网络资源观是对资源内生观点的有益补充和发展，是对传统 RBT 的扩展和延伸。

综上所述，传统 RBT 以内生、静态视角分析企业如何获取竞争优势并长期保持下去，认为企业异质性主要来自企业内部物质资源异质性，企业竞争优势来源于内部资源的独特性；网络资源观突破传统 RBT 的局限，认为企业竞争优势的来源也可以是超越企业内部边界的关键资源；核心能力观虽然仍然立足于企业内部视角，但开始关注企业外部，并突破企业异质性来源于具体物质资源异质性这一观点，认为能力异质性是异质性的主要来源，来自多方位多主体的知识、专业技能和技术的有机整合才是企业竞争优势的来源；动态能力观则突破核心能力刚性化的局限，不仅聚焦企业内部资源和能力，还关注外部产业环境和市场需求，认为企业竞争优势来源于对内外部能力的整合、建立和重构。总之，企业的资源基础理论（RBT）是以企业异质性为前提假设，以资源和能力为基础的竞争优势理论，经过三四十年的发展，形成了诸如传统资源观、核心能力观、动态能力观和网络资源观等理论分支，对战略管理领域产生了深远的影响。

2.2 资源管理理论

RMT 源于 RBT，该理论认为企业资源通过竞争优势的发展驱动价值创造（Sirmon et al.，2007）。关于企业外部环境对资源管理的影响，RBT 研究基本上保持沉默。资源管理理论对资源管理的构成要素和流程的探索成为学者们广为接受的资源管理框架。该框架包括由九个子流程构成的三个阶段（如

图 2－1 所示）。三个阶段分别是“构建（Structuring）”“捆绑（Bundling）”“杠杆（Leveraging）”。其中“构建”是指构建资源组合，聚焦企业资源存量的增减，可分为“外部获取资源（Acquiring）”“内部开发资源（Accumulating）”和“剥离没有价值的资源（Divesting）”三个子流程；“捆绑”是指捆绑资源，捆绑资源形成能力的目的是整合资源以构建或改变企业能力，根据捆绑的幅度以及是否产生新能力，可分为“维持型（Stabilizing）”“丰富型（Enriching）”及“开拓型（Pioneering）”三种捆绑形式，即三个子流程；“杠杆”是指利用能力创造价值，提升企业竞争优势，包括“能力动员（Mobilizing）”“协调（Coordinating）”和“部署（Deploying）”三个子流程。

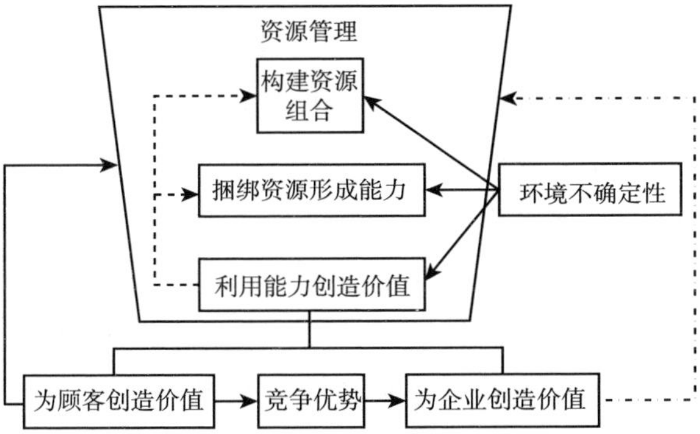

图 2－1　资源管理流程

资源管理框架依次解决了资源来源、转化和利用问题，勾勒了从资源到产出的完整路径。其中的每个阶段所囊括的子流程同样也使该阶段的资源行动呈现系统性。如构建资源组合阶段包括资源的补充和剔除，前者体现在内部积累和外部购买，后者即剥离，它们为构建资源组合提供全面的行动方向，捆绑资源形成能力阶段和能力利用也同样如此。每一个子流程代表一种资源行动方向，具有一般性的指导功效。如内部积累为企业构建资源组合提供了方向，包括研发、战略联盟、合作网络等。这些子流程彼此之间定位明确又具有可操作性，使得管理者在实操过程中不会产生混淆。每个子流程的一般性、可操作性，加上由九个子流程构成的三个维度本身的系统性以及整体性，使得资管理框架具有一般性、系统性、可操作性特征。凭借这些特征，资源管理理论得到了统一。

2.3 组织学习理论

Cangelosi 和 Dill（1965）率先提出了组织学习理论（Organizational Learning Theory），随后许多学者在此基础上对组织学习进行了深入研究，并取得了较大的进展（Fiol，Lyles，1985；Argyris，Schon，1978；March，1991）。例如，Fiol 和 Lyles（1985）提出组织学习是通过更完善的知识，采用适应、变化的方式改善企业的行为，产生新见解、新知识、新结构、新系统，或上述情况的组合的过程。虽然组织学习理论是一门比较年轻的科学，但随着 March（1991）首次从学习方式视角提出利用式学习（Exploitation Learning）和探索式学习（Exploration Learning），并综合性地提出组织学习是应对环境变化而做出的努力，主要在于通过对新知识的探索以提高企业绩效，组织学习研究逐步向多视角、多维度发展，其研究成果也愈发丰富。本书通过系统梳理国内外文献，将组织学习研究中的主要学者及其研究成果进行归纳，发现现有研究大致基于学习主体、学习方式、学习阶段三个视角。

首先，基于学习主体视角。早期研究多从学习主体视角探讨组织学习，如 Argyris 和 Schon（1978）提出的个体单环和双环学习。基于个体层面，Popper 和 Lipshitz（2000）指出组织学习是在组织本身既定的结构性限制与过去的经验下，经由个人在执行组织赋予的任务过程中逐渐学习，建立个人洞察力，并成功将组织内的问题重新加以诠释和建构。基于组织层面，Argyris 和 Schon（1978）指出组织学习是指组织通过取得信息、知识、技术与实际经验，而引发组织惯例发生改变的过程。Moorman 和 Miner（1998）指出组织学习是指组织层面的创造，以及使用知识来增进企业的竞争力，包括获得和分享有关客户需求、市场变化以及竞争者行动的信息。基于个体与组织互相补充层面，Argyris 和 Schon（1996）指出，没有个体学习，组织学习就失去了基础，个体学习是实现组织学习的必要而不充分的条件；组织学习虽然不单纯只是个体学习，但是组织学习却只有经由个人的经验和行动才能实现。所以，个体学习与组织学习互相支撑。Crossan et al.（1999）则既从学习主体视角探讨了组织学习的过程，又从学习方式角度探讨了探索性学习和利用性学习的关系。

其次，基于学习方式视角。March（1991）将学习方式区分为利用式学习和探索式学习，并指出利用式学习主要包括组织的优化、选择、制造、执行、实施等旨在提高组织效率、实现利益最大化的行为，主导了企业对于知识和机会的利用过程。探索式学习主要包括组织的搜索、发现、实验、风险承担、创新等开拓性行为，主导了企业对于新知识、新机会的发现和捕捉过程。March（1991）指出，在企业的实际经营过程中，如果只注重探索而忽视了开发，那么研发、实验的成果将缺乏有效的产业化、商品化，使企业无法从探索活动中获取利益；而如果只注重开发而忽视探索，虽然在短期内可能会获得良好的绩效，但是会缺乏继续成长的动力，陷入“能力陷阱”之中。Jaakko 和 Kari（2000）基于系统动态学理论讨论了利用式学习和探索式学习的关系，并解释了组织学习的动态特征。我们将组织学习研究中的主要学者及其研究成果进行归纳后发现，对学习方式的探讨是当前组织学习研究的焦点。

最后，基于学习阶段视角，自 Argyris 和 Schon（1978）提出了组织学习四阶段模型，明确指出组织学习要经历四个阶段过程：“发现”组织内部问题或外界机遇，然后“发明”解决问题的方法，“执行”解决方法，从而产生新的组织机构、操作程序或报酬系统以来，学者对其进行了广泛深入的研究。国内学者陈国权则认为 Argyris 和 Schon（1978）的四阶段模型具有一定的缺陷，主要集中于两个方面：第一，四阶段模型并不能完整涵盖组织学习的全过程，主要是没有考虑反馈，在现实情况下，如果没有反馈环节，将会使组织学习的目标不清晰，造成盲目学习的现象；第二，不能较好地刻画与描述组织知识积累的全过程，组织知识积累的过程应该遵循知识的螺旋上升过程，而四阶段模型则必须建立在组织之前所具有的知识存量基础之上（陈国权，2004）。基于四阶段模型的不足，陈国权和马萌（2000）从直线型组织学习的经典四阶段模型出发，加入反馈环节，使组织学习模型形成一个闭环回路，通过不断修正，明确组织学习目标，提升组织学习有效性。Cannon 和 Edmondson（2005）提出组织学习理论的三阶段模型，即由问题识别到问题分析再到进行实验。

通过梳理现有国内外文献，本书对组织学习理论的研究视角进行概括，如表 2 - 1 所示。

组织学习理论是本书的核心理论基础，贯穿于研究始终，是连接企业开放度与创新绩效间关系的桥梁，也是研究内部吸收能力和环境不确定性对开放度与创新绩效间关系的影响的重要理论支撑。

表 2 - 1　　　　　　组织学习理论概括

理论基础	研究视角	文献来源
组织学习理论	组织学习主体	Crossan（1999）；Argyris 和 Schon（1978）；Popper 和 Lipshitz（1998）；Argyris 和 Schon（1996）；Argyris 和 Schon（1997）；Moorman 和 Miner（1998）；陈国权（2004）
	组织学习方式	Fiol 和 Lyles（1985）；March（1991）；Crossan（1999）；Jaakko 和 Kari（2000）
	组织学习阶段	Argyris 和 Schon（1978）；陈国权和马萌（2000）；Cannon 和 Edmondson（2005）

2.4　知识基础理论

知识是企业拥有的一项重要资源，企业积累的知识和经验将决定其技术创新方向和成功概率，当企业试图解决新问题或者面临新机会时，知识基础将发挥重要作用。因此，知识是企业创新和发展的基础。知识基础理论（Knowledge - Based Theory）是以知识资源为基础的理论，指企业所涉及的各类技术领域的知识元素集合，其核心元素是知识（Zhang et al.，2007）。最初，知识在资源基础理论的资源框架中，但是随着该理论的不断发展与完善，知识的重要性逐渐被众多学者认可，并将知识作为独特的资源分离开来，形成知识基础理论。企业知识基础是企业内的各类知识元素或企业内个体拥有的知识的合集，包括信息、技术、技巧等。知识基础理论强调知识作为企业资源之一，并定义和探讨了企业竞争优势的来源。企业是知识的集合体，知识的搜索、整合、共享是企业竞争优势的来源之一。知识在企业层面是高度异质的，每个企业都有根植于其内部的独特知识。随着时间的推移，企业的组织结构和知识基础会共同演变为一种典型的体系和惯例，成为企业对内外知识进行吸收和利用的基础，被称为企业的知识基础或知识位势（刘景东等，2015）。知识基础理论主要从知识的转化、转移、创造以及应用等方面，解释和阐述企业的发展、创新、竞争优势等基本问题。根据不同的分类参考标准，企业的知识基础可以划分为众多类别，但知识广度和知识深度是最为常见的分类。

知识广度关系到企业实现产品输出所需的不同领域知识的差异程度（Van Wijk et al.，2012），能为企业拓宽现有技术范围和开发新技术提供必要的基础。研发人员基于所掌握的知识领域的广度对创新进行探索（Dosi，1988），而企业则基于跨专业的多方知识的融合，创造新的技术（陈志明，2015）。知识广度较好的企业，能在市场、技术等外部环境发生变化时，更快更方便地利用已有的知识基础，即通过不同领域的技术组合，来应对环境变化，同时技术多样性与探索性创新绩效正相关，（Phelps，2010）。为了获得持续的竞争优势，企业需要不断地探索、转换、创造以及开发新的技术，内部知识广度为这一过程提供了必要的知识条件（陈志明，2015）。此外，企业层面的技术变革理论亦表明，企业创新能力是其知识基础累积的结果（刘洋等，2015）。

知识深度体现的是企业对所处技术领域的技术知识的熟悉、积累和掌握程度，是企业知识在纵向维度发展特征的反映。一般而言，在行业内积累时间较长，或者在行业内处于国际领先位置的企业，它们知识深度的程度较高。另外，例如纳米生物、制药等高准入门槛的知识密集型企业，其知识深度较一般企业而言也更为深厚。同时，随着企业新技术研发的复杂程度加深，企业需要在相关技术领域内积累足够的知识基础才能在关键技术上取得突破（陈志明，2015）。通常，知识深度越强的企业，其对核心知识的掌握程度以及其创造新知识的能力就越好，从而有足够的能力转变既有的知识技术轨道，应对外部环境变化（Smith et al.，2005）。企业内部知识基础深度较高意味着企业在相应研究领域上具有更丰富的知识、技术积累，以及拥有专业优势的人才及团队。因而，企业能迅速捕捉到相关技术的发展趋势，并有可能提出改进现有技术和产品的相关路线计划（陈志明，2015）。企业可以通过突破性技术应用实现新产品研发，也可以通过开发方式的改变在相同技术上进行创新，以实现新产品开发（Karabulut，2015）。

本书通过相关文献综述，阐述了知识是企业所拥有的最重要战略资源之一，在动态竞争环境下，组织必须去搜索新的知识来解决其创新问题，因此知识搜索被认为是企业形成独特组织能力，进而取得持续竞争优势的源泉。

2.5 社会网络理论

“社会网络”概念由 Barnes（1954）正式提出，其研究基于挪威某渔村的社会关系，发现职业、地位等较为正式的社会关系无法解释渔村内社会关系的正常运作，因此认为正式关系之外的亲属、朋友、合作伙伴等非正式关系也对社会关系与社会结构的稳定起着重要作用（Watson，2007）。此后，社会网络概念被广泛应用于人类学、社会学及心理学等领域，学者们基于不同的分析视角，从一般从关系要素与结构要素两个要素维度对社会网络理论进行探讨。关系要素是通过社会联结规模、密度与强度来研究成员间的社会性关系情况；结构要素是关注社会网络成员所处的位置，探讨两个或两个以上成员间的关系所折射出来的社会结构。围绕这两个分析要素的研究，延伸出了强弱关系、社会资本和结构洞三个较为成熟的理论。

第一，强弱关系理论。强弱关系理论研究起源于 20 世纪 70 年代，历经长时间的理论积累与演进，已经可以较为明确地划分为强关系理论学派和弱关系理论学派两个分支。弱关系理论即 Granovetter（1973）提出的“弱关系力量假设”理论，将那些不经意碰到的人与求职者之间的关系称为“弱关系”，以互动频率、感情深度、亲密程度、互惠程度等指标来衡量关系的强度，该理论在 Granovetter（1985）扩充理论基础和充实实证研究后得到进一步深入完善。“弱关系”学派认为，弱关系的网络规模是远大于强关系的，通过弱关系网进行跨界，可为网络成员带来多样化的、独特的资源，进而提高企业创新能力与绩效。Lin（1982）对“弱关系力量假设”进行了扩展和修正，提出了社会资源理论，强调了资源差异化的重要性。并且在后续研究中他认为弱关系因难以产生交换的动力是没有什么效用的，而强关系由于与承诺、信任、义务相关性极强，因而具有最强的帮助动机（Lin，1999）。

“强关系”学派认为，强关系可为网络成员带来高度信任、稳定合作，以及利用网络关系解决问题的能力，有利于加速资源在网络中的共享和整合，进而促进企业提升合作能力与绩效，且强关系带来的可靠性是弱关系网无法替代的（Coleman，1988）。

第二，社会资本理论。“社会资本”一词最早被Hanifan（1916）用来指代无形的社会关系，这时社会资本的概念还比较模糊。之后Bourdieu（1983）基于社会学研究背景，提出社会资本是在稳定持久的网络中，被公认的、制度化的一类关系资源，认为社会资本是社会网络的一种表现形式。基于前人的研究，Coleman（1990）从功能视角指出，社会资本是个人依赖社会结构获得的资本，且是实现特定目标的必要条件，并通过期望与义务、社会关系内部信息网络、规范与有效惩罚、权威关系、有意创建及多功能社会组织这五种形式表现出来。随后，Burt（1992）提出社会资本是企业及其成员在所处的社会网络中，可通过企业内部和外部各种社会关系获取的资源。现有学者根据网络内容与形式对企业家的社会资本进行了分类。Birley（1985）提出企业家的社会资本可以分为正式网络和非正式网络。Coleman（1988）则认为外部资本和内部资本是企业家社会资本的两个重要组成。耿新和张体勤（2010）则把企业家社会资本分为商业、制度和技术三个维度的社会资本。近年来这几种分类方式均得到了学者的广泛使用（吴俊杰，戴勇，2013）。

第三，结构洞理论。基于Granovetter（1985）的研究，Burt（1992）从竞争角度将社会网络理论应用于经济学范畴，并提出了结构洞理论。他认为在社会网络中，网络成员间有些是直接稳定的联系，有些是松散低效的联系，A与B、C之间是直接稳定的联系，但B与C之间是松散低效的联系，这时B与C之间就形成了一个关系空洞，这个关系空洞就是A的结构洞。Burt（2004）指出结构洞具有连接不同群体的中介功能，使中介者，即结构洞所有者可获得掌控群体内外的优势。因而A的网络地位相对较高，在获取资源上具有一定优势。Burt（2015）进一步指出群体内协同会强化结构洞的排外功能，结构洞强化程度越高，就越难将结构洞联结起来。即A与B，A与C之间的联结越强，B与C就越难联结起来，但如果联结成功，B与C将获取全新且有较高价值的资源。

2.6 知识搜索理论

Cyert 和 March 的著作 *A Behavioral Theory of the Firm* 中，将企业理论与组织理论相结合，来探究企业内部决策程序，提出了行为理论（Behavioral Theory of the Firm：BTF），并根据企业搜寻最佳策略的驱动因素，将搜索分为问题式搜索（Problemistic Search）和冗余式搜索（Slack Search）（Cyert、March，1963）。

问题式搜索是指，当组织未能达到预期的绩效时，决策者将会采取一些行动来解决面临的问题，当绩效回到预期水平时，组织将保持现有路线，降低知识搜索动机。问题式搜索是各种组织理论中的核心理论概念，是对各种组织行为和结果的重要解释，包括战略变革和重新定位、风险管理、组织适应、知识生成、组织学习、新资源创造和创新。其关注焦点是寻找特定问题的解决方案，关键研究集中于触发搜索的机制，认为低于期望的表现可被视为探索现有问题的解决方案的驱动因素。Cyert 和 March（1963）指出，期望水平（Aspiration Levels）应是关于当期绩效、前期绩效和其他公司近期绩效水平的函数。也就是说，组织的搜索策略不仅与企业内部有关，还受外部竞争者的影响。问题搜索理论在行为理论问世后就在管理领域被广泛采用和传播，但是，与实践相比，这一概念的基础理论发展较为缓慢。在这一理论设想提出后，一些学者将这一设想落至实证层面，将期望水平用历史性对照（Historical Comparison）或社会性对照（Social Comparison）表示。历史性对照将企业过去某时期的绩效或平均值情况当作期望，社会性对照是在企业外部选择比较对象，作为自身的标杆。对于绩效实际值的衡量方面，大部分研究采用利润率类指标来衡量，比如资产回报率、净资产收益率以及销售利润率。也有学者采用非金融指标，比如新品开发业绩、市场份额及产品质量等，来研究组织某一个特定方向的搜索策略。此外，该理论对于问题复杂性以及问题的可拆解性进行了分类说明。

冗余式搜索来源于企业冗余的资源，冗余是指一个组织的潜在绩效和实际绩效的差距，可以由多方因素导致：高端仪器的低效使用、过于优秀的人才以及具有改进空间的技术等。冗余式搜索可以不依靠额外研发投入，利用冗余资源可以帮助企业改进未被开发的技术，从而抵抗未来风险。Levinthal 和 March（1981）认为，冗余资源，尤其是财政方面的冗余，会对一些不利的情况起到对冲作用，能够促使企业放松控制，提高企业的抗风险能力。尽管大量的研究强调冗余资源会带来更多的搜索，但它也会对问题式搜索起到削弱作用，冗余资源可能会导致管理者对所面临的绩效落差不敏感，进而阻碍企业对绩效问题的反应强度。

从上述概念和企业运行机理可以看出，行为理论是基于经验的搜索，采用回顾过去（backward - looking）的逻辑，认为当实际绩效能够达到企业期望的绩效水平时，管理者会暂停搜索；如果实际绩效一直未能达到期望的绩效水平，管理者才会跳出舒适区，尝试更新的策略组合形式。但也有学者将管理者的认知能力和股东压力等心理学因素纳入考虑范畴，对基于经验的逻辑提出了挑战。

搜索理论作为本论著的核心理论，贯穿于研究的始终，是支撑跨界知识搜索路径研究的理论基础，跨界知识搜索是通过搜索合适的资源从而找到解决问题的方案或有机会的创意。

2.7　高层梯队理论

高层梯队理论由 Hambrick 和 Mason（1984）正式提出，将有限理性应用于组织高管和高管团队领域。该理论模型指出：①高层管理团队的人口统计特征，如性别、年龄、学历、工作背景等，能够反映认知、价值观等心理特征，以及团队内部的沟通和冲突等运作过程；②团队成员不同的人口统计特征以及这些特征的作用过程会影响到组织的战略选择与绩效，具体模型如图 2 - 2。

如图 2 - 2 所示，基于高层梯队理论，通过观察高管及高管团队的认知、价值观、人口统计学特征等变量，可以预测和解释企业行为、战略选择。心理因素，例如认知、价值观是高层梯队理论的一个重要考量因素，但是心理因素、价值观在研究中存在诸多的困难。Hambrick 和 Mason（1984）认为，

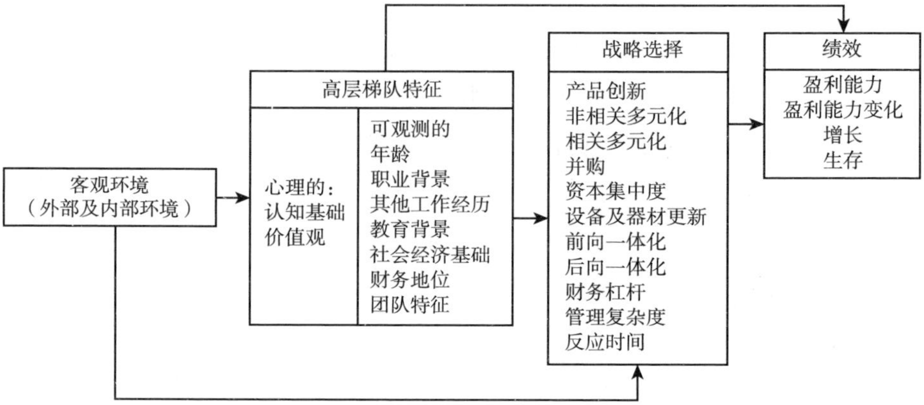

图 2－2　高层梯队理论模型

资料来源：Hambrick 和 Mason（1984）。

即使有学术研究中的免责条款或者免责声明，在获取有关高管团队心理认知层面的数据时，绝大部分高管仍抱抵触态度，不情愿真实反馈自己的认知和价值观。因此，对高管及高管团队的人口统计学等背景特征进行研究的方法就显得更为便利和可靠。早在高层梯队理论正式提出以前，消费者心理学和消者行为学有关研究就将人口统计学特征用来度量消费者偏好和选择（Frank，Greenberg，1979），从侧面说明人口统计学特征作为背景特征变量的可靠性。从实用性的角度讲，人口统计学等背景特征比心理认知、性格等因素更客观和容易获得，前人的研究又证明人口统计学等特征变量对于研究企业中的高管、预测企业行为具有非常好的信度和效度，因此该测量方法为学术研究的进一步探索提供了广泛的可能。

从图 2－2 中可看出，人口统计学特征，例如年龄、职业背景、其他工作经历、教育背景、社会经济基础、财务地位、团队特征这些可观测的变量，作为高管个体的重要特征，直接影响着企业战略选择，进而影响企业绩效。人口统计学特征可以分为简单人口背景和关系人口背景（Pfeffer，1981），高层梯队理论自开创以来，后续的研究多从人口背景的相似性和异质性角度探讨组织成员的互动，以及这种互动与对企业决策和绩效产生的效用。

第一，年龄。高管的年龄对企业成长（Child，1974）、创新（李建军，李丹蒙，2015）等具有显著影响。Hambrick 和 Mason（1984）认为，高管年龄会影响企业行为，可能的原因有三种：①年长的高管没有更多的体力和精力去进行持久性的活动，由于年龄大，也更加保守，更少接触新事物，难以抓住机遇（Child，1974）；②年长的高管对组织现状有更强的承诺（Stevens et al.，1978）；③年长的高管相对更看重自身的财产和地位的安全稳定，他们为退休事宜考虑较多，因此，面对新鲜的、风险较大的事情，年长的高管偏向采取规避行为（Carlsson、Karlsson，1970）。

第二，职业背景。不同领域的管理者面对相同的问题时，会从自己所擅长和掌管的领域看待问题、提出解决方案。以往的研究者将高管的功能性背景归为三类：前两类基于开放系统视角（Katz、Kahn，1996），并与 Miles 和 Snow（1978）战略分类中所描述的职能领域一致——产出职能背景（包括营销、销售和产品研发，强调成长和新领域机会搜寻，并对检测和调整产品及市场负责），生产职能背景（生产，流程工程和会计，致力于改善变革过程的效率），第三种职能类型由 Hayes 和 Abernathy（1980）提出，该文指出越来越多的公司被具有法律和金融背景的高管所掌控，这些职能并不属于组织的核心行为。

第三，其他工作经历。该变量在企业进行战略变革、组织重构的时候尤为重要。一般情况下，当一位高管长期服务于一个企业时，他的视野被认为相对较有局限性（Hambrick、Mason，1984）。为此，CEO 或者董事长会引入外部经理人对企业战略进行变革，外部经理人能够为组织带来新鲜血液、引入新鲜事物，对组织现状有较低的承诺，使得变革更为顺畅（Kotin、Sharaf，1976）。

第四，教育。教育对个人的习惯养成、价值观塑造、习惯偏好的作用是显而易见的。在对高管及高管团队进行研究时，个人所受的教育对企业的影响也是显而易见并且复杂的。现有研究表明，高管受教育水平与企业创新显著相关（Becker，1970；李建军、李丹蒙，2015）。教育之所以影响个体价值观，是因为教育的背后隐含着个体所处的社会经济群体，或者说个体所在的社会阶层。教育和学历在个体求职过程中，也充当着过滤器的作用（Pfeffer，1981），是否有过正规的管理学教育经历对公司是否能够规避大的风险和失误具有显著的正向作用。

第五，社会经济背景。Channon（1979）发现英国高管的社会经济背景与其所在公司采取的增长战略相关，并就此对高管社会经济背景与企业战略的关系展开研究。相关研究指出社会经济背景与企业是否采取并购策略、是否采取多元化策略显著相关，并有研究认为创业者如果背景相对不够优越，则更倾向于激进，倾向于采用浮夸的战略，以求被认可和尊敬（Hambrick、Mason，1984）。

第六，财务地位。高层梯队理论中的财务地位，包含高管期权、薪资、奖金和其他激励制度等（Hambrick、Mason，1984）。

第七，团队特征。团队异质性最初的研究表明，高管团队异质性促使团队思想僵化、小团体盛行，由此可能会做出低质量的决策，但此后的研究证明，高管团队的异质性有助于从不同的角度，利用不同的知识和从业经历对问题进行解剖和审视，促进问题解决（Filleyet al.，1976）。

高层梯队理论的基本假设是，每一位高管，甚至是每个高管团队，都不能全面了解组织和企业所处环境的方方面面，高管们的视野有一定的偏好和擅长领域，这就限制了他们观察了解企业所处的竞争环境。基于此，Hambrick 和 Mason（1984）提出，要想深刻理解一个企业为什么做出这样的选择而不是那样的选择，就要深入了解其高管。企业做出的战略选择和企业行为，除受到竞争环境、政策等的影响外，还在很大程度上受到人的因素影响，高层梯队理论着重考虑了人的因素。除上述主要观点之外，高层梯队理论还引入了两个子观点：首先，观察高管团队的团队特征要比单纯观察高管个人更加有效；其次，高管的人口统计学特征是观测高管认知、价值观的有效工具。

总体来说，高层梯队理论的核心观点是高管的某些特征，如认知基础、价值观、洞察力等一些特质在企业决策过程中会使信息的处理和过滤具有选择性，是公司战略选择的决定性因素，并通过公司的战略选择来最终对公司的绩效产生影响。但由于认知基础、价值观、洞察力等特质相对难以测量，因此实际研究中往往将人口特征作为替代变量，并推断这些人口特征对企业战略变革的影响。

| 第 3 章 |

企业创新合作广度和深度对企业创新绩效的作用机制

3.1 本章研究问题提出

创新与创业是推进经济社会发展的重要途径，是企业成长的关键。近年来，“大众创业、万众创新”热潮，催生了众多的市场新生力量，对生产经营管理方式的转变起到了重要作用，推动着经济结构转型升级。创新与创业正在成为中国经济持续发展的活力源泉。2017 年 7 月 21 日，国务院发布《国务院关于强化实施创新驱动发展战略进一步推进大众创业万众创新深入发展的意见》，旨在进一步全面改善创新与创业的生态环境，突破当前的发展困境，使社会创新创业潜能得到充分释放，在更大范围、更高层次、更深程度上推进大众创业、万众创新。由于要在复杂多变的环境中谋求生存和成长，新创企业表现出主动进取、乐于创新和愿意承担风险等鲜明特征，在产业发展中发挥着重要的作用。但是，新创企业内部知识资源有限，限制企业成长，借助外部渠道获取知识资源以满足企业创新需求成为企业的必然选择（芮正云、罗瑾琏，2016）。

开放式创新时代，开放式对新知识的掌握提出进一步的要求，这种广泛的知识需求是企业内部难以满足的，也很难在一个或少数几个外部创新源那里获取到。因此，企业必须与不同类型的外部主体进行深入接触获得新想法和资源，丰富现有知识体系，提升创新绩效（Lichtenthaler、Ernst，2012）。Ghisetti（2015）认为，由于小企业官僚作风较少、承担风险的意愿强、注重创新活动以及对不断变化的环境做出反应的速度较快，相对于大型企业，小企业可以通过开放式创新活动获得更大收益。此外，有学者认为，开放式创新已经成为中小企业克服挑战和提高盈利能力的一个有效手段，对中小企业的持续发展至关重要（Keupp、Gassmann，2010）。Vanhaverbeke et al.（2014）指出中小企业有必要制定开放策略，与外部创新来源建立联系获取新知识或资源有利于实现更高的创新绩效。中小企业主动开放不仅仅针对科技领域，而且涉及价值链各环节的不同主体。各个外部主体可以带来不同的市场和技术信息，而挖掘信息可以产生新想法，发现商业机遇，对开放式创新至关重要。

在我国，大部分新创小企业处在资源短缺、创新知识稀缺的困境中。随着开放式创新的兴起，能否获得有价值的异质性资源已经成为新创企业能否创新成功的关键（Hastbacka，2004）。新创企业往往在相关领域具有一定优势（如生产新能源汽车的新创企业可能在节能方面拥有独特的技术优势），这些优势往往构成核心竞争力。但是，新创小企业资源基础薄弱，在这种情况下，需要通过充分获取和利用外部创新资源来满足自身的发展需求。Arcese（2014）认为开放式创新为新创企业创新绩效的提升提供了新途径。在开放式创新下，新创小企业不仅可以从内部挖掘创新所需要的知识，还可以从外部获取有价值的信息和资源，推动企业构建内外部知识网络，运用多种机制创造和获取创新价值。

资源基础观认为，资源是企业创建和成长的基础，开放式创新模式为企业获取外部创新资源提供了新的途径，外部知识搜寻是其主要内涵所在，开放式创新是新创企业的必然选择（Caloghirou et al.，2004）。开放式创新是一个外在过程，其开放度必然会受到内外部因素的影响（Chesbrough，2003）。从外部获取的知识资源需要企业对其进行识别评价、消化转化和整合应用。因此，吸收能力会影响企业创新活动，从而影响企业创新绩效（Cohen、Levinthal，1990）。此外，伴随着市场环境日益呈现出的高度不确定性，开放式创新逐渐演变成一种更为复杂的活动，企业应判断市场环境的复杂程度，合理调整开放度（韵江，2012）。现有研究论证了开放度和创新绩效之间的联系，但对其作用机理研究关注不足。同时，国外现有实证研究基本都是针对发达国家，尤其关注大型企业（Van de Vrande et al.，

2009)。国内此类研究以中国中小企业，尤其是以中国新创企业为对象也非常少。

基于此，本章引进与开放度密切相关的两个因素——吸收能力和市场环境，将开放度、外部市场环境和内部吸收能力以及创新绩效纳入同一框架，构建理论分析框架。采用国际研究项目 GEM 提供的公开数据集进行实证检验，验证理论模型。研究结论将进一步丰富开放式创新领域理论研究成果，并为新创企业提高创新绩效提供现实借鉴。

3.2　理论与假设

本章以新创企业为研究对象，基于资源基础理论、组织学习理论以及相关文献研究，研究开放式创新背景下企业开放广度、深度对创新绩效的影响，以及内外部因素在其中发挥的作用，并实证检验各项假设，为开放式创新领域的纵深发展做出一些贡献。

3.2.1　开放度与企业创新绩效

资源基础观强调有价值的、稀缺的异质性资源是企业竞争优势的基础(Barney，2001)。但一般而言，随着技术复杂性的提升，企业难以拥有创新所需的全部资源。因此，外部资源获取是满足资源需求的主要途径。广泛获取并充分利用外部资源能够有效弥补企业内部创新资源的不足（阮爱君，陈劲，2015)。Laursen 和 Salter（2006）正式提出了开放度的概念，用来衡量外部知识搜寻的程度，并将其划分为广度和深度两个维度。广度指企业在知识搜寻过程中使用的外部渠道的类型数量；深度指企业与外部渠道接触的密切程度。外部渠道包括客户、供应商、大学、政府机构等。一般来说，使用的渠道越多意味着企业能够获得多样性外部知识的可能性就越大；与外部渠道接触越密切，表明企业能够获得的外部支持越稳定，对外部知识和创意的理解越准确。根据 Katila（2002）的研究，通过将对“特定知识元素的理解”与新的解决方案相结合，将提升创造出更多新产品的可能性。因此，开放度的增强能够为企业带来丰富的知识基础以满足创新需求（Ghisetti et al.，2015）。

一些实证研究使用发达国家的数据发现外部知识搜寻的广度、深度与绩效存在倒“U”形关系，过度的外部搜寻不利于提升企业绩效（Katila，Ahuja，2002；Laursen，Salter，2006）。国内学者也在开放度问题上展开了相关研究，但目前由于组织、文化和战略等特点，企业在开放式创新活动上并不活跃，对外开放的广度和深度远未达到临界点，尚不存在开放过度的问题（王丽平，狄凡莉，2017）。随着中国合作创新环境改善，企业合作创新日渐活跃，未来也可能会出现由于开放过度而产生的负面影响。综上，本章提出假设：

H3－1a：开放式创新合作广度对企业创新绩效有显著正向影响。

H3－1b：开放式创新合作深度对企业创新绩效有显著正向影响。

3.2.2 开放度与吸收能力

Chesbrough（2003）指出，不能单纯地将创新视为内部问题，企业应该主动地将外部知识与自身的创新过程相结合，建立外部联系对企业创新具有潜在的重要作用。开放式创新的本质是有价值的知识的广泛分布，获取和利用外部知识并将其商业化是企业创新活动的主要目的。对任何组织而言，识别、获取和利用外部知识都是企业创新活动的关键环节，而这个过程在一定程度上需要企业具备吸收能力。同时，企业开放的过程也会动态影响内部吸收能力，企业获取外部知识能够有效增强内部吸收能力。大公司和小规模创新者在参与技术多样化过程中，都可以提升其吸收能力和知识能力（Corradini et al.，2016）。开放度越高，越有利于实现组织内部和外部学习的融合和转化，为加速开发自身的学习能力和应对不确定性的风险提供有利条件。Kim（1998）指出吸收能力与企业已有知识和先前经验密切相关，已有知识和先前经验都可以随着对外部资源的获取而不断积累和增加。一方面，对外部稀缺资源的获取会影响企业的吸收能力（郭尉，2016）。企业从外部多种渠道获取新知识，丰富原有的知识库。并且在处理新知识的过程中，需要不断地调用原有知识对新知识进行识别评价、消化和应用，因此不断获取外部资源的过程也是吸收能力动态提升的过程（王涛等，2016）。从供应商、顾客、科研机构等外部渠道获取的异质性知识可以提高组织吸收能力动态性（Casssiman，Veugelers，2006）。另一方面，对于每一个外部渠道，企业都需要维持一段时间的互动模式形成良性交流，建立共同的理解和共同工作的方式（Leiponen，Helfat，2010）。加深与外部渠道的密切接触使企业能够准确理解已获得的知识，可以提高公司评估、转化知识的能力以及将这些知识以不同的和重要的方式加以整合的能力。据此，本章提出如下假设：

H3 - 2a：开放式创新合作广度对企业内部吸收能力有显著正向影响。

H3 - 2b：开放式创新合作深度对企业的内部吸收能力有显著正向影响。

3.2.3　吸收能力与创新绩效

企业能否有效利用外部创新源，很大程度上取决于企业的吸收能力（West，Bogers，2014），内部吸收能力是外部开放的必要补充，企业利用外部资源改善内部研发能力的效果取决于吸收能力（Cohen，Levinthal，1990）。

在当前多变的外部环境下，企业通过对异质性知识资源的识别评价、消化转化来实现对现有资源的重组应用，从而将创意商业化，并持续提高企业创新绩效（Cohen，Levinthal，1990）。罗珉和刘永俊（2009）的研究也指出，吸收能力本身具有动态性和过程性，企业在识别、转化、整合外部知识的一系列动态过程中应用吸收能力，使现有资源体现出更强的创新性，从而应对外界环境变化。企业吸收能力强，组织获取得到的外部知识资源就充足多样，就能够在有限的资源和特定环境下，更好更快地运用新知识，产生新想法，敏锐发掘商机，提高企业的创新能力和创新绩效（Fosfuri，Tribó，2008；奉小斌，陈丽琼，2015）。Theyel（2013）也提出，开放式创新通常会增强内部研发能力，但需要内部研发人员的吸收能力和管理技能作为基础，吸收能力越强，越有利于企业创新绩效提升（郭尉，2016）。因而，提高吸收能力使企业能够有机会获取外部异质性和多样化知识，并通过消化吸收，加速企业内部新想法和新创意的形成及商业化进程，从而提高企业创新绩效。从事开放式创新活动的企业，尤其是新创小企业，因为内部知识资源和能力有限，更需要不断改善吸收能力。综上所述，我们认为吸收能力能够正向影响企业创新绩效，并认为组织吸收能力对创新绩效有直接作用。由此，本章提出如下假设：

H3 -3：吸收能力对企业创新绩效有显著的正向影响。

3.2.4 吸收能力的中介作用

Cohen 和 Levinthal 在 1990 年的经典文献中强调了吸收能力发挥的重要作用，有利于获取资源、整合知识，从而丰富原有知识基础、促进企业创新活动。Fosfuri 和 Tribó（2008）的创新产出效果模型也显示，企业获取的外部知识通过内部识别、理解、消化和转化等一系列过程，帮助发掘新想法和商业机遇，从而形成创新产出。类似地，现有文献基于多种视角研究吸收能力对创新绩效的中介效应。Zahra 和 George（2002）在对吸收能力进行述评的文章中，将吸收能力作为连接外部知识与竞争优势、战略柔性和创新绩效的中介变量。解学梅和左蕾蕾（2013）在研究企业协同创新网络特征与创新绩效的关系时，也基于知识吸收能力的中介作用。

随着外部创新源的增加，企业通过多种外部渠道获取知识时需要对新资源或新知识进行有效识别，从而选择有潜在价值的知识；企业在与外部渠道的频繁接触中，需要不断对新获取的知识进行感知处理和加工，对特定知识深入理解消化，从而产生新想法。在知识处理和加工过程中，企业对知识的识别评价、消化转化和整合应用能力就会动态提升，即吸收能力得以不断提高。吸收能力的提高，使组织能够通过整合和利用外部资源创造出新产品，最终实现新创企业创新绩效的提升。因此，本书提出吸收能力在开放度与企业创新绩效之间发挥着部分中介作用，即吸收能力发挥中介效应的同时，开放式创新合作广度对创新绩效的显著影响仍然存在。也就是说，开放式创新合作广度、开放式创新合作深度对创新绩效的作用一方面通过直接影响产生，另一方面通过吸收能力的间接影响产生。由此，提出如下假设：

H3 -4a：吸收能力在开放式创新合作广度与企业创新绩效间起部分中介作用。

H3 - 4b：吸收能力在开放式创新合作深度与企业创新绩效间起部分中介作用。

3.2.5 市场环境的调节作用

基于资源基础观，市场对资源配置起基础性作用，市场竞争是企业创新的动力。一项战略或策略的有效性，取决于与市场环境的外部匹配，开放式创新背景下，外部知识搜寻作为一项复杂的企业策略，对创新绩效的作用效果必然会受到市场环境的影响（Cohen，Levinthal，1990）。竞争性和动荡性是描述市场环境特征的两个重要变量（Gu et al.，2008）。

竞争性是指由竞争对手和竞争领域数量所反映的市场竞争程度（张杰等，2014）。组织外部搜寻战略的成效取决于行业竞争情境（Abebe，Angriawan，2014）。市场内同类企业数量多、竞争范围广，则企业处于竞争激烈的市场环境中，面临高效率和低价格的生存压力，会导致边际收益和冗余资源的减少（Hargadon，Bechky，2006）。如果企业借助多种外部渠道，获取新知识，那么有可能接触并获得新创意，从而使企业凭借某种突破式创新打败竞争对手，在主流市场中占据领先地位。因此，市场竞争越激烈，广泛的外部知识搜寻越有助于提高创新绩效。然而，当面临激烈的行业竞争时，如果企业与外部特定创新源频繁交流，那么获得更多的是对现有知识的理解和深化，由此带来的更可能是产品成本下降和运营效率提升（Dyer，Nobeoka，2000）。但是，在竞争激烈的环境中，节约成本和提升效率所产生的经济利益非常有限，企业即使一再加深开放深度，其效率和成本也很难与大企业抗衡（张峰，刘侠，2014）。当市场竞争相对稳定时，与外部创新源的密切接触可能帮助管理者加深对新知识的理解，有利于企业在市场波动中捕捉新机会，率先推出新产品，在主流市场中确立领先地位（Cruz - González et al.，2015）。因此，竞争激烈的环境下，深度外部知识搜寻可能不利于创新绩效的改善。因此，本章提出假设：

H3 - 5a：市场竞争性正向调节开放式创新合作广度与企业创新绩效的关系。

H3 - 5b：市场竞争性负向调节开放式创新合作深度与企业创新绩效的

关系。

动态适应外部环境是组织持续发展的关键，处在动荡环境中的企业尤其如此（邓少军等，2011）。动荡性指市场需求不可预测程度（林萍，2009）。在动荡的市场环境中，企业很难把握市场变化方向，从而难以顺应市场需求变化趋势（海本禄等，2017）。海本禄等（2017）在研究联盟知识转移与企业创新绩效关系时指出，市场动荡性对联盟知识转移与企业创新绩效的关系有调节作用。企业从外部获取知识时，若增强与外部渠道的密切接触，有利于获得更加准确的市场知识或需求信息（李剑力，2009），从而更为精准地把握当前市场的顾客需求和技术趋势，降低创新的潜在风险。因而，在动荡的市场环境中，深度外部知识搜寻有助于改善创新绩效。相反，在动荡的市场环境中，如果企业拓展外部知识搜寻渠道，不断获取更多的异质性知识，虽然可能会获得更多的技术或市场创新选择，但却更难准确把握市场变化趋势，从而不利于企业建立竞争优势（Yang，Li，2011）。对新创企业而言，因其资源较为匮乏且风险承受能力偏弱，此时选择保守的开放策略更为稳妥（Cruz – González et al.，2015）。因此，在动荡的市场环境中，不断拓宽外部知识搜寻渠道可能不利于改善创新绩效。因此，本章提出假设：

H3 – 5c：市场动荡性正向调节开放式创新合作深度与企业创新绩效的关系。

H3 – 5d：市场动荡性负向调节开放式创新合作广度与企业创新绩效的关系。

综上所述，本章概念模型如图 3 – 1 所示。

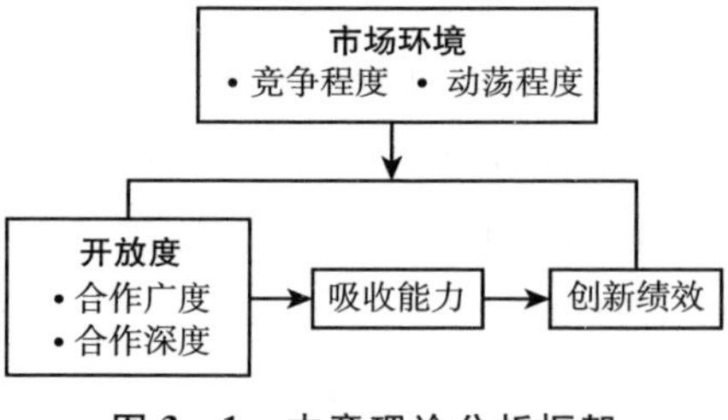

图 3 – 1　本章理论分析框架

3.3　研究设计

3.3.1　数据来源及样本选取

全球创业观察（GEM）是由英国伦敦商学院和美国百森学院共同发起的国际创业研究项目，是世界上最重要的创业研究，通过项目中心广泛协调并由各国项目小组执行完成数据收集工作，确保提供高质量的信息，全面的报告大大增强了对创业现象的认识。联合国、世界经济论坛、世界银行、经济合作与发展组织（OECD）这些重要的机构利用 GEM 收集的丰富数据，经过验证的方法，推动全球范围内创业的循证政策。GEM 调查分两个阶段对企业进行抽样。首先抽样国家，然后在每个国家范围内对成年人进行抽样，包括企业的所有者经理。通过随机数字拨号或随机抽取国家私人电话号码数据库，并在许多国家设抽样地点，然后在这些地点取样配额面对面访谈。在每个国家，都形成了具有代表性的成年人样本。GEM 调查是在包括中国在内的 68 个国家进行的。其中针对成年人的人口调查（Adult Population Survey：APS）着眼于个人创业的特点、动机和抱负，以及社会对创业的态度，对参与创业活动的成年人进行了抽样和采访。从 2013 年开始，APS 询问了关于商业关系和创新的问题。近年来，GEM 数据集越来越多地为国外学者用于学术研究，并不断有高水平的研究成果出现（Jensen，Schøtt，2014；Jensen et al.，2016）。

本章的主要数据来自国际研究项目 GEM 公开的数据库。问卷和数据都在网站（www.gemconsortium.org）上共享。本书使用 GEM 2017 年公开的数据集，进一步锁定中国数据，从中使用管理企业经营业务的子样本。进而选取本章内容需要的数据，在剔除存在缺失项目和存在明显回答错误的的数据之后，最终用于本书的有效数据为 223 组。

3.3.2　变量测量

与大多数研究一样，本章使用了学术界比较认可的成熟量表，以及 GEM

向公众提供的问卷和数据集。由于 GEM 公开的所有量表和报告均为英文，因此，本书参照了国际一流期刊的文献以及成熟量表对题项进行翻译，确保原意的准确，整理得到以下测量量表（见表 3－1）。

表 3－1　　　　　　　　　　变量测量量表

	变量名称		题项	依据
因变量	创新绩效		新产品很难被竞争对手模仿	GEM APS 数据库 Laursen 和 Salter （2006）
			新产品设计独特	
			企业在行业内领先推出新产品和新服务	
			企业新产品推出的速度非常快	
			新产品推出的数量非常多	
			成功推向市场的新产品的数量非常多	
自变量	开放度	广度	创新过程中重视与大学等科研机构的交流	GEM APS 数据库 Laursen 和 Salter （2006）
			创新过程中重视与顾客的交流	
			创新过程中重视与政府有关部门的交流	
			创新过程中重视与供应商的交流	
		深度	与大学等科研机构建立了紧密的关系	
			与顾客频繁地交流	
			积极参与政府或行业协会举办的研讨活动	
			经常邀请供应商参与交流协作	
调节变量	市场环境	动荡程度	消费品和服务市场需求每年都在剧烈变化难以预测	GEM APS 数据库 Sidhu et al. （2007）
			企业与企业之间的商品和服务的市场剧烈变化	
		竞争程度	所在行业经常有新的企业进入	
			企业可以承担进入市场的成本	
			行业内一旦有企业推出新产品，其他企业会及时跟进	
中介变量	吸收能力		经常评估从外部获取的知识和信息	GEM APS 数据库 Lichtenthaler （2009）
			很擅长将获取的知识转化为新产品	
			当识别合作机会时，能够迅速调用已有的资源	
控制变量	企业性质		独资＝0； 合资＝1	GEM APS 数据库
	产业类型		传统产业＝0； 高科技产业＝1	
	性别		男＝0； 女＝1	

3.3.3　问卷基本情况

GEM成人人口调查问卷包含了企业基本情况、个人基本情况、商业关系、创新、注册问题、团队问题、企业员工活动问题、创业框架条件问题、移民问题。主要采用了两种形式的题目。一部分问题是Likert五点量表，“1”表示非常不同意（Strongly Disagree），“3”表示一般（Neither Agree Nor Disagree），“5”表示非常同意（Strongly Agree）；另一部分是填空的形式，主要用于调研企业层面和个人层面的基本情况。

3.4　数据分析与结果

3.4.1　数据分析方法及运用

本章主要采用了SPSS20.0软件进行数据分析。主要使用的方法如下：

（1）描述性统计分析。通过数据信息整理，反映样本的基本分布与特征。本章简单地介绍了被调研对象的基本信息以及企业特征，如被调查者性别、年龄、企业所有权、产业类型等。

（2）信度分析。又叫可靠性分析，是指对量表的可信程度进行分析。目前普遍采用克朗巴哈（Cronbach’s Alpha）信度系数法，且一般主要考虑量表的内在信度，即分析一组测项是否测量的是同一个变量，这些测项之间是否具有较高的内在一致性，目的是测量样本数据的可靠性。

（3）效度分析。一般包括内容效度和结构效度。本章主要对量表的结构效度进行检验，一般采用因素分析法来对量表的结构效度进行分析。考察测量题项是否能够很好的代表变量，即量表是否成熟。本章通过KMO测度和Bartlett球体检验判断其是否适合做因子分析后，对各变量做探索性因子分析。

（4）相关性分析。用于描述两个变量之间关系的亲近程度。主要用来探索各变量间的可能关系，为下一步多元回归奠定基础。

（5）多元回归分析。分析现象之间相关的具体形式，确定变量间的因果关系，比相关分析更进一步，作用更大。本章通过回归分析来考察新创企业开放度、市场环境、吸收能力和创新绩效之间的关系，同时验证市场环境是否在开放度和创新绩效之间起到调节作用，以及吸收能力是否在开放度和创新绩效之间起到中介作用。

有效样本中，女性占45%，男性占55%；78%的企业是独资企业，22%是合资企业；关于产业类型，58%处于高科技行业，42%处于传统行业。创业者平均年龄为40岁。企业规模很小且企业平均年龄为1.9，标准差为1。样本描述比较符合中国新创企业的基本情况。样本的分布特征（见表3－2）。

表3－2　　　　样本的描述性统计

特征变量	类型	统计
产业类型	高科技产业	58%
	传统产业	42%
企业性质	独资	78%
	合资	22%
企业规模	中位数	2
	平均数	4.2
	标准差	11.9
企业年龄	平均数	1.9
	标准差	1
创业者性别	男	55%
	女	45%
创业者年龄	平均数	40
	标准差	11

3.4.2　信度分析

信度分析（Reliability Analysis）使用克朗巴哈（Cronbach's Alpha）系数来检查调查问卷的各个变量在各个测量题项上的一致性程度，在管理科学实证研究中受到众多研究者的偏爱。变量要有良好的信度则 Cronbach's Alpha 系数须大于 0.7。

本章共涉及 22 个测量题项分为 6 个因素：广度（Breadth）、深度（Depth）、吸收能力（Absorptive Capability：AC）、动荡性（Environment Turbulence：ET）、竞争性（Market Competition：MC）、创新绩效（Innovation Performance：IP），以下逐一对每个构面进行信度分析，测量结果见表 3－3。

表 3－3　　信度分析

因素	题项	校正的项总计相关性	项已删除的 Cronbach's α 值	Cronbach's α 值
广度	广度 1	0.549	0.813	0.820
	广度 2	0.706	0.741	
	广度 3	0.731	0.730	
	广度 4	0.587	0.799	
深度	深度 1	0.646	0.757	0.812
	深度 2	0.605	0.776	
	深度 3	0.574	0.790	
	深度 4	0.702	0.730	
吸收能力	吸收能力 1	0.663	0.797	0.833
	吸收能力 2	0.722	0.739	
	吸收能力 3	0.694	0.768	
动荡性	动荡性 1	0.79		0.883
	动荡性 2	0.790		
竞争性	竞争性 1	0.702	0.838	0.861
	竞争性 2	0.752	0.792	
	竞争性 3	0.768	0.780	
创新绩效	创新绩效 1	0.692	0.872	0.889
	创新绩效 2	0.696	0.872	
	创新绩效 3	0.696	0.872	
	创新绩效 4	0.7	0.871	
	创新绩效 5	0.749	0.863	
	创新绩效 6	0.711	0.869	

从表 3-3 可以看出，开放广度、开放深度、吸收能力、动荡性、竞争性、创新绩效的 Cronbach's Alpha 系数分别为 0.820、0.812、0.833、0.883、0.861、0.889，均大于 0.7，表明变量具有良好的内部一致性。CITC 均大于 0.5 的标准，表明测量题项符合研究要求。从"删除该题项的 Cronbach's Alpha 值"看，删除任意题项均没有引起 Cronbach's Alpha 值的增加，这也表明了变量具有良好的信度。

3.4.3 效度分析

效度分析（Validity Analysis）是实证分析中的重要部分，一般情况下，研究人员没有充足的精力或资源去发展新的测量工具，因此，为了节省时间与成本会引用目前已经存在的测量工具，如问卷。使用现有的测量工具可帮助研究发现相同的测量工具是否跨研究也会兼容。因此检验测量工具对目前研究的对象是否有效和准确的被应用和解释是非常重要的。

针对问卷来讲，普遍使用内容效度和结构效度进行测量。内容效度是指题项与所测变量是否合适、逻辑是否一致。本书中使用的问卷来自 GEM 调查，很多国外学者的研究（Jensen，Schøtt，2014；Jensen et al.，2016）都是基于该调查问卷，并进行关于企业创新、合作网络的相关研究，取得了高水平的研究成果。因而可以认为量表具有符合要求的内容效度。本书的重点是研究结构效度，对数据进行探索性因素分析（Exploratory factor analysis：EFA）检验题项衡量所测变量的能力，即结构有效性。

使用 SPSS20.0 进行探索性因子分析对量表进行 KMO 以及 Bartlett's 球体检验，结果见表 3-4。

表 3-4　　KMO and Bartlett's 检验

取样足够度的 Kaiser-Meyer-Olkin 度量		**0.791**
Bartlett 的球形检验	近似卡方	2267.044
	df	231
	Sig.	0.000

由表 3-4 可得到 KMO = 0.794，大于 0.7，Bartlett's 球形检验值显著

(Sig. <0.001)，数据适合做因子分析。因子提取时采用主成分分析方法，并以特征根大于1为因子提取公因子，因子旋转时选择方差最大正交旋转进行因素分析。分析结果见表3-5。

表3-5　　因子分析

题项	成分					
	1	2	3	4	5	6
创新绩效5	**0.814**	0.155	0.076	0.013	0.138	0.049
创新绩效3	**0.763**	0.127	0.131	0.073	0.141	-0.018
创新绩效1	**0.759**	0.082	0.169	-0.045	0.181	0.001
创新绩效2	**0.752**	0.161	0.120	0.108	0.121	0.037
创新绩效6	**0.752**	0.103	0.201	0.125	0.070	0.157
创新绩效4	**0.748**	0.168	0.139	0.036	0.100	0.149
广度3	0.111	**0.862**	0.168	-0.023	0.053	0.003
广度2	0.274	**0.811**	0.120	0.088	0.064	-0.055
广度4	0.119	**0.736**	0.073	0.016	0.180	0.053
广度1	0.201	**0.629**	0.020	-0.166	0.302	-0.079
深度4	0.218	0.037	**0.823**	-0.030	0.109	0.048
深度3	0.099	0.075	**0.749**	0.012	0.126	-0.029
深度1	0.172	0.321	**0.737**	0.046	0.108	-0.061
深度2	0.207	0.027	**0.715**	-0.060	0.229	-0.051
竞争性3	0.046	0.083	0.012	**0.914**	0.025	-0.053
竞争性2	0.034	-0.103	-0.006	**0.876**	0.101	-0.084
竞争性1	0.149	-0.024	-0.042	**0.811**	0.150	-0.130
吸收能力2	0.221	0.217	0.178	0.146	**0.793**	0.013
吸收能力1	0.277	0.118	0.207	0.042	**0.787**	-0.017
吸收能力3	0.143	0.219	0.234	0.177	**0.743**	0.043
动荡性1	0.112	0.034	-0.033	-0.065	0.013	**0.938**
动荡性2	0.151	-0.089	-0.047	-0.210	0.010	**0.901**
特征值	3.989	2.697	2.602	2.441	2.157	1.793
方差百分比	18.133	12.259	11.827	11.094	9.805	8.152
累计方差百分比	18.133	30.392	42.219	53.312	63.117	71.269

从表3-5可以看出因子分析结果得到了6个因素，分别为创新绩效、

开放广度、开放深度、竞争性、吸收能力、动荡性，其解释能力分别为18.133%、12.259%、11.827%、11.094%、9.805%、8.152%，总解释能力达到了71.269%，大于50%，因此这6个因素都具有良好的代表性。因素负荷量系数见上表。各个测量题项的最大因素负荷量均大于0.5，且交叉载荷均小于0.4，每个题项均落在对应的因素中，表明量表具有良好的结构效度。

3.4.4 相关性分析

本书将广度、深度、吸收能力、动荡性、竞争性、创新绩效进行相关分析。具体见表3-6。

表3-6　相关性分析

变量	性别	企业性质	产业类型	广度	深度	吸收能力	创新绩效	竞争性	动荡性
性别	1								
企业性质	0.083	1							
产业类型	0.080	-0.034	1						
广度	-0.017	0.188**	0.243**	1					
深度	0.012	0.206**	0.167*	0.337**	1				
吸收能力	0.238**	0.278**	0.163*	0.433**	0.461**	1			
创新绩效	0.126	0.281**	0.253**	0.408**	0.419**	0.463**	1		
竞争性	-0.097	-0.022	-0.003	0.012	0.022	0.230**	0.143*	1	
动荡性	0.029	0.071	-0.007	-0.015	-0.033	0.014	0.186**	-0.216**	1

注：显著程度，*表示 $p<0.05$；**表示 $p<0.01$；***表示 $p<0.001$。下同。

分析结果表明，开放广度、开放深度、吸收能力、动荡性、竞争性与新创企业创新绩效均呈显著的正相关关系，其中开放广度与创新绩效（$r=0.408$，$p<0.05$），开放深度与创新绩效（$r=0.419$，$p<0.05$），开放广度与吸收能力（$r=0.433$，$p<0.05$），开放深度与吸收能力（$r=0.416$，$p<0.05$），吸收能力与创新绩效（$r=0.463$，$p<0.05$）均具有显著的正相关关系，这与本书的构想基本一致。

3.4.5 回归分析

3.4.5.1 开放广度、深度对吸收能力的回归分析

以性别、企业性质、产业类型作为控制变量，广度、深度作为自变量，吸收能力为因变量，进行回归分析见表 3-7。

表 3-7　　广度、深度对吸收能力的回归分析结果

变量	吸收能力			
	模型 1		模型 2	
	β	t	β	t
性别	0.204**	3.012	0.226***	3.873
企业性质	0.266***	3.947	0.137*	2.282
产业类型	0.155*	2.303	0.023	0.378
广度			0.296***	4.653
深度			0.326***	5.218
R^2	0.148		0.374	
调整后的 R^2	0.148		0.226	
F	10.923***		22.362***	

由表 3-7 可以得到，模型 1 中 R^2 为 0.148，吸收能力可解释变异为 14.8%，性别、企业性质、产业类型对吸收能力具有显著影响，模型 2 在模型 1 中加入广度、深度，R^2 为 0.374，增加了 0.226，吸收能力可解释变异为 37.4%，广度对吸收能力（$\beta = 0.296$，$p < 0.05$）具有显著正向影响，H2a 成立；深度对吸收能力（$\beta = 0.326$，$p < 0.05$）具有显著正向影响，H2b 成立。

3.4.5.2 开放广度、深度对创新绩效的回归分析

将被调查者性别、企业性质、产业类型作为控制变量，开放广度、深度作为自变量，创新绩效为因变量，进行回归分析见表 3-8。

表 3 – 8　　　　广度、深度对创新绩效的回归分析结果

变量	创新绩效			
	模型 1		模型 2	
	B	t	β	t
性别	0.082	1.220	0.101	1.653
企业性质	0.283 ***	4.215	0.175 **	2.775
产业类型	0.256 ***	3.815	0.145 *	2.287
广度			0.249 ***	3.751
深度			0.274 ***	4.185
R^2	0.155		0.315	
调整后的 R^2	0.155		0.160	
F	11.542 ***		17.197 ***	

由表 3 – 8 可以得到，模型 1 中 R^2 为 0.155，创新绩效可解释变异为 15.5%，企业性质、产业类型对创新绩效具有显著影响，模型 2 在模型 1 中加入广度、深度，R^2 为 0.315，增加了 0.160，创新绩效可解释变异为 31.5%，开放广度对创新绩效（$\beta = 0.249$，$p < 0.05$）具有显著正向影响，H3 – 1a 成立；深度对创新绩效（$\beta = 0.274$，$p < 0.05$）具有显著正向影响，H3 – 1b 成立。

3.4.5.3　吸收能力对创新绩效的回归分析

将被调查者性别、企业性质、产业类型作为控制变量，吸收能力作为自变量，创新绩效为因变量，进行回归分析见表 3 – 9。

表 3 – 9　　　　吸收能力对创新绩效的回归分析结果

变量	创新绩效			
	模型 1		模型 2	
	β	t	β	t
性别	0.082	1.22	0.005	0.078
企业性质	0.283 ***	4.215	0.182 **	2.812
产业类型	0.256 ***	3.815	0.197 **	3.125

续表

变量	创新绩效			
	模型 1		模型 2	
	β	t	β	t
吸收能力			0.379 ***	5.642
R^2	0.155		0.277	
调整后的 R^2	0.155		0.122	
F	11.542 ***		18.025 ***	

由表 3－9 可以得到，模型 1 中 R^2 为 0.155，创新绩效可解释变异为 15.5%，企业性质、产业类型对创新绩效具有显著影响，模型 2 在模型 1 中加入吸收能力，R^2 为 0.277，增加了 0.122，创新绩效可解释变异为 27.7%，吸收能力对创新绩效（$\beta = 0.379$，$p < 0.05$）具有显著正向影响，H3－3 成立。

3.4.5.4　吸收能力的中介效应分析

将被调查者性别、企业性质、产业类型作为控制变量，开放广度、开放深度作为自变量，吸收能力作为中介变量，创新绩效为因变量，进行回归分析见表 3－10。

表 3－10　　中介检验

	创新绩效				吸收能力				创新绩效	
	模型 1		模型 2		模型 3		模型 4		模型 5	
	β	t	β	t	β	t	β	t	β	t
性别	0.082	1.22	0.101	1.653	0.204 **	3.012	0.226 ***	3.873	0.053	0.852
企业性质	0.283 ***	4.215	0.175 **	2.775	0.266 ***	3.947	0.137 *	2.282	0.146 *	2.323
产业类型	0.256 ***	3.815	0.145 *	2.287	0.155 *	2.303	0.023	0.378	0.140 *	2.250
广度			0.249 ***	3.751			0.296 ***	4.653	0.187 **	2.708
深度			0.274 ***	4.185			0.326 ***	5.218	0.205 **	2.977
吸收能力									0.212 **	2.819
R^2	0.155		0.315		0.148		0.374		0.343	
调整后的 R^2	0.155		0.160		0.148		0.226		0.028	
F	11.542 ***		17.197 ***		10.923 ***		22.362 ***		16.187 ***	

由表 3 - 10 可以得到，模型 1 中 R^2 为 0.155，创新绩效可解释变异为 15.5%，企业性质、产业类型对创新绩效具有显著影响，模型 2 在模型 1 中加入广度、深度，R^2 为 0.315，增加了 0.160，创新绩效可解释变异为 31.5%，广度、深度对创新绩效具有显著正向影响；模型 3 中 R^2 为 0.148，吸收能力可解释变异为 14.8%，性别、企业性质、产业类型对吸收能力具有显著影响，模型 4 在模型 3 中加入广度、深度，R^2 为 0.374，增加了 0.226，吸收能力可解释变异为 37.4%，广度、深度对吸收能力具有显著正向影响；模型 5 在模型 2 的基础上加入吸收能力，吸收能力对创新绩效具有显著正向影响，广度对创新绩效仍然具有显著影响，标准化系数由 0.249 下降为 0.187，表明吸收能力在广度对创新绩效的影响中具有部分中介效应，H3 - 4a 成立；深度对创新绩效仍然具有显著正向影响，标准化系数由 0.274 下降为 0.205，表明吸收能力在深度对创新绩效的影响中具有部分中介效应，H3 - 4b 成立。

3.4.5.5 竞争性在开放广度与创新绩效关系中的调节作用

将被调查者性别、企业性质、产业类型作为控制变量，开放广度作为自变量，竞争性作为调节变量，创新绩效为因变量，进行回归分析见表 3 - 11。

表 3 - 11　竞争性在广度对创新绩效的影响调节作用

	创新绩效							
	模型 1		模型 2		模型 3		模型 4	
	β	t	β	t	β	t	β	t
性别	0.082	1.220	0.100	1.568	0.115	1.816	0.104	1.705
企业性质	0.283***	4.215	0.218**	3.358	0.220**	3.442	0.193**	3.100
产业类型	0.256***	3.815	0.173**	2.638	0.173**	2.672	0.170**	2.714
广度			0.327***	4.908	0.325***	4.943	0.281***	4.358
竞争性					0.155*	2.480	0.140*	2.307
广度 x 竞争性							0.234***	3.768
R^2	0.155		0.251		0.275		0.326	
调整后的 R^2	0.155		0.096		0.024		0.051	
F	11.542***		15.736***		14.163***		15.002***	

由表3－11可以得到，模型1中 R^2 为0.155，创新绩效可解释变异为15.5%，企业性质、产业类型对创新绩效具有显著影响，模型2在模型1中加入广度，R^2 为0.251，增加了0.096，创新绩效可解释变异为25.1%，广度对创新绩效具有显著正向影响；模型3在模型2的基础上加入竞争性，R^2 为0.275，增加了0.024，创新绩效可解释变异为27.5%，广度、竞争性对创新绩效具有显著正向影响；模型4在模型3加入"广度x竞争性"，R^2 为0.326，增加了0.051，创新绩效可解释变异为32.6%，广度x竞争性对创新绩效（$\beta=0.234$，$p<0.05$）具有显著正向影响，表明竞争性在广度对创新绩效的影响中具有正向调节作用。H3－5a成立。

3.4.5.6 竞争性在开放深度与创新绩效关系中的调节作用

将被调查者性别、企业性质、产业类型作为控制变量，开放深度作为自变量，竞争性作为调节变量，创新绩效为因变量，进行回归分析见表3－12。

表3－12　　竞争性在深度对创新绩效的影响调节作用

	创新绩效							
	模型1		模型2		模型3		模型4	
	β	t	β	t	β	t	β	t
性别	0.082	1.22	0.089	1.408	0.103	1.650	0.105	1.691
企业性质	0.283***	4.215	0.210**	3.264	0.213**	3.352	0.217**	3.453
产业类型	0.256***	3.815	0.196**	3.070	0.196**	3.110	0.210**	3.350
深度			0.342***	5.265	0.338***	5.267	0.329***	5.164
竞争性					0.150*	2.421	0.146*	2.383
深度x竞争性							－0.140*	－2.276
R^2	0.155		0.263		0.286		0.305	
调整后的 R^2	0.155		0.109		0.022		0.019	
F	11.542***		16.811***		14.968***		13.618***	

由3－12表得到，模型1中 R^2 为0.155，创新绩效可解释变异为15.5%，企业性质、产业类型对创新绩效有显著影响，模型2在模型1中加入深度，R^2 为0.263，增加0.109，创新绩效可解释变异为26.3%，深度对创新绩效具有显著正向影响；模型3在模型2的基础上加入竞争性，R^2 为

0.286，增加了0.022，创新绩效可解释变异为28.6%，深度、竞争性对创新绩效具有显著正向影响；模型4在模型3加入“深度 x 竞争性”，R^2 为0.305，增加了0.019，创新绩效可解释变异为30.5%，深度 x 竞争性对创新绩效（$\beta=-0.14$，$p<0.05$）具有显著负向影响，表明竞争性在深度对创新绩效的影响中具有负向调节作用。H3－5b 成立。

3.4.5.7 动荡性在开放广度与创新绩效关系中的调节作用

将被调查者性别、企业性质、产业类型作为控制变量，广度作为自变量，动荡性作为调节变量，创新绩效为因变量，进行回归分析见表3－13。

表3－13 动荡性在广度对创新绩效的影响调节作用

	创新绩效							
	模型1		模型2		模型3		模型4	
	β	t	β	t	β	t	β	t
性别	0.082	1.22	0.1	1.568	0.096	1.535	0.090	1.457
企业性质	0.283***	4.215	0.218**	3.358	0.204**	3.204	0.201**	3.202
产业类型	0.256***	3.815	0.173**	2.638	0.173**	2.682	0.175**	2.759
广度			0.327***	4.908	0.332***	5.072	0.311***	4.806
动荡性					0.175**	2.806	0.139*	2.220
广度 x 动荡性							−0.170**	−2.702
R^2	0.155		0.251		0.281		0.308	
调整后的 R^2	0.155		0.096		0.03		0.027	
F	11.542***		15.736***		14.624***		13.814***	

由表3－13可以得到，模型1中 R^2 为0.155，创新绩效可解释变异为15.5%，企业性质、产业类型对创新绩效具有显著影响，模型2在模型1中加入广度，R^2 为0.251，增加了0.096，创新绩效可解释变异为25.1%，广度对创新绩效具有显著正向影响；模型3在模型2的基础上加入动荡性，R^2 为0.281，增加了0.03，创新绩效可解释变异为28.1%，广度、动荡性对创新绩效具有显著正向影响；模型4在模型3加入“广度 x 动荡性”，R^2 为0.308，增加了0.027，创新绩效可解释变异为30.8%，广度 x 动荡性对创新绩效（$\beta=-0.17$，$p<0.05$）具有显著负向影响，表明动荡性在广度对创新

绩效的影响中具有负向调节作用。H3－5c成立。

3.4.5.8 动荡性在开放深度与创新绩效关系中的调节作用

将被调查者性别、企业性质、产业类型作为控制变量，深度作为自变量，动荡性作为调节变量，创新绩效为因变量，进行回归分析见表3－14。

表3－14 动荡性在深度对创新绩效的影响调节作用

	创新绩效							
	模型1		模型2		模型3		模型4	
	B	t	β	t	β	t	β	t
性别	0.082	1.22	0.089	1.408	0.085	1.371	0.076	1.240
企业性质	0.283***	4.215	0.210**	3.264	0.196**	3.091	0.188**	2.997
产业类型	0.256***	3.815	0.196**	3.07	0.196**	3.124	0.181**	2.916
深度			0.342***	5.265	0.351***	5.510	0.362***	5.723
动荡性					0.182**	2.961	0.192**	3.145
深度x动荡性							0.138*	2.254
R^2	0.155		0.263		0.296		0.315	
调整后的R^2	0.155		0.109		0.033		0.019	
F	11.542***		16.811***		15.757***		14.264***	

由表3－14可以得到，模型1中R^2为0.155，创新绩效可解释变异为15.5%，企业性质、产业类型对创新绩效具有显著影响，模型2在模型1中加入深度，R^2为0.263，增加了0.109，创新绩效可解释变异为26.3%，深度对创新绩效具有显著正向影响；模型3在模型2的基础上加入动荡性，R^2为0.296，增加了0.033，创新绩效可解释变异为29.6%，深度、动荡性对创新绩效具有显著正向影响；模型4在模型3加入“深度x动荡性”，R^2为0.315，增加了0.019，创新绩效可解释变异为31.5%，深度x动荡性对创新绩效（$\beta=0.138$，$p<0.05$）具有显著正向影响，表明动荡性在深度对创新绩效的影响中具有正向调节作用。H3－5d成立。

3.4.6 假设检验的结果

通过开放度、市场环境、吸收能力和创新绩效之间的相关性分析以及对市场环境的调节作用和吸收能力的中介作用的回归分析验证，本书得出以下结论：开放式创新合作广度、深度二维度均对新创企业创新绩效有显著的正向影响；开放式创新合作广度、深度均对吸收能力有显著的正向影响；吸收能力对创新绩效有显著的正向影响，并在广度、深度与企业创新绩效之间起到部分中介作用；市场竞争性正向调节开放式创新合作广度与企业创新绩效的关系，负向调节开放式创新合作深度与企业创新绩效的关系；市场动荡性正向调节开放式创新合作深度与企业创新绩效的关系，负向调节开放式创新合作广度与企业创新绩效的关系。见表 3－15。

表 3－15　　检验结果统计

	提出的假设	检验结果
H1a	开放广度对新创企业的创新绩效有显著的正向影响	支持
H1b	开放深度对新创企业的创新绩效有显著的正向影响	支持
H2a	开放广度对吸收能力有显著的正向影响	支持
H2b	开放深度对吸收能力有显著的正向影响	支持
H3	吸收能力对创新绩效有显著的正向影响	支持
H4a	吸收能力在开放广度与新创企业的创新绩效间起部分中介作用	支持
H4b	吸收能力在开放深度与新创企业的创新绩效间起部分中介作用	支持
H5a	市场竞争性正向调节开放广度与新创企业创新绩效的关系	支持
H5b	市场竞争性负向调节开放深度与新创企业创新绩效的关系	支持
H5c	市场动荡性正向调节开放深度与新创企业创新绩效的关系	支持
H5d	市场动荡性负向调节开放广度与新创企业创新绩效的关系	支持

3.5　结论与展望

3.5.1　研究结论

本书基于国家创新创业战略实施背景，并结合新创小企业成立时间短和内部创新知识匮乏的特点，以及早期具有的新创弱性和小企业弱性，探索开放度对新创小企业创新绩效的影响，引入了环境不确定性和吸收能力两个因素，构建研究模型。主要研究结论总结为以下三点：

第一，开放式创新合作广度、深度二维度均显著正向影响创新绩效。实证结果表明，无论是增加外部知识获取渠道的种类，还是加强与某一渠道的接触频度，都有助于企业获取丰富的异质性知识，并加强对知识的深入理解，从中发现一些可行的创新方案，从而提升企业创新绩效。这有别于一些基于英国等西方国家企业数据得出的研究结论（Laursen，Salter，2006；Katila，Ahuja，2002）。之所以出现这种差别，一是可能受到中国的制度环境以及企业自身文化等特点的影响；二是由于现在企业越来越重视吸收能力的培养，使得企业能够对外部知识进行有效识别和转化。

第二，开放式创新合作广度、深度二维度均显著正向影响吸收能力，吸收能力显著正向影响企业创新绩效，并且吸收能力在开放式创新合作广度、深度和创新绩效之间起部分中介作用。Kim（1998）认为获取异质性资源会影响企业的吸收能力。与外部渠道广泛接触可以使企业从外部获取新知识，与某一渠道频繁接触可以使企业不断加深对现有知识的理解。在对新知识进行处理的过程中，企业需要不断地调用原有知识对新知识进行识别评价、消化转化和整合应用，因此企业不断获取新资源能够提高吸收能力。由于企业较强的吸收能力能够加快新想法和新创意的形成及其商业化产出，因此能够提高新创企业的创新绩效。吸收能力是开放式创新合作广度和深度提高创新绩效的内在机理。

第三，探索了开放式创新合作广度和深度、市场竞争程度、市场动荡程度、企业创新绩效之间的关系。分析结果显示，在激烈的市场竞争环境中，如果企业从多种外部主体那里获取知识或资源，有可能发现新的解决方案或新创意，从而提高创新绩效，赢得竞争优势；然而对现有知识深入理解更多的是带来成本的降低，这在竞争激烈的市场环境中，难以产生好的效果。在动荡的市场环境中，由于企业很难把握市场变化方向，企业广泛获取外部知识将会增加企业市场创新方向的选择，使企业越来越难以准确把握市场需求；然而，如果加深对现有知识的理解和消化，有利于企业更加准确的预测市场发展方向或发现新需求，继而有利于降低创新风险。

3.5.2 主要贡献与管理启示

开放式创新模式跨越了组织边界，是一种跨组织合作。大量研究表明开放式创新是企业竞争优势的源泉。然而，现有研究对如何制定开放策略，以根据不同环境合理把握开放度认识尚不够清晰。本章内容对开放式创新框架的进一步丰富和完善对此起到了积极的推动作用，从开放度视角，提供了一个理论分析框架，可以为新创企业制定开放式创新战略提供借鉴，对丰富开放式创新领域相关研究具有重要意义。通过对来自“全球创业观察”的新创企业样本数据的实证研究，本章对理论分析框架进行检验，同时得到了一些有价值的管理启示：

企业应突破传统的封闭式创新模式，积极开展开放式创新活动，从战略层面重视外部知识搜寻，重视培养企业外部知识搜寻的能力。在开放式创新背景下，企业已经无法单一地依靠内部资源推动创新产出。提高开放度，获取外部知识有助于改善企业内部资源稀缺问题。同时，在搜寻外部知识的同时，组织的动态能力，特别是吸收能力也能够得以不断提升，使得企业有能力对不同来源的知识进行整合应用。企业需要积极拓展与外部主体的联系，加强企业与供应商、顾客、科研机构、竞争者间的互动交流，从而创造机会获取不同来源的知识资源，并通过有效地整合资源，最终形成自己的知识体系，为产生新想法、产出商业化产品奠定基础，从而提高创新绩效。企业开放性的组织文化、灵活的组织结构和企业家精神都会影响企业开放式创新合作的广度和深度。因此，企业应注重企业文化的培养和组织架构的调整。

企业应该灵活适应外部市场环境，及时调整开放策略，合理把握开放度。具体如何调整开放度，需要管理者根据市场环境做出决策。一方面，在竞争激烈的市场环境中，管理者应重点拓宽开放的广度，增加与外部主体的联系，广泛获取不同类型的知识资源，做好资源分配和战略目标的调整，发现一些可能的商业机会，为创新提供可行的方向。另一方面，在动荡的市场环境下，市场需求难以预测，管理者应重点加强开放式创新合作深度，与外部渠道保持深度交流，这将有利于获取更加准确的信息和知识，从而能够结合市场趋势，开发出可能存在的商机，帮助企业在动荡的市场环境中赢得市场份额，建立竞争优势，在众多竞争者中脱颖而出。企业只有不断适应外部环境，保持竞争战略的柔性，才能保持竞争优势，在竞争激烈的市场中得到可持续发展。

企业要重视吸收能力在知识资源转换为创新绩效过程中的所起到的关键驱动作用。从知识转移视角，吸收能力动态提高的过程是将外部知识整合到组织内部知识体系的增值过程。知识经济时代，企业需要不断更新知识才能保持竞争优势。吸收能力有利于企业全面探索外部知识，包括市场知识和技术知识，这不仅能够丰富企业内部的知识体系，弥补内部稀缺的创新资源，而且能够在一定程度上帮助企业开发市场机会，提升企业内部创造力，提高创新绩效，促进企业的快速增长。因此，企业应重视培养内部吸收能力。开放式创新合作程度越高，越有利于实现组织内、外部学习的融合和转化，资源获取的过程就是吸收能力动态提高的过程。除此之外，本章建议企业从管理因素、组织因素等多方面培养吸收能力。

3.5.3　研究局限与未来展望

本章研究了企业开放式创新合作广度和深度对创新绩效的影响，关注了外部市场环境和内部吸收能力在其中的影响。本章梳理了大量经典文献，理论分析充足，所用研究方法科学合理，实证检验力求严谨。但研究仍存在以下不足：

本章关注了开放式创新合作程度，并得出了在不同市场环境下，开放式创新合作程度影响创新绩效的一般规律，可供企业参考。但对开放式创新合作程度的把握还需考虑企业内部具体项目的情况，本章对此并未涉及。希望未来能够在本研究的基础上针对企业具体项目情况进行深入研究，为企业合理选择开放式创新合作程度提供更加有针对性的指导。

本章忽视了一个问题，即针对不同行业的企业，各个外部知识来源并不是同等重要的。比如，对于开创性的高科技企业而言，大学、科研机构的资源价值似乎更高，但对于以需求为导向的中小企业则不然。因此，不同类型的外部合作对象对创新绩效作用的重要性存在差异，关注外部知识来源的特殊性质和与外部渠道之间独特的相互作用是非常重要的，未来研究可以在不同行业的开放式创新合作程度选择问题以及各个外部合作对象的重要程度问题上展开深入的研究。

本章内容未能打开吸收能力内在维度的具体作用机理，而现有研究中，已有学者对吸收能力的维度进行了划分。因此，未来研究可以将吸收能力的各个维度作为研究关注的重点，深入探究吸收能力各维度在企业开放式创新合作程度与创新绩效之间的具体作用机理，进一步丰富吸收能力的研究。

| 第 4 章 |

企业家社会网络合作对企业创新绩效的作用机制

4.1　本章研究问题提出

新创企业能够为社会带来很多好处，包括提高国家的创新能力，提供更多的就业机会，促进经济可持续增长（Kupp et al.，2017）。然而，由于新创企业存在“新生性”（Hyytinen et al.，2015）和“弱小性”缺陷（Abatecola et al.，2012），其存活率远低于成熟企业，这会给企业家带来巨大压力，削弱创业者的创业动机（Shepherd et al.，2009），甚至会危害社会发展和经济增长。因此，帮助新创企业提高其存活率具有重要意义。

创新被认为是有价值的资源的组合（Arribas et al.，2013）。然而，由于创新具有高度的复杂性和动态性，单个企业很难拥有足够的创新资源，尤其是新创企业，很难具备创新所需的关键资产（Chang、Chen，2004）。因此，获取外部资源是促进新创企业创新的必要条件。除规模较小、资金紧张外，新创企业还有一些固有的问题，如技术和市场前景的高度不确定性，缺乏绩效报告，以及缺乏承担风险和成本的能力（Grilli、Murtinu，2014）。这些问题使得资源所有者难以对新创企业进行评估，导致创新型新创企业很难获取外部资源，从而降低了新创企业的成功概率。SNT（Social network theory，社会网络理论）认为，网络成员能够通过嵌入社会网络获取有价值的网络资源。即社会网络可以为创业者提供获取与利用外部资源的机会（Jarillo，1989）。

现有研究表明，社会网络可以提供多种资源，包括信息、财务支持、知识、技能、建议、情感支持和社会合法性等（Burt、Burzynska，2017），进而逐渐成为新创企业获取创新资源的有效途径。

尽管社会网络对创新的影响最近得到了越来越多研究者的关注，但仍存在三个不足。第一，现有研究大多基于行业层面（Lee，2015），少数研究基于企业层面，但集中关注成熟企业，（Watson，2007）。第二，现有关于社会网络与企业创新间关系的研究结论是矛盾的。部分研究表明社会网络可以通过为企业提供更多的异质性资源，推动企业创新（Ozman，2009），另有部分研究则认为社会网络中的友谊会使得网络成员过度嵌入，密切的关系会阻碍新进入者，进而阻碍新想法的提出，影响企业创新（Adler、Kwon，2002）。新创企业与成熟企业获取资源的方式并不相同，与成熟企业相比，社会网络是新创企业少有的获取外部资源的途径之一。因此，现有关于社会网络与企业创新间关系的结论并不适用于新创企业，关注新创企业社会网络对企业创新的作用至关重要。第三，现有研究集中关注社会网络与企业创新间的相关关系，对其内在作用机制关注不足。因此，本书明确提出了两个研究问题：企业家的社会网络对企业创新绩效起何种影响？这种影响是如何发生的？

为解决上述两个研究主题，本书以中国新创企业作为研究对象。正如Gold et al.（2002）所提到的，中国是典型的关系型社会，社会网络在中国人生活的许多方面都是必不可少的，特别是在商业往来过程中，因此中国可以作为研究社会网络对企业创新绩效影响的相关问题的典型案例（Arribas et al.，2013）。本书借鉴 RBT、RMT 和跨界知识搜索理论，采用定性和定量相结合的方法进行研究。比起单独使用一种方法，两种方法的结合有助于更好地理解研究问题和复杂现象（Molina - Azorin et al.，2017）。

为了解决第一个问题，本书利用 GEM 数据库中 1057 家中国企业进行定量研究，并将企业家社会网络、企业家创业能力、企业家创业动机及企业创新绩效纳入同一框架，揭示了企业家社会网络与企业创新绩效之间的关系。定量研究使我们得以明晰相关变量之间的关系，但我们仍然不了解创业企业家的社会网络如何影响新创企业的创新绩效。定性研究允许我们描述可能发生的事情，并解释它是如何发生的（Mayring，2000），能够帮助本书探索企业家社会网络与企业创新绩效关系间的内在机制。因此，为了回答第二个问题，本书选择了 14 家新创企业的 14 位高管进行半结构化访谈及案例分析，探索企业家社会网络与企业创新绩效之间的内在机制。

本书有四个主要的理论和实践意义。第一，与现有文献相比，本书基于 RBT、RMT 和跨界知识搜索理论，进行了定量和定性研究，不仅验证了企业家社会网络与企业创新绩效之间的相关性，而且探索了这种相关性的内在机制。第二，本书区分了正式网络和非正式网络，并检验了两种网络对创新型新创企业创新绩效影响的差异，丰富了社会网络和创新创业领域的研究。第三，本书将心理学中的个体差异理论（Individual Differences Theory：IDT）引入创业领域，验证了创业能力和创业动机在上述相关性之间的调节作用。第四，本书的研究对象新颖。现有关于社会网络的研究大多以成熟企业为研究对象，对新创企业的关注不够，特别是以创新型新创企业为对象的研究极其缺乏（Watson，2007）。然而，新创企业与成熟企业间存在很大不同。正如上文所指出的，新创企业资源非常有限，更有可能依赖于社会网络获取资源。因此，对成熟企业的研究结论可能并不适合新创企业，对新创企业的研究不但可以丰富创新创业领域的研究，还可以为新创企业提升创新绩效提供可供实践的具体指导。第五，尽管大部分文献已经指出新创企业面临资源短缺的问题，但只有少数研究涉及企业如何克服资源短缺问题。本书对企业家如何通过非正式和正式网络缓解资源匮乏问题进行了检验，这为新创企业获取资源提供了一条有效的途径，具有重要意义。

本章的其余部分结构如下。4.2 节理论和假设，论证了企业家社会网络对新创企业创新绩效的影响，考虑创业能力和创业动机的调节作用，并构建定量研究部分的理论框架。4.3 节描述了数据、样本和变量测量。4.4 节报告了上述定量研究的结果。4.5 节为案例分析，考察了企业家社会网络对新创企业创新绩效的作用机制，并提出总体结论。4.6 节为结果与讨论，提出本章的理论意义，实践意义和研究局限。

4.2 理论与假设

4.2.1 企业家社会网络与企业创新绩效

RBT 指出企业是资源的集合，企业资源包括有形和无形的资产、能力、组织过程、信息和知识。企业建立可持续竞争优势的关键在于拥有有价值的、稀缺的、不可模仿的和难以替代的资源（Barney，1991）。现有文献也指出，无论在新创企业还是成熟企业，这些资源都是企业改善创新绩效的关键要素（Doblinger et al.，2019）。然而，由于创新具有高度的复杂性和动态性，企业很难掌握充足的资源进行创新，因此企业需要获取外部资源（Chang，Chen，2004）。对于新创企业而言，获取和整合外部资源可以提高其解决问题的能力，帮助其抓住更多的机会，从而推动有效创新（王国红等，2020）。因此，新创企业应积极主动地寻求获取外部资源的机会，以提高其创新绩效（Wernerfelt，1984；Barney，1991）。有研究表明，企业可以通过并购、收购和合作引入外部资源，从而推动企业创新（吴伟伟，张天一，2021）。然而，新创企业存在“新生性”和“弱小性”缺陷（Hyytinen et al.，2015），并缺乏可靠的信用记录，使得新创企业很难通过上述方法获取外部资源。

SNT 表明社会网络可以通过扩大外部搜索范围和降低搜索成本来帮助网络成员获取资源（Zhao，Aram，1995）。基于此，现有研究指出，企业家的关系网络可以提供灵活和必要的资源，进一步推动企业发展（张怀英等，2021）。因此，企业家可以通过与其社会网络中的成员进行交易，从而获得产品或服务创意、市场准入、信息、现金和其他资源（买忆媛等，2016）。此外，企业家是创业过程中的关键，他们的社会网络几乎是新创企业的整个社会网络（胡新华等，2020）。

企业家的社会网络可以分为两种类型：非正式社会网络和正式社会网络（Birley，1985；Watson，2007）。基于 Birley（1985）的研究，Das 和 Teng（1998）指出，非正式社会网络中的成员包括配偶或生活伴侣、父母、其他家庭成员或亲戚、朋友、同事、合作者、竞争者和供应商；正式社会网络中的成员包括会计师、投资者、银行家、律师和公共咨询服务。非正式网络可以提供情感支持、物质资源（Schøtt，2018）、财务资源（蔡萌，杜海峰，2020）、技术资源（Rindfleisch，Moorman，2001）和其他资源（李颖等，2018）。正式网络可以为创业者提供专业知识、有价值的信息资源和新知识以帮助其推动企业创新（Chen et al.，2015）。综上，企业家可以通过正式和非正式的社会网络获取不同类型的外部资源（魏轩，陈伟，2019）。基于此，本章提出假设：

H4 – 1a：企业家的非正式社会网络与新创企业的创新绩效正相关。

H4 – 1b：企业家的正式社会网络与新创企业的创新绩效正相关。

4.2.2　创业能力的调节作用

IDT 起源于心理学领域，是指个体表现出个体差异的现象（Caudil，1970；朱智贤，1989）。现有心理学领域的研究表明，个体差异可以分为人口统计学特征和心理学特征（Caudil，1970）。人口统计学特征包括年龄、性别、教育程度等；心理学特征包括能力、动机等（Caudil，1970）。20 世纪 80 年代，管理学领域的学者开始将 IDT 引入创业领域，探讨创业者与非创业者之间、创业者之间是否存在个体差异以及这种差异是否会影响他们的创业行为（Chandler，Hanksm，1994）。基于 IDT，现有创业领域的研究表明，创业企业家获取和利用其社会网络资源的程度受到个体差异的影响（李健等，2020）。然而，管理学领域与创业领域的此前研究只关注创业企业家的人口统计学特征，如创业企业家的年龄、性别、受教育程度等，认为这些特征是影响企业获取资源的重要因素（胡新华等，2020）。Chandler 和 Hanks（1994）虽提出人口统计学特征和心理学特征（包括能力和动机）都是影响创业企业家获取资源的重要因素，但并未进行严谨的实证研究。

创业能力包括机会能力（识别和发展机会的能力）和关系能力（建立合作和信任的环境，说服、沟通和人际交往能力）（Man et al.，2002；蔡莉等，2014）。因此，创业能力强的创业企业家可以通过有效沟通，吸收更多的外部资源，从而推动新技术和产品的开发（赵坤等，2021）。相比之下，创业能力弱的创业企业家不易获取和整合外部资源，进而影响企业产品和服务等方面的创新，使其创新绩效低于其他企业。基于此，本章提出如下假设：

H4－2a：创业能力正向调节企业家非正式社会网络与新创企业创新绩效的关系。

H4－2b：创业能力正向调节企业家正式社会网络与新创企业创新绩效的关系。

4.2.3 创业动机的调节作用

动机是指个人追求创业机会和聚集资源的意愿和能力（Shane et al.，2003）。创业动机是推动意愿转化为行动的关键。因此，激励强度会决定创业企业家的行为模式，进而决定创业成败（Robichaud et al.，2010）。现有研究指出，即使社会网络的规模相同，拥有不同创业动机的创业企业家从社会网络中获得资源的数量和质量也不会不同。具有坚实创业动机的创业企业家往往出于内在动机而创业。他们会经常与社会网络成员沟通，并从社会网络中获取更多有价值的资源（Aalbers et al.，2013；郑大庆等，2020）。创新通常是有价值的资源组合的结果（Ceci et al.，2019）。因此，具有坚实创业动机的创业企业家能够更好地开展创业活动。创业动机弱的创业者可能由于失业、家庭压力等问题被迫创业，这意味着他们出于生活必要性而追求新的事业（陈聪等，2018）。他们通常会缺乏创业激情，在创业过程中采取消极行动（陈聪等，2018）。因此，创业动机弱的创业企业家与其社会网络成员的沟通不足，也难以有效利用社会网络资源，降低了其所在新创企业的创新绩效。因此，本章提出以下假设：

H4－3a：创业动机强度正向调节企业家非正式社会网络与新创企业创新绩效的关系。

H4－3b：创业动机强度正向调节企业家正式社会网络与新创企业创新绩效的关系。

本章的理论框架如图4－1所示，它描述了企业家社会网络、创业能力、创业动机和企业创新绩效之间的关系。

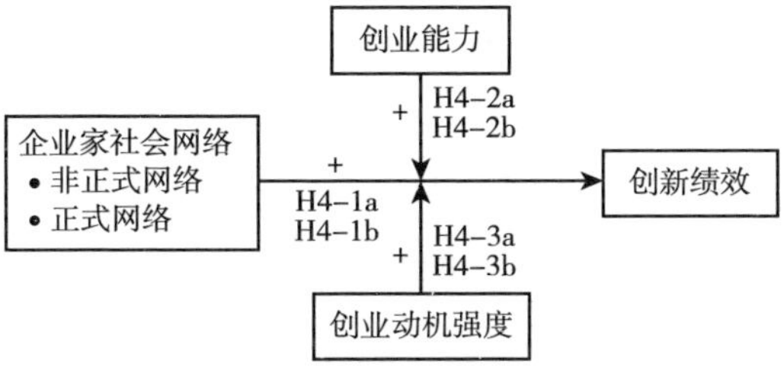

图 4-1　本章的定量研究框架

4.2.4　定性研究内在机制的理论框架

如上所述，为了回答第二个研究问题，我们通过定性研究揭示创业企业家社会网络对其企业创新绩效的内在机制。如前所述，创业企业家可以从正式和非正式的社会网络中获取资源，进而两种社会网络都会对新创企业的创新绩效产生积极影响。此外，创业动机和创业能力在创业企业家社会网络与新创企业的创新绩效的关系中起调节作用。然而，创业者如何获取和利用社会网络资源，创业动机和创业能力如何影响资源的获取和利用的，仍然是未知的。关于企业家的社会网络是如何影响企业创新绩效的，现有研究尚未涉及。但现有研究中存在类似研究内容，典型地，Sirmon et al.（2007）探讨了资源管理对企业价值影响的内在机制，并提出了资源管理模型，RMT 认为，资源管理是构建企业资源组合的综合过程，企业整合资源以建立能力，并利用这些能力创造和维护所有者价值。表 4-1 列出了 Sirmon et al.（2007）的资源管理阶段，图 4-2 展示了资源管理模型的流程。

表 4-1　　资源管理的过程和描述

组件	描　述
构建	构建是指对企业资源组合的管理。通过获得外部资源，结构化行为丰富了公司的禀赋。在内部开发资源和（有时）减少非生产性资源是必要的行动。
捆绑	捆绑是指企业资源的结合，以构建或改变能力。包括不断进行微小的增量改进（稳定），扩展现有能力（丰富），有时，建立全新的能力，以应对公司的竞争环境（开拓）。
杠杆	杠杆是指运用能力创造价值，包括动员、协调和部署三个步骤。

此外，由于本书的资源特指外部资源，因此跨界知识搜索与整合领域的研究也能为本书探索创业企业家社会网络对新创企业创新绩效的作用机制提供指

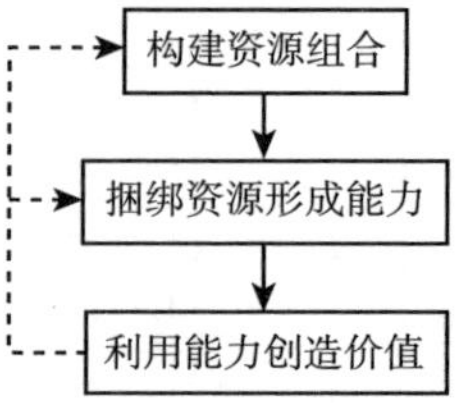

图 4 - 2 RMT 流程

导。根据 Maggittia et al.（2013）、肖艳红等（2019）的研究，我们将跨界知识搜索与整合过程分为动机形成、资源获取和资源整合三个阶段，如图 4 - 3 所示。

动机的形成。学者们从不同的角度对跨界搜索动机进行了探讨，结果表明创业企业家的搜索动机会影响搜索过程和结果。

资源获取。获取是指从战略要素市场获得资源（Barney，1986）。根据定义，这个过程类似于 RMT 的构建过程。

资源整合。整合是指创业者将不同的资源带入企业，并将其与内部资源结合成有价值的东西，这个过程类似于 RMT 的捆绑。

图 4 - 3 跨界搜索和整合过程

研究发现，跨界知识搜索过程与资源管理流程既在某些阶段具有相似之处，又具备互补性。本书将 RMT 与跨界知识搜索理论相结合，形成了创业企业家获取和利用社会网络资源的四阶段理论机制模型。最终形成定性研究的理论模型，如图 4 - 4 所示。

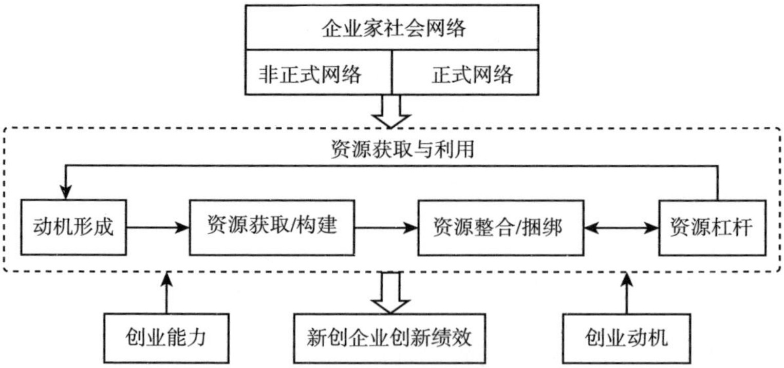

图 4 - 4 定性研究的理论模型

4.3　研究设计

4.3.1　定量研究的数据来源以及变量测量

4.3.1.1　数据来源

本书选取全球创业观察（GEM）数据库中的数据，对假设进行检验。2009 年，GEM 成人人口调查（APS）开始询问创业者关于社会网络的问题。由于数据更新存在滞后性，关于社会网络的数据限于 2009 ~ 2013 年。

我们以创新型新创企业为样本。文献中关于创新型企业有许多不同的定义，包括提供新技术，开创新的产品市场，或设计新颖的组织设计（Cliff et al.，2006）。GEM 将创业企业定义为成立时间少于 42 个月的企业。本书结合文献和 GEM 的定义，将创新型新创企业定义为采用新技术或开拓产品市场且成立时间不超过 42 个月的企业。

基于相关文献（Shir et al.，2018），本书依据以下步骤选取数据：第一，剔除空缺值。从 2009 ~ 2013 年，中国创业调查随机抽取 15343 人询问有关“社会网络”和“企业创新”的问题，但仅有 3798 人回答了全部问题。第二，根据上述定义界定创新型新创企业。符合这两项标准的受访者总数为 1964 人。第三，本书剔除了没有意义的值。如果创业者对本书涉及的问题回答了“拒绝”或“不知道”，则删除该条数据，得到 1326 个观察结果。第四，若对所有的问题均选择同一答案，则将其视为错误数据并剔除。最终我们得到 1057 个有效观测结果。图 4 – 5 展示了获取有效观测结果的整个过程。

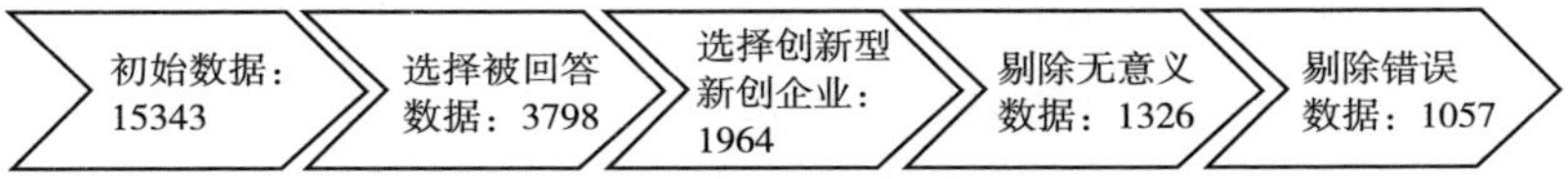

图 4 – 5　数据选取与确定过程

4.3.1.2　变量测量

因变量——创新绩效。在全球创业观察中，关于创新有三个问题：①“目前，是否有很多、很少或其他企业向你的潜在客户提供相同的产品或服务？”

②“本产品或服务所需的技术或程序提供的时间是否在 1 年以内，或在 1 ~5 年之间，或超过 5 年?”③“你的所有、部分或全部潜在客户都认为这个产品或服务是新的和不熟悉的吗?”每个问题的回答取值在 1 ~3 之间，对于反向问题，本文遵循分值越高，代表创新绩效越高的原则调整选项，并以三个问题的平均值作为最终衡量创新绩效的指标，取值范围为 1 ~3。这种衡量方式已被广泛使用（Jensen et al. , 2017；Schøtt，Sedaghat，2014；Schøtt，2018）。

自变量——企业家的社会网络。现有研究表明，寻求建议是建立关系网络的重要目的之一（Hoang，Antoncic，2003），因此接受建议的数据应该能够在一程度上反映企业家的社会网络范围（Watson，2007）。因此，本书使用 GEM 数据库中以下问题来衡量企业家获取资源的社会网络范围（Schøtt，Sedaghat，2014）：“不同的人可能会给你的新业务提供建议。您是否收到过以下任何人的建议？配偶或生活伴侣、父母、其他家人或亲戚、朋友、同事、老板、与您合作的公司、与您竞争的公司、供应商、客户、会计师、投资者、银行、律师、商业咨询服务?”在 GEM 数据中，这个问题的答案是反向编码的（1 = 是，2 = 否）。本文采用 Watson（2007）的研究方法，将反向代码转换，即 1 = 是，0 = 否。本文基于 Birley（1985）、Das 和 Teng（1998）的研究，将配偶或生活伴侣、父母、其他家人或亲属、朋友、同事、老板、合作者、竞争对手、供应商等作为非正式网络；将会计师、投资者、银行家、律师、公共咨询服务机构作为正式网络。就进入非正式网络的范围而言，创业者网络的得分在 0（从未进入任何非正式网络）到 10（进入全部 10 个非正式网络）之间。同样，对于正式网络，自变量的得分可以在 0（从不访问任何正式网络）和 5（进入全部 5 个正式网络）之间。得分越高，表明创业者接触社会网络的范围越全面。

调节变量——创业能力。创业能力通常被认为是企业家的自我效能、机会警觉性和其他属性的结合（Chandler，Hanks，1994）。本书选择了以下 GEM 中的调查问题来衡量能力：“你是否具备创业所需的知识、技能和经验?”（1 = 是，0 = 否）；“未来半年，你所居住的地区会有创业的好机会吗?”（1 = 是，0 = 否）”；“对失败的恐惧会阻止你创业吗?”（1 = 是，0 = 否）。本文用此三个问题得分的平均值来衡量创业能力。

调节变量——创业动机。GEM 通过以下问题区分两种类型的创业动机：“你选择创业是为了利用商业机会，还是因为你没有更好的工作选择?”（1 =

机会型动机，0 = 生存型动机）。我们将机会型动机定义为高强度的创业动机，将生存型动机定义为低强度的创业动机。

控制变量。本书控制了影响企业创新绩效的其他重要因素，使本书的假设模型的验证具有更高的可靠性。首先，现有研究认为企业家的特征会影响创新，如学历、性别等（Schøtt，Sedaghat，2014），故本书选取了创业者年龄（年），性别（0 = 女性，1 = 男性），和受教育程度（1 = 小学；2 = 初中；3 = 高中；4 = 专科；5 = 本科；6 = 硕士；7 = 博士）来测量人口统计学特征。其次，行业也是影响企业创新的重要因素（Chemmanur，Fulghieri，2013）。因此，我们还控制了行业类型（“你的公司是否属于技术行业?”，0 = “否/低技术”，1 = “高技术行业”）。

4.3.2　定性研究的数据来源以及内容分析

4.3.2.1　案例选择与数据收集

根据现有文献和本书的研究对象，我们按照如下标准选择创业企业家（见表 4 -2）。首先，创业案例具有典型性，符合研究主题（Eisenhardt，1989）。其次，我们选择了分布在不同行业的企业，并且创业企业家在性别、年龄、受教育程度等方面也存在显著差异。再次，案例企业数据可用、准确、便捷。最后，我们从 14 家不同类型的新创企业中选取了 14 位企业家进行半结构化访谈。

表 4 -2　　企业及企业家的基本信息

企业家编号	年龄	性别	教育	公司规模	所处行业
M1	20	男性	中学	17	零售
M2	32	男性	本科	35	制造业
M3	40	女性	本科	12	餐饮
M4	27	男性	专科	5	服务
M5	49	男性	硕士	11	计算机
M6	43	男性	本科	10	教育
M7	34	男性	硕士	10	制造业
M8	34	男性	硕士	25	计算机
M9	52	男性	硕士	40	计算机

续表

企业家编号	年龄	性别	教育	公司规模	所处行业
M10	44	男性	博士	13	服务
M11	36	男性	硕士	9	互联网服务
M12	30	男性	硕士	10	零售
M13	30	男性	硕士	5	教育
M14	32	男性	硕士	7	制造业

主要数据来自对14位创业企业家的半结构化访谈。访谈问题主要包括三个方面：一是访谈提纲。依据现有文献和本书的质性研究理论模型，设计了访谈提纲（见表4-3），以确保所有访谈都遵循类似的程序（Yin，1994）。在访谈前，我们会向受访者介绍相关概念，包括定义和分类。二是根据受访者的回答，进一步挖掘和询问问题，寻找新的观点。三是增加一些开放式问题。虽然本书预设了一个理论模型，但为了找到新的思路和新的关系，我们增加了一些开放性问题，让受访者有一定的自由来扩展问题，让他们可以不受限制地回答问题。四是我们在征得受访者同意的情况下进行访谈并进行记录，以确保收集到的数据是客观真实的。关于新创企业和创业者的具体信息见表4-2。

表4-3　　访谈提纲

类别	访谈问题	来源
基本问题	创业企业家年龄、性别和教育程度	Ceci et al.（2019）
	公司成立日期、行业和员工人数	
创新	您能简单描述一下公司的创新活动吗？ 贵公司的创新绩效如何？	Ceci et al.（2019）
创新资源和创新	资源如何影响您公司的创新？	王国红等（2020）
社会网络和资源	请列出在您创办和经营公司时，谁为您提供了资源？	Ceci et al.（2019）
	您和他们是什么关系？	
	他们提供什么样的资源？	
资源获取和利用	您为什么要从别人那里获取资源？	Sirmon et al.（2007）； Maggittia et al.（2013）； 肖艳红等（2019）
	您如何获取资源？	
	您如何整合资源？	
	您如何利用资源？	

续表

类别	访谈问题	来源
社会网络与创新	您认为社会网络对创新有重大影响吗？	Ceci et al.（2019）
创业能力	您有创业的能力吗？	Chandler，Hanks（1994）
	您的创业能力如何影响您从社会网络中获取和利用资源？	
创业动机	您为什么要创业？	Jensen et al.（2017）
开放式问题	您从创业中得到了什么？	Ceci et al.（2019）

4.3.2.2　内容分析过程

内容分析是一种对传播的显性内容进行客观、系统、定性描述的研究方法（Berelson，1952），可用于过程研究，能够有效促进理论构建。内容分析的优点是具备高度的客观性和外部有效性。因此，本书采用内容分析法对收集到的定性数据进行分析、分解、概念化和归类。根据研究问题，我们将 14 位受访者编码为 M1 – M14，并通过 NVivo 12 进一步分析和整理访谈内容。

首先，我们采访了 14 位企业家，累计时长 800 分钟。采访录音转录为 8 万字。规范语言，删除语气词之后，我们最终获得 4 万字的有效材料，并载入 NVivo 12 中。本书以 Ozcan 和 Eisenhardt（2009）为参考，在进行定性分析前定义变量，并从访谈材料中获得实证数据。基于上述定性研究的文献综述和理论模型，本书在表 4 – 4 中阐明了各变量的分类和意义，这是分析访谈资料的基础。为了区分“动机形成”和“创业动机”，本书将“动机形成”定义为“形成获取资源的动机”。

其次，我们对访谈材料进行了初始编码和聚焦编码分析（Mirabeau，Maguire，2013）。为确保数据的可靠性，两位研究者分别对相同的数据进行编码，对于有异议的部分，查阅文献并与受访者沟通核实，直到达成一致。此外，另有两位研究者检查准确性，如仍有异议，所有研究者共同讨论，直到最终达成一致。

表 4 – 4　　　　各变量分类及含义

变量	分类				含义
社会网络	正式的网络	非正式网络			
资源获取和利用	获取资源的动机	资源获取	资源整合	资源利用	作为理论建构和变量测量部分的基础
创业能力	机会能力	关系能力	创业自我效能感	创业教育	
创业动机	机会型创业	生存型创业			
创新绩效	产品创新	技术创新	组织设计创新		

初始编码用于访谈材料的概念化。这个过程的重点是组织和分析访谈材料，在对访谈材料进行多次整理和讨论后，本书进一步提取了 55 个概念，见表 4 – 5。如 M7 原始访谈句子（编号：M7 – 15）："当我遇到复杂的问题时，我通常向朋友求助。"本书从 M7 – 15 中提取的概念包括问题驱动型获取、朋友和寻求帮助。

集中编码是对初始概念进行分类（Mirabeau，Maguire，2013）。本书将初始概念分为非正式社会网络、正式社会网络、获取资源的动机、资源获取、资源整合、资源杠杆、机会能力、关系能力、自我效能感、创业教育、机会型创业、生存型创业、产品创新、技术创新和组织设计创新。然而，我们发现并不是所有的概念都可以归入这 15 类。在查阅文献、分析访谈资料、向受访者求证后，对其余概念进行分析归类。此外，还提取了两个新的类别：资源识别和新的社会网络能力形成。本书进一步分析了这两个新类别与其他类别的关系。此外，本书还深入探讨了概念、类别、变量之间的逻辑关系。代码列表见表 4 – 5。

表 4 – 5　　　　代码列表

变量	类别	概念			
社会网络	非正式网络	配偶（6）	父母（12）	朋友（36）	合作者（5）
		同事（10）	老板（2）	供应商（5）	竞争者（1）
		家人或亲属（5）	顾客（6）		
	正式网络	律师（1）	投资者（8）	银行（9）	会计师（1）
		公共咨询服（5）			

续表

变量	类别	概念			
资源获取与利用	获取资源的动机	问题驱动型获取（9）	机会驱动型获取（5）		
	资源识别	寻找资源（5）	发现资源（8）	寻求帮助（10）	接触资源（3）
		提供资源（6）			
	资源获取	积累资源（7）	储备资源（4）	交流经验（3）	获取资源（6）
		战略合作（7）			
	资源整合	整合内外部资源（8）	建立全新的能力（6）	提供内部培训（7）	
	资源杠杆	有效发展能力（4）	应用企业的新能力（5）		
	新社会网络能力的形成	网络范围（10）	网络规模（8）	网络利用能力（7）	
创业能力	机会能力	抓住机会（6）	找到机会（9）		
	关系能力	人际交往能力（5）	沟通能力（8）	值得信赖（6）	说服力（7）
	创业自我效能感	获得成功（4）			
	创业教育	创业知识（8）	创业技能（9）	创业经历（7）	
创业动机	机会型创业	梦想（2）	兴趣（4）	利用机会（6）	
	必要型创业	没有更好的选择（2）			
创新绩效	产品创新	新产品（13）	专利（6）		
	技术创新	专家（7）	技术提高（8）	开发（4）	
	组织设计创新	制度创新（5）			

4.4 研究结果

4.4.1 定量研究结果

本书通过 SPSS23.0 软件进行描述性统计，相关分析和回归分析验证假设。表4－6所示为描述性统计。研究发现，我国新创企业总体创新绩效较低。对于非正式的社会网络，企业家更有可能向朋友寻求建议。对于正式的社会网络，企业家更有可能向银行寻求建议。企业家的创业能力仍然普遍较低。创业机会方面，大多数企业家是机会型创业。表4－7所示为相关性分析，表4－8所示为回归分析结果。

表4－6　　描述性统计（N＝1057）

变量	类别	%	变量	类别	%
创新绩效	1～2	69.2	创业动机	机会型动机	58.9
	2～3	30.8		必要型动机	41.1
社会网络	配偶	51.3	受教育程度	小学	5.3
	父母	52.2		初中	17.0
	其他家庭成员或亲人	61.5		高中	15.6
	朋友	68.4		专科	18.1
	同事	50.6		本科	19.4
	老板	38.7		硕士	16.8
	合作者	46.3		博士	7.6
	竞争者	41.2	性别	男	68
	供应商	50.0		女	32
	顾客	50.5	年龄	18～24	19.9
	会计师	30.4		25～34	19.3
	银行	50.6		35～44	31.5
	投资者	37.7		45～54	20.6
	律师	28.9		55～64	8.7
创业能力	公共服务机构	24.3	行业	高技术行业	60.3
	0	28		传统行业	39.7
	1/3	51			
	1/2	5.77			
	1	15.23			

表 4－7　　相关性分析

	1	2	3	4	5	6	7	8	9
受教育程度	1								
性别	0.306 ***	1							
年龄	0.703 ***	0.042	1						
行业类型	－0.024	－0.050	－0.033	1					
非正式网络	0.033	0.013	0.060	0.040	1				
正式网络	0.065 *	－0.024	0.116 ***	0.016	0.605 ***	1			
创新绩效	－0.038	－0.078 *	－0.043	0.100 **	0.389 ***	0.431 ***	1		
创业能力	0.207 ***	－0.063 *	0.029	0.024	0.087 **	0.119 ***	0.225 ***	1	
创业动机	0.029	－0.064 *	0.009	0.076 *	0.207 ***	0.234 ***	0.353 ***	0.440 ***	1

* 表示 p≤0.05 时相关性显著；** 表示 p≤0.01 时相关性显著；*** 表示 p≤0.001 时相关性显著。

由于模型的因变量和自变量均为连续变量，我们采用多层回归分析对模型进行估计。分析结果见表 4－8。在模型 1 中，仅包含控制变量（性别、年龄、学历和行业）。模型 2 中添加了非正式社会网络和正式社会网络。从模型 2 可以看出，创业者的非正式社会网络和正式社会网络均与新创企业的创新绩效显著正相关（$\beta = 0.201$，$p < 0.001$；$\beta = 0.317$，$p < 0.001$）。这些结果进一步支持了 H4－1。在模型 1 的基础上，我们在模型 3 中增加了非正式社会网络和创业能力，在模型 4 中增加了正式社会网络和创业能力的交互项。模型 4 表明，非正式社会网络与创业能力的交互与新创企业创新绩效显著正相关（$\beta = 0.195$，$p < 0.001$）。在模型 5 和模型 6 中，正式社会网络与创业能力的交互作用与新创企业的创新绩效有显著的正相关关系（$\beta = 0.115$，$p < 0.001$）。这些结果进一步支持了 H4－2。在模型 7 的基础上，本书在模型 8 中加入了非正式社会网络与创业动机的交互作用（$\beta = 0.624$，$p < 0.001$）。在模型 9 的基础上，我们在模型 10 中增加了正式社会网络与创业动机的交互作用（$\beta = 0.550$，$p < 0.001$），H4－3 得到了支持。我们还检查了 VIF，发现所有 VIF 都小于 10。VIF 最高为 7.945，表明不存在多重共线性的问题（Yan，Guan，2019；Guan et al.，2015）。

表 4-8　　回归分析

	Model 1		Model 2		Model 3		Model 4		Model 5		Model 6		Model 7		Model 8		Model 9		Model 10	
	β	VIF	β	VIF	β	VIF	β	VIF	β	VIF	β	VIF	β	VIF	β	VIF	β	VIF	β	VIF
受教育程度	0.028	2.330	0.041	2.331	-0.56	2.587	-0.056	2.587	-0.049	2.588	-0.050	2.589	0.013	2.342	0.008	2.342	0.013	2.341	-0.011	2.355
性别	-0.080 *	1.184	-0.007 **	1.186	-0.048	1.228	-0.048	1.228	-0.035	1.226	-0.034	1.227	-0.063 *	1.193	-0.052	1.195	-0.049	1.192	-0.034	1.197
年龄	-0.057	2.117	-0.115 **	2.135	-0.028	2.227	-0.024	2.230	-0.058	2.245	-0.054	2.252	-0.07C	2.129	-0.051	2.136	-0.095 *	2.143	-0.050	2.191
行业	0.095 **	1.004	0.080 **	1.006	0.075 **	1.006	0.074 **	1.006	0.084 **	1.004	0.083 **	1.005	0.060 *	1.010	0.067 *	1.011	0.069 **	1.009	0.068 **	1.009
非正式网络			0.201 ***	1.581	0.373 ***	1.015	0.280 ***	2.524				0.334 ***	1.051	0.010	3.197					
正式网络			0.317 ***	1.596				0.417 ***	1.031	0.346 ***	2.788				0.378 ***	1.074	-0.006	4.598		
创业能力					0.200 ***	1.124	0.055	4.806	0.183 ***	1.131	0.118 **	2.642								
创业动机													0.276 ***	1.059	-0.147 **	4.709	0.257 ***	1.072	-0.003	2.686
非正式网络 * 创业能力							0.195 **	6.597												
正式网络 * 创业能力											0.115 *	4.646								
非正式网络 * 创业动机															0.624 ***	7.945				
正式网络 * 创业动机																			0.550 ***	7.237
R^2	0.017		0.232		0.205		0.211		0.236		0.239		0.241		0.290		0.268		0.310	
F	4.564		52.861		45.058		35.959		54.111		47.074		55.556		72.324		64.085		67.288	

表 4－9 显示了验证假设的定量结果。

表 4－9　　　　　　　　　　　　　假设检验结果

假设		支持与否
H4－1a	非正式网络──→创新绩效	支持
H4－1b	正式网络──→创新绩效	支持
H4－2a	非正式网络 * 创业能力──→创新绩效	支持
H4－2b	正式网络 * 创业能力──→创新绩效	支持
H4－3a	非正式网络 * 创业动机──→创新绩效	支持
H4－3b	正式网络 * 创业动机──→创新绩效	支持

4.4.2　定性研究结果

为了揭示创业企业家社会网络对新创企业创新绩效影响的内在机制，本章进一步开展了定性研究。研究结果支持上述假设，并揭示了变量间关系的内在机制。

4.4.2.1　假设验证

受访者所在企业处于不同的行业。不同行业的创新性质和特点有很大不同。通过分析访谈数据，我们发现上述假设都得到了支持。

（1）创业企业家社会网络对企业创新绩效的影响。

受访者提供了一些相关证据，证实了企业家的社会网络与新创企业创新之间的相关性。例如，M3 指出：“在我看来，关系在中国太重要了。没有关系，就没有一切。增加与同行交流的机会是我们参加行业相关会议的主要原因。参会人员可以给我们带来很多新信息和新技术，这对我们开发新产品非常有帮助。”M7 表示：“我们公司创新的主要驱动力是同事，公司现有员工 9 人，其中博士 1 人，硕士 2 人，均具有较强的创新能力。”M5 表示：“影响我业务创新的最重要因素是资金。资金来源主要包括政府部门和银行。政府为我们提供了很多便利，比如通过一些专项资金，大大降低了企业的成本和风险。此外，银行为初创企业提供低息贷款，这对企业有很大好处。”我们还发现，创业者更倾向于向朋友寻求建议，这与定量结果相一致。

（2）创业能力的调节作用。

案例分析结果验证了创业能力强度在创业者社会网络与初创企业创新绩效关系中起调节作用。例如 M3：“在我看来，具有较强创业能力的创业者通常拥有更多的创业知识和技能，所以他们知道如何提高从动态社会网络中获得的信息数量和质量。同时，他们可以更好地发现和利用有用的信息，帮助企业开展创新活动。” M8 表示：“创业能力强的企业家通常拥有良好的声誉，社会行动者会认为他们值得信赖，愿意为他们提供更多的资源，包括更多的资源信息、关键技术开发人员、资金等，这些对创业公司的创新有很大帮助。”

（3）创业动机的调节作用。

案例分析结果也验证了创业动机强度正向调节创业者社会网络与初创企业创新绩效之间的关系。例如，M7 表示：“我认为积极的创业动机有助于创业者开展创新活动。创业是我的梦想，所以当我遇到困难的时候，我从不气馁。我能始终保持乐观的态度，积极寻求帮助。此外，如果我不断尝试，我通常最终可以从社会网络中获得有用的资源。” M11 说：“创业是我最大的兴趣，所以我一直保持着积极的创业态度。我非常关注社会网络的资源，并充分利用它们。例如，对于朋友提出的一些建议，我会反复与朋友或业内专家沟通，以提高建议的有效性。”

4.4.2.2 内在机制探索

基于概念、范畴和变量之间的逻辑关系。我们继续深入挖掘访谈材料，从三个方面进一步探讨企业家社会网络对新创企业创新绩效的内在作用机制。”

（1）资源获取和利用机制。

第一，获取资源的动机。通过对访谈数据的分析，我们将创业企业家从社会网络获取资源的动机分为两种类型：问题驱动型和机会驱动型。问题驱动是指当企业遇到问题时，创业企业家会试图从他们的社会网络中获取资源来解决这些问题。比如，M2 说：“在创新的过程中，最大的问题就是缺钱。我总是向我的朋友寻求经济支持来解决这个问题。” 机会驱动型是指创业者从自己的社会网络中寻找资源，寻找机会。例如，M2 说：“为了找到一些新的机会，我总是尽可能多地和我的社会网络中的成员交流” “一旦我们计划推出一些新产品，我总会参加相关的行业会议，从与会者那里获得一些新信息。”本书发现，动机不同的创业者采取的行为不同。

第二，资源识别。这一阶段与质性研究的理论模型不一致。通过对访谈数据的分析，本书发现创业企业家在形成资源搜索动机后，并没有立即获取资源，他们通常首先识别资源。我们发现这一阶段可以分为两个步骤。

①资源定位。即找到资源所在的位置。通过访谈，我们发现不同的动机下资源定位的路径是不同的。对于问题驱动的资源获取，创业企业家通常首先分解问题，了解哪些资源可以解决问题。然后，创业企业家会在他们的社会网络中寻找相应的行动者，以获取解决问题的资源。例如，M7 提到：“当我陷入财务困境时，我通常会直接向我富有的朋友求助。”如果创业企业家不清楚谁能帮他解决这个问题，他需要先定位资源。就像 M7 提到的：“有时候，当我遇到一些技术问题时，特别是一些复杂的问题时，我通常会在我的社会网络中的行动者帮助下分解问题，找出什么样的资源可以帮助我。”

对于机会型驱动的搜索，创业者通常不知道自己需要什么样的资源。他们试图积累更多的资源，希望有一天能从累积的资源中找到机会。一方面，一些创业企业家积极联系众多社会网络行动者，寻找更多的资源。另一方面，一些创业企业家总是积极联系自己社会网络中的许多行动者，以积累更多的资源。我们称这种资源搜索为正向搜寻。例如，M11 说：“商业环境变化如此之快，我不得不经常与不同行业的朋友、专家接触，以获得一些想法。”此外，M13 写道：“当我试图创业时，我不知道自己到底应该做什么。我和我的同事、朋友们交谈以获得一些信息。”如果创业企业家社会网络中拥有有价值资源的成员，认为创业企业家有能力并且有良好的声誉，愿意主动将资源带给创业者，则称这种方式为反向推荐。就像 M5 说的那样：“在我的社会网络中，网络成员认为我是一个诚实的人，拥有良好的技术背景，他们愿意帮助我。”此外，M7 表示：“我向朋友们展示我精心设计的商业计划和个人才能，使他们认为我有足够的能力让公司取得成功，并积极为我提供资源。”

②资源评估。并非所有来自社会网络的资源都对公司有帮助。因此，创业企业家需要对资源进行评估。资源评估通常包括如下三个方面：一是技术方面，包括技术成熟度、可行性和可靠性。二是战略因素。这意味着创业者会评估资源是否符合企业的创新战略目标。三是成本效益。这意味着创业者

将获取资源的成本与资源的收益进行比较。如果社会网络资源满足上述三个条件，则获取资源。如果不满足上述条件，创业企业家将尝试继续寻找新的资源。创业企业家通常重复这两个步骤，直到他们找到自己满意的资源，并认为这些资源是有价值的、稀缺的、难以模仿的和难以替代的。

第三，资源获取。创业企业家通常从两个角度来考虑资源获取。

①资源获取渠道。我们发现创业者倾向于从非正式网络中获取资源。例如，M14 说："我更愿意从非正式网络中获取资源，我不知道为什么，对我来说很难从正式网络中获取资源。此外，根据我的经验，所有的小公司都不太可能从正式的社会网络中获得资源。"本书发现在非正式网络中，朋友和父母是企业家获取资源的最关键来源。如 M11 说："朋友和父母在情感上和我很亲近，他们更愿意倾听和给出建议，所以我更愿意向他们寻求建议。"

如果创业者无法从非正式网络获得资源，他们就会考虑正式网络。然而，当他们寻求正式网络的帮助时，他们会首先设法在正式网络和非正式网络之间建立联系。就像 M14 提到的，"当我的公司发生财务危机时，我首先会向我的父母、朋友和其他亲戚寻求帮助。如果他们不能帮我解决问题，我会求助于银行，但我总是首先通过我的朋友与银行员工建立个人关系。"

②主动或被动的获取方式。创业者主动或被动地获取资源。主动获取是指创业者主动寻找资源。在这个过程中，创业者更加关注网络规模和网络范围。如 M9 说："当我寻找解决方案时，我主要考虑都有谁可以帮助我，他们来自哪个行业，然后决定谁是我寻求帮助的最佳人选。"被动获取是指创业者社会网络中的成员主动向创业者提供资源，我们将这种获取称为被动接受，主要取决于网络行动者对创业者能力和声誉的感知。M11 说："我总是很真诚，对于我所做的事，也具备足够的能力，我的朋友们能感觉到我有很好的能力和良好的声誉，所以他们总是为我提供资源。"然而，一些机会驱动型创业者并没有使用这些资源，比如 M9 说："对于我现在不需要的资源，我不会立即获得资源。相反，我会在我的资源库中储存相关信息。"

第四，资源整合/捆绑。通过社会网络获取的资源在使用之前需要与企业现有的资源进行整合，才能进行利用。经过整合阶段，创业公司的能力将得到提升。受访者普遍认为，从社会网络中获得的资源不能直接利用，这些资源应该首先与内部资源或能力进行整合。如 M13 说："我所在的公司是一家教育机构，机构中的老师基本上都是由朋友介绍来的新老师，但他们不能马上上课，需要先参加内部的专业培训班，然后作为内部专业老师的助手，提升自己的知识和技能。”此外，我们发现该阶段，创业企业家主要关注战略目标和行业环境。如 M14 所说：“我们从社会网络中获取资源，然后根据战略目标和行业环境，将社会网络资源与内部资源进行整合。”

第五，资源杠杆。通过访谈数据，我们得出结论，即使企业能够成功整合内外部资源并将它们捆绑起来，有效发展能力和开发创新潜力，但如果不能有效地利用这些能力，就不能保证企业能够成功创新。例如，M4 说：“在整合资源后，我们有效地运用企业的能力创造价值和财富，这是一种价值延伸战略，可以形成独特的优势。”在技术能力方面，要合理运用并根据市场需求创造新产品。与此同时，创业者们也提道：“为了有效地利用能力，我们还需要依次或同时进行资源获取、整合和利用阶段，有时甚至反向进行。”

第六，新社会网络能力形成。通过对访谈数据的分析，我们发现在上述五个阶段中，企业获取、整合、利用外部资源，并将其转化为创新能力。在这一阶段之后，新创企业不但能够获得资源，提高创新绩效，还能够形成新的社会网络能力。

①网络规模。如 M4 所说：“为了解决公司的技术问题，我广泛地求助于社会网络，在这个过程中，我认识了更多的人，所以我的社会网络规模不断扩大。”

②网络范围。如 M7 说：“有时候，社会网络中的参与者不能直接帮我解决问题，但是他们会把我介绍给别人，包括其他领域的专家以及一些从未接触过的服务机构。”

③资源识别、获取、整合、利用的经验和能力。如 M6 所说：“一旦公司遇到问题，我们从社会网络中寻找并获取技术、人力、资金等资源，然后将它们与现有资源进行整合，通常我们可以解决问题。而且，在这一过程中，我们的综合能力得到了提高。如果以后再遇到同样的问题，我们可以自己解决，不需要求助于社会网络。”

（2）创业能力的调节作用。

通过访谈数据，本书还发现，即使创业者拥有相同范围和规模的社会网络，但创业者的社会网络对初创企业创新绩效的影响是不同的。受访者提到的一个重要原因是创业能力，他们认为这将影响资源识别、获取和整合，甚至企业的创新活动。根据访谈数据，我们从四个方面对创业能力的调节效应进行了分类。

第一，资源标识。M3 说：“我认为资源的质量对创新有重大的直接影响；从社会网络中识别优质资源与我的能力密切相关。我朋友提供的一些机会并不适合我公司的创新情况。但是，基于我的创业技能和经验，我可以找到宝贵的机会并做出正确的选择。”

第二，资源获取。M1 说：“我一直很诚实，而且我有一些创业知识，所以我的社会网络中的参与者愿意信任我。他们更愿意提供各种资源来支持我。例如，在我创业之初，我的朋友投资我的公司，只是因为他相信我的能力。” M2 说：“起初，投资者不想投资，所以我尽力说服他们，并向他们展示我可以取得成功。最后，他们选择投资。”

第三，资源整合。M4 提道：“我认为有价值的异质资源获取是必要的，但仅仅获取资源是不够的。这些资源需要重新组合或至少加以管理。” M5 表示：“由于产品同质化严重，我们必须进行创新。在这个时候，我的朋友给了我一些建议，但是我不能直接利用它们。我需要根据我公司的情况来修改和完善这些建议，这就是我利用社会网络资源进行创新的方式。”

第四，资源杠杆。M1 说：“如果我不能以适当的方式利用通过社交网络获得的资源，这些资源就不会起到帮助作用，尤其是复杂的资源，例如在线销售的 IT 系统，我没有很好的技术背景，但我在这个行业已经很多年了，有足够的经验。” M14 说：“对于我们这个传统行业的公司来说，创新也是必要的，但是我必须凭借自己的创业知识和经验，理解来自社会网络的创新资源，并非常谨慎地利用通过网络资源获得的能力。否则，业务不但不会得到改善，反而会受到不利影响。”

（3）创业动机的调节作用。

访谈数据分析显示，创业者从资源获取的角度解释了创业动机的调节作用。对于获取潜在资源而言，创业动机会影响获取资源的数量。具有坚实创业动机的创业者可以获得更多的资源。例如 M8 说：“创业是我最大的兴趣，所以当我的企业陷入困境时，我从不放弃。一般来说，我会主动向自己的社会网络寻求帮助，获取尽可能多的资源。我的朋友、同事和其他人都认为我是一个非常积极乐观的人。他们觉得帮助我并为我提供资源是值得的，这样我就可以获得更多的资源。”M11 说：“因为把握了机会，我选择创业。假如我没有好好利用这个机会，我可能不会创业成功。因此，我总是积极地去寻找和获取资源。”M6 说：“被动型创业者遇到困难时，往往会选择放弃，不会主动寻找资源去解决问题。因此，他们从社会网络中找到和获取的资源更少。”基于上述数据分析，创业企业家社会网络对新创企业创新绩效的内在作用机制如图 4 -6 所示。

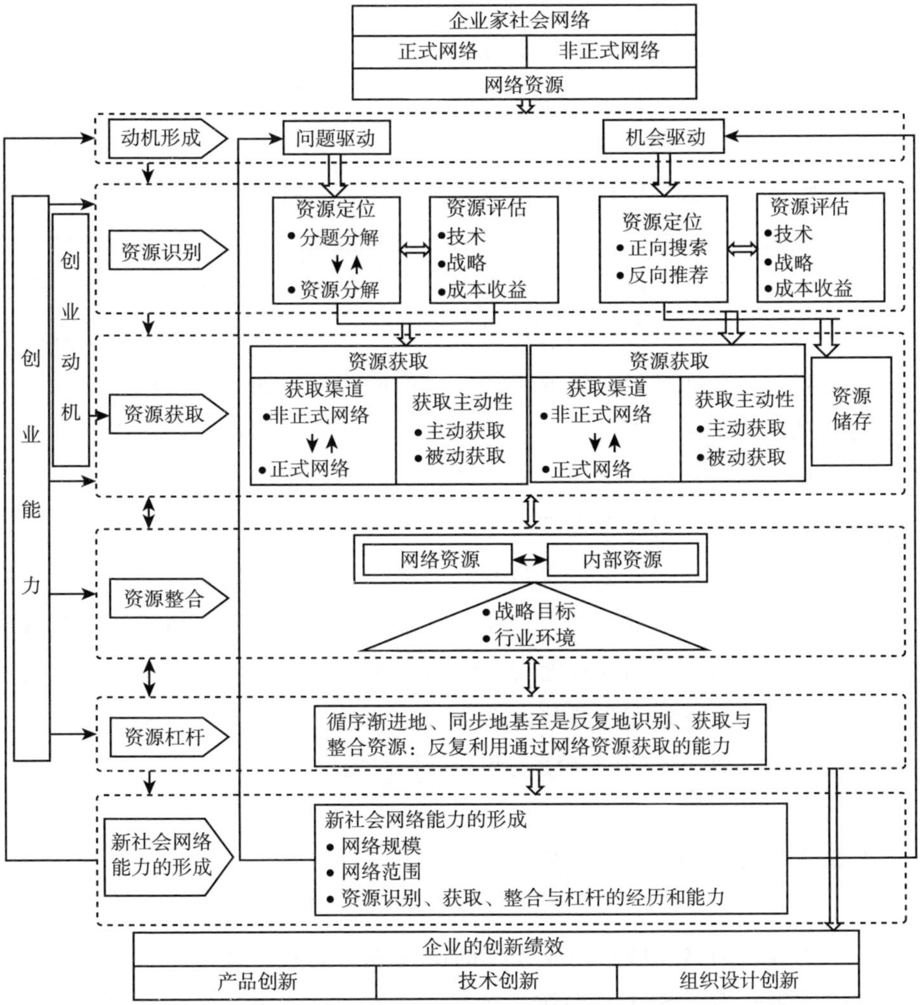

图 4 -6　创业企业家社会网络对创新型新创企业创新绩效的影响机制

4.5 结果与讨论

4.5.1 研究结论

本章的研究内容是探究创业企业家社会网络对企业创新绩效的影响，并探讨创业企业家社会网络对企业创新绩效的作用机制。研究结果表明，企业家社会网络对新创企业获取外部资源至关重要。正式和非正式社会网络中的资源均与新创企业的创新绩效正相关。此外，本书研究发现创业能力与创业动机正向调节上述关系。本书以 RBT、RMT、SNT 和 IDT 为基础，采用定量和定性相结合的方法，探讨了创业者非正式社会网络和正式社会网络对创新型新创企业创新绩效的影响。研究揭示了创业企业家社会网络与企业创新绩效的相关关系和作用机制。定性研究表明，创业者从社会网络中获取和吸收资源可分为以下六个阶段：动机形成、资源识别、资源获取、资源整合、资源杠杆化和新社会网络能力形成。在动机形成阶段，创业者从社会网络获取资源的动机可以分为两类：问题驱动型和机会驱动型。资源识别阶段可分为定位和评估。根据动机的不同，定位和评估的具体做法存在差异。在资源获取阶段，本书揭示了创业者更倾向于从非正式社会网络中获取资源，创业者获取资源可以是主动的，也可以是被动的。在资源整合阶段，创业者将外部资源与内部资源或知识进行整合，并与战略目标和产业环境相匹配。在资源杠杆化阶段，本书认为创业者能否有效利用所获取的社会网络资源，取决于创业者能否成功地将外部资源与内部资源整合，并开发出新的能力。经过上述所有阶段，创业企业的创新绩效和社会网络能力才能得到提升。

4.5.2 理论和实践意义

本书为社会网络领域和创业领域的研究做出贡献。首先，结合中国的创业实践，本书整合了 SNT 与资源基础观，考察了创业企业家社会网络与新创企业创新绩效之间的关系。通过引入创业能力和创业动机这两个调节变量，解释了创业企业家社会网络对新创企业创新绩效的具体作用机制，对创业企业家社会网络对新创企业创新绩效作用的“黑箱”进行了初步探索。其次，本书引入心理学领域的 IDT 理论，从个体差异的角度揭示了创业者社会网络（正式社会网络和非正式社会网络）对新创企业创新绩效的影响机制，拓展了 IDT 的适用范围，也为创业者应对个体差异造成的影响提供了理论参考。最后，为了探索企业家社会网络对新创企业创新绩效作用的“黑箱”，解释创业者社会网络如何影响新创企业的创新绩效，本书基于 RMT 和跨界知识搜索理论展开定性研究，丰富了 RMT 和跨界知识搜索理论的应用范围。此外，本书的研究模型也为今后的研究提供了有价值的参考。

本书研究内容对创业者和政府部门都具有一定的现实意义。第一，它证实了企业家社会网络对新创企业创新绩效的重要性。因此，创业者应努力发展自己的社会网络，加强与正式和非正式社会网络之间的联系，加强与网络成员的沟通，探索其社会网络中的资源。第二，创业企业家应了解自己的能力和动机。本书研究发现，良好的创业能力有助于创业者通过社会网络识别和获取资源。一方面，创业者应注重培养创业自我效能感、机会警觉性和风险倾向；另一方面，创业者可以在社会网络中展示自己的能力并建立良好的声誉。对于机会驱动型创业者而言，应发挥其主观能动性，积极地从社会网络中识别和获取创业动机方面的资源。对于问题驱动型创业者而言，在创业时应当谨慎，主动掌握创业资源，在创业前找到好的商机。一旦选择创业，应及时调整心态，保持积极主动的态度，与社会网络成员频繁沟通，积极从社会网络中寻找资源。第三，研究结论可以提高创业者利用社会网络资源的效率。有助于创业企业家理解如何准确有效地识别网络资源，快速获取资源，提高资源整合效率，将资源转化为有价值的能力，在考虑战略目标和行业环境的前提下提高创新绩效。第四，本书结论建议政府部门在鼓励创业的同时积极开展有关于创业的教育与培训，以提高创业者的创业能力，从而进一步提高创业的成功率和企业的创新绩效。

4.5.3　研究局限与未来展望

本书存在以下几个局限。第一，由于创业板数据集的滞后，本书的数据仅覆盖5年（2009~2013年）。2013年后创业环境可能发生变化，会影响创业企业家社会网络与新创企业创新绩效之间的关系。因此，学者们需要收集最新的数据来进行未来的研究。第二，本书要求创业者在问卷中指出他们创业的建议来源。由于这一问题只涉及接受咨询意见，因此可能不能准确地说明创业者的全部网络参与情况。未来的研究应该设计更客观、严谨、权威的方法来衡量社会网络。第三，中国是关系型社会，这种文化背景可能与其他国家的文化不一致。故本书的研究结论可能并不适合其他国家，学者们在今后的研究中可以以其他国家为背景，验证本书研究结论的普遍性。或者可以进一步对多个国家进行对比分析，进一步完善相关研究结论。第四，研究表明制度和经济条件对创新绩效产生显著影响。制度支持和经济发展会促进企业创新。然而，本书并未探讨制度和经济条件对企业家社会网络与新创企业创新绩效间关系可能带来的影响。未来学者可以通过不同的制度背景，如国家创业环境、政策支持、经济发展水平等变量来探索其内在机制。第五，数据的局限性使我们无法对变量进行客观测量，本书采用受访者的主观感知作为测量方法，自我报告项目可能存在偏差。今后的研究应尽量采用客观、综合的测量方法。第六，在定性研究方面，本书只选取了14位创业者作为研究对象，样本数量并不丰富。未来，学者可以调查更多的创业者，进一步验证这一作用机制的普遍性。

| 第5章 |

开放式创新平台对跨界知识获取与整合的作用机制

5.1 本章研究问题提出

技术创新不仅是企业不断前进的驱动力，更是国家发展的活力之源（梁阜、张志鑫，2019）。习近平总书记多次强调必须将技术创新摆在国家发展全局的核心位置，不断实施创新驱动发展战略。颠覆式技术创新作为技术创新最高阶的表现形式，是建设科技强国的利器。技术创新，尤其是颠覆式技术创新已成为技术创新领域研究的焦点。然而，经济全球化进程加速，市场竞争日趋激烈，创新企业难以满足不断变化的市场需求（梁海山等，2018）。同时，技术创新的复杂性与技术环境的动态性不断加剧，技术生命周期日益缩短，使得单个企业无法拥有技术创新所需的全部能力（禹献云、周青，2018）。因此，搜索与整合外部知识成为企业提升创新能力的必由之路。

外部知识范畴庞大，包含跨企业、跨产业、跨技术等边界的外部知识，这些知识可以统称为跨界知识。利用跨界知识，企业可以打破核心能力刚性、创造新的联系、摆脱技术锁定（胡畔、于渤，2017），从而产生更多新颖的知识组合，推动企业创新能力提升（Phene et al.，2006）。

跨界知识搜索与整合可以帮助企业获取这类外部异质性和互补性知识（West、Bogers，2014）。作为推动企业创新发展的关键战略，跨界知识搜索与整合对企业创新的重要性已经得到学术界和产业界的一致认可（Kaplan、Vakili，2015）。通过广泛跨界探索，识别有价值的知识，不仅有助于企业发现更好的问题解决方案，还可以帮助企业拓展视野、促使企业不断产生新的想法和创意，避免陷入“相似陷阱”。异质性和互补性知识的增加，也会为企业进行颠覆式技术创新奠定坚实基础（Ahuja、Katila，2010）。通过整合跨领域技术知识，企业可以突破自身技术限制，从而提高创新能力（Katila，2002）。

然而，现实中企业搜索与整合跨界知识却异常困难，以至于企业知识搜索与整合的范围往往局限于相似领域以及邻近区域（应洪斌，2016）。因而，探索企业搜索和整合跨界知识的有效途径，帮助企业提升创新能力，日益成为技术创新领域理论研究和实践发展的重要方向之一。

近年来，产业界逐渐涌现出跨界知识搜索与整合的成功案例，为开展这一领域的研究提供了契机。海尔集团的开放式创新平台（Haier Open Partnership Ecosystem：HOPE）正是帮助企业搜索与整合跨界知识的典范。2013～2018 年，基于 HOPE 平台搜索和整合跨界知识而诞生的颠覆性跨界产品达 300 余个，其成功率达到 8%，远超国际平均水平。HOPE 平台上跨界产品的成功案例为研究跨界知识搜索与整合路径提供了新的思路和想法。结合开放式创新平台（Open Innovation Platform：OIP）分析跨界知识搜索与整合路径不失为一种可行途径。

基于此，本章把研究问题界定为——以 HOPE 平台为对象，探索开放式创新平台如何帮助企业搜索与整合跨界知识，以及搜索与整合跨界知识的具体路径，从而帮助企业破解跨界知识搜索与整合的难题。具体为：梳理相关文献形成理论分析框架；基于理论框架解析 HOPE 平台的具体做法，探索其具体路径，并形成分阶段的理论模型；进一步分析典型案例，验证分阶段模型的可行性，并系统构建开放式创新平台跨界知识搜索与整合路径的理论模型。本章的研究将进一步丰富跨界知识与技术创新领域的理论研究，帮助企业破解跨界知识搜索与整合的难题，并为提升企业创新能力，尤其是颠覆性创新能力提供借鉴。

5.2 理论分析框架设计

5.2.1 跨界知识界定理论分析

5.2.1.1 跨界知识概念界定

跨界知识是知识供给的新形态，是知识生产与突破性发展的新模式，为企业创新提供一种新的思路。学者们基于不同的理论视角有不同的认知。组织学习理论认为跨界知识始终是进行知识管理、推动知识流动与迁移不可或缺的工具（Bakker、Akkerman，2014）；知识基础观认为知识是创新的核心元素，创新是不同知识形态的聚集。这种聚集是为了充分提升知识的活跃度，让知识跨越各自的边界形成普遍意义上的知识交互模式（刘哲雨等，2018）。

目前，“跨界”一词在诸多领域内被提及，在国外一般用“Boundary - crossing”“Boundary - spanning”“Cross - border”等词来表示，不仅是一种交叉与融合的方式，还是一种开放型组织思维方式（Bakker，Akkerman，2014）。跨界的“界”即边界，不同领域、不同组织、不同地域的边界都可以称为“界”，而跨越各种边界的知识都可以称为跨界知识。

5.2.1.2　各类跨界知识的界定

跨界知识中的“界”有不同的分类标准，学者们基于组织决策理论、路径依赖理论等对边界进行分类。本书借鉴熊伟等（2011）对不同知识边界的分类，并结合现有文献，将知识边界划分为组织与知识两大类别，见表 5 - 1。

（1）基于组织类别划分的跨界知识。

基于组织边界划分的两种跨界知识范围略有不同，跨企业边界的知识可以看作是外部知识的总称，涉及范围较广；跨产业边界的知识则是狭义的外部知识，主要指外部知识中与企业自身相距较远的知识，在创新领域中有学者称其为“远程知识”或者是“探索性知识”（Katila，2002），远程知识是基于搜索范围来看与组织距离较远的知识，而探索性知识是基于组织学习方式来看，搜索到的不熟悉的、未知的、非相似的知识，一般存在较大风险（吴增源等，2015）。由于跨界知识的概念更为明确且易于理解和操作，因此，更多学者称其为跨界知识。

（2）基于知识维度划分的跨界知识。

基于知识类别的跨界知识划分为知识距离和知识类型。

其一，基于知识距离边界划分的知识，知识距离包括认知距离、地理距离以及时间距离（Kaplan、Vakili，2015；余斌、奉小斌，2018）。①认知距离而言，学者多从技术的新颖程度，技术轨道的多样程度以及专利类别来描述认知距离（Ahuja、Katila，2010）；②地理距离而言，Knoben，Oeblemans

(2006) 认为由于不同区域的文化差异与制度差异较大，对于跨界知识搜索的难度较大。而知识的黏性特征表明其更容易在较小的区域内传播；③时间距离而言，基于有限理性和路径依赖，企业倾向于通过搜索当前知识来解决企业面临的问题，但通过搜索原有技术，企业也可能获取新的机会（邬爱其，方仙成，2012），目前领域内对于新旧知识对创新绩效的影响存在较大分歧，且新旧知识的划分也较为模糊（Nerkar，2003）。

其二，基于知识类型边界划分的知识，知识类型可以分为科学知识、技术知识以及市场知识。不同类型的知识在进行搜索和整合时的路径也会出现细微差异。①科学知识大部分是隐性知识，科学知识搜索是一个长期的过程，是通过常识性知识传播或者是慢慢渗透生活的过程；②技术知识属于应用型知识，是通过获取外部的技术信息以及外部技术开发人员的技能与经验以解决企业遇到的技术难题，促进企业新产品开发（Sidhu et al.，2007）；③市场知识主要是从外部不同的合作伙伴获取的知识，比如供应商、竞争对手、客户等渠道获取的外部知识（张文红等，2011）。

表 5-1　　跨界知识边界界定

边界类别	边界划分	对跨界知识的界定
知识距离边界	认知边界	是指与企业现有知识高度不相似的新知识
	地理边界	是指与企业现有知识在地理位置上邻近性较远的新知识，其中区域边界可以是省、市边界，也可以是国家边界
	时间边界	是指与企业目前拥有的知识在时间跨度上相距较远的知识，即知识的新旧程度
知识类型边界	科学边界	是指受好奇心和兴趣驱使搜索到的有关自然以及社会现象等一般理论的知识
	技术边界	是指搜索到的用于产品/服务开发的技术知识，一般属于应用研究，主要用于解决实际问题
	市场边界	是指从外部客户，供应商、竞争者等搜索到的产品和市场知识

5.2.2 跨界知识搜索理论分析

跨界知识搜索最初由 Cyert 和 March (1963) 提出，对该领域的研究横跨多个学科。随后，学者们进一步丰富跨界知识搜索的研究，并将其纳入战略管理领域。跨界知识搜索是企业为应对复杂环境而采取的识别机会、解决问题的方法（Kaplan，Vakili，2015）。通过搜索跨界知识可以充实企业的知识基础，形成解决企业难题的新方式（Katila，2002）。目前学术界一致认为跨界知识搜索是除内部研发与外部收购外，企业提升创新绩效最具竞争优势的路径（Ahuja，Katila，2010）。分析现有文献，可知大多数学者对于跨界知识搜索的研究都关注其前因与过程两个方向。

5.2.2.1　跨界知识搜索的驱动因素

基于知识基础理论的视角，组织进行知识搜索最重要的步骤是选择有价值的“问题”，为了解决有价值的“问题”而进行搜索，目标是创造有价值的新知识（Felin、Zenger，2014）。企业开发独特的知识必须要识别有价值的问题并进行有效的解决方案搜索，当“问题”成功解决就会产生所需要的知识（Nickerson、Zenger，2004）。因此在进行跨界知识搜索研究时引入“问题”作为分析单元进行研究。

学者们对于跨界知识搜索的驱动因素研究较少，但创新管理的核心分析在于“解决问题（Problem Solving）”，这是一个更为微观且实用的选择。从解决问题视角来看，“问题”是结构和复杂性不同的复杂体系，知识搜索本质上是解决复杂问题的一种途径。因此，以解决复杂问题为驱动因素来看跨界知识搜索较为合理。

现有文献对跨界知识搜索的驱动因素研究多是分析搜索行为的前因。行为都是具有目的性的，搜索行为的发生往往是由动机支配的（Katila，2002）。相关学者进一步区分动机的类型：Maggittiaet al.（2013）认为“问题”和“机会”都会触发搜索行为。对于“问题”而言，是指企业遇到的妨碍企业发展的问题。知识搜索主要是为解决特定问题而进行知识检索以生成新技术的过程，问题描述和需求分析是企业进行知识搜索的源头（冯立杰等，2017），亟待解决的创新性问题形成了搜索的原始动机（刘哲雨等，2018）；对于“机会”而言，是指未来可以让企业达到一定发展高度的机会。企业对未来的期望是进行搜索行为的另一动机（Posen et al.，2017），通常来讲企业当前绩效低于预期通常会驱动企业进行机会型搜索。

5.2.2.2 跨界知识搜索的过程

知识搜索过程是一个不断发展的动态时间序列，先前或现在的搜索行为会影响后续搜索活动（余斌、奉小斌，2018）。本书将知识搜索的“始”与“终”界定为开始于产生动机之后，并到吸收外部知识为止。现有文献对知识搜索过程的研究主要沿如下三个视角展开：

①基于技术创新过程视角。王金凤等（2014）认为知识搜索过程包含知识识别、知识转移和知识共享，即识别到外部知识，并将其转移到企业内部并传播的过程。这些研究将知识分为显性和隐性知识两大类，认为显性知识的识别和转移主要是针对创新过程中遇到的困难和障碍寻找关键性信息，并对其进行识别和筛选。识别能力越高，转化效果越好。隐性知识则需要显性化之后再进行识别。知识转移是将外部知识转移到企业内部的过程，知识转移的程度受到成本、知识复杂度以及知识提供者和接收者能力的影响。知识的有效转移是实现知识充分共享的重要基础，知识共享是指知识以不同方式在不同组织之间进行分享或传播的过程。通过网络途径实现知识共享，可以促进合作方之间的技术融合，实现优势互补，缩短技术创新周期（王凯等，2018）；冯立杰等（2017）进一步将知识搜索过程区分为知识检索、知识分类和知识转化三个环节，认为知识搜索是通过分析需求来检索到合适方案的过程。其中知识检索阶段可以分为需求分析、检索方案制定以及检索结果处理。知识分类阶段是将知识检索的结果依据知识属性分类，为后续知识转化指明方向。知识转化阶段通过多种方法，例如专家咨询、实践总结等将分类的知识进行转化。而肖艳红等（2019）则将知识搜索区分为知识发现、扫描、定位和吸收四个步骤。其中搜寻主体通过扫描和定位发现所需的创新知识，是外部知识搜索的关键环节。知识吸收阶段是对搜索到的外部知识进行识别和筛选，确定可以转移到企业内部的知识，吸收到企业内部的知识可以用于企业创新或者解决企业遇到的难题。现有研究也指出，位于创新网络不同位置的企业，其外部知识搜索模型存在差异，位于创新网络中心的核心企业在外部知识搜索上更有利。

②基于社会网络视角。大量研究探讨了网络在知识搜索中的重要作

用，包括知识网络、合作网络和社会网络等。这些研究主要关注网络的结构特征，如能够对知识搜索产生影响的网络中心性、结构强度和结构洞等（Dosi，1988；Ahuja，2000；Zeraati et al.，2020）。吕一博等（2013）提出社会网络中的合作伙伴选择是进行知识搜索的关键步骤；随后，程露等（2018）认为知识搜索过程包括搜索范围划分、合作伙伴选择以及联系形成三个阶段，强调知识搜索过程中选择合适伙伴的重要性。

③基于问题解决视角。知识搜索的目的是为了寻找问题的解决方案，Eriksson et al.（2016）研究多种解决问题的方法，认为最重要的是将问题分而治之，即将一个庞大而复杂的问题分解为更小的，可解决的问题；Felin 和 Zenger（2014）认为知识搜索过程是一个问题阐述到解决的周期，在这个循环中涉及认识问题、定义问题、制订解决问题策略、寻找解决问题的知识、评估解决方案的准确性。并且认为该周期是一个循环过程，一个步骤的完成后下一个步骤会自发开始。进而，Posen et al.（2017）系统性提出知识搜索的分析过程模型，其中涉及四个环节；第一个环节是触发问题搜索，即认为低于期望的表现会触发问题搜索；第二个环节是识别解决方案，即认为解决方案是顺序识别和评估可以解决性能不足的替代操作的过程；第三个环节是搜索解决方案，即搜索到能够解决问题的方案，并进行合作的过程；第四个环节是停止问题搜索机制，即一旦性能恢复到期望的水平，搜索行为就会停止。在模型的各个阶段可以通过反馈循环进一步链接，组织可以在不同阶段之间来回循环，其中触发环节等同于上文的搜索动机阶段。

现有研究还提出了一些突破知识搜索广度和深度的方法，如消除专业研发人员的身份界限（Hila，2017），组建跨界研发团队（Seo et al.，2020），与当地企业（Liu、Maula，2016）或政府组织合作（Jandhyala、Phene，2015）。有学者从社会资本的角度对此进行了探讨，Mors et al.（2018）从个人层面的跨界视角进行了论证，并探讨了建立和维护跨界关系的成本。Sheng 和 Hartmann（2019）指出结构性和关系性社会资本会影响子公司的跨界知识默会共享，但是他们也认为结果是不确定的，并强调子公司与跨国公司总部之间关系互动的质量有助于提高子公司的跨界知识对跨国公司创新能力的有效性。

5.2.3 跨界知识整合理论分析

知识整合这一概念由 Henderson 和 Clark（1990）首次提出。知识整合是解决企业创新难题、丰富企业知识基础，从而帮助企业获得持久的竞争优势的有效途径（梁娟、陈国宏，2015）。对于知识整合的研究，相关学者将其分为内部知识整合以及外部知识整合两类。认为内部知识整合是实现知识在企业内部的快速流动，并紧密结合和匹配知识的过程；外部知识整合是指企业识别、同化并获取外部知识网络中的知识的过程（梁娟、陈国宏，2015）。本章主要阐述的是外部知识整合过程，在此基础上，综合相关文献，将外部知识整合分为基于能力的视角和基于关系的视角两类进行阐述，具体如下：

基于能力视角。学者认为知识整合能力不仅包含整合外部知识资源的能力，也包括有效利用组织内部资源的能力。是企业活动中需要掌握的一项重要能力（鲁若愚、陈力，2003）。此外，知识整合具有动态性，是企业识别、获取外部组织和机构的知识的方式，有效整合内外部知识资源是影响企业创新绩效的关键因素（王凯等，2018）。

基于关系视角。认为企业通过知识整合过程可以产生新知识，并且应用到实践中。相关学者对于外部知识整合的过程有不同的看法，蔡猷花等（2013）认为知识整合的本质是对不同来源、类型、功能等的离散知识进行组合的过程；冯立杰等（2017）进一步将知识整合界定为知识集成与知识创造，并明确提出，知识整合是对转化到企业内部的知识进行整理，并应用于实际问题中的过程；肖艳红等（2019）也强调知识整合是通过内、外部知识的相互作用，实现企业新旧知识融合的过程。并继而将知识整合后产生的新知识转化为解决企业创新难题的知识，或者是存储到企业知识库中的知识；王凯等（2018）也认为知识整合是通过有效结合内外部知识，运用到组织现有的问题解决及产品创新过程中。尤其是互补性知识出现时，会在知识整合中创造出新的知识。同时要考虑到知识接受方的知识基础以及对知识的吸收和利用能力。此外，现有文献也对跨组织知识资源整合有所涉及，认为是将外部搜索到的企业发展所需知识资源与原有知识整合，实现对外部知识资源的吸收与重组（林向义等，2011）；此外，Sankowska 和 Soderlund（2015）

认为知识整合是对取得的知识进行重组、内化，应用到企业的产品/服务中的过程。因此，首先，需要明确企业已有的知识资源，并对内部知识资源进行分类，明晰其重要程度。其次，要理解已经搜索到的外部知识，建立组织知识的新体系。最后，是将两者相结合产生新的知识并应用到实际的企业产品/服务中。

与此同时，魏江等（2005）从不同的视角将知识整合进一步细化，把知识整合的过程分为无知、感知与描述、控制与解释、全知和扩散五个阶段，并研究内在整合过程机理。

5.2.4　开放式创新平台和跨界知识搜索与整合理论分析

5.2.4.1　开放式创新平台的概念

开放式创新平台（Open Innovation Platform）的概念来源于开放式创新和分布式创新（Chesbrough，2003；王海杰、宋姗姗，2019），开放式创新平台是互联网模式下聚集用户关于产品/服务以及流程模式等创新内容的虚拟社区（Niclas，Jakob，2015）。Chesbrough（2003）认为基于IT的工具是开放式创新战略的重要部分，开放式创新与信息技术的结合体现了开放式创新平台是支持开放式创新战略的IT工具。帮助企业吸引更多创新者，不受时间和空间的限制开展合作创新（Hallerstede，2013；梁乙凯等，2017）。

在“互联网+”时代下，开放式创新理念与Web技术结合，形成了以“大众参与”为核心的基于互联网的开放式创新模式，主要是借助平台搜索全球创新参与者的想法和技术以及市场知识等资源，形成更多的创新产品/服务（夏恩君等，2015）。例如，创新社区，众包平台，创意市场，众创空间和创新竞赛等基于互联网的平台（Hallerstede，2013）。将传统线下协同的开放式创新模式升级为互联网背景下的线上大众创新模式，其开放性、自主性和交互性等特质影响全球企业的创业模式变革（杜晓静等，2014）。除了诸如创新联盟或合同研究之类的常规安排之外，互联网技术已经启用了基于比赛的众包平台或者广播搜索等新形式，以寻求解决问题的方案（Jeppesen、Lakhani，2010；Afuah、Tucci，2012）。

5.2.4.2 开放式创新平台的种类

少数学者在研究开放式创新平台时涉及平台的分类，依据不同的分类标准，开放式创新平台有不同的类型（Hallerstede，2013）。第一，基于创新主体视角来看，开放式创新平台有三种模式。一是依托中小企业建立的开放式创新平台，例如3D Robotics公司建设的“DIY Drones”开源社区，此类型的平台主要专注在小众领域，这些具有产业洞察力的中小企业是开放式创新浪潮的主导者；二是依托咨询公司构建的开放式创新平台，例如IDEO是世界级商业创新咨询公司，它们搭建了自己的开放式创新平台“OpenIDEO. com”网站，致力于汇聚大量具有创造力的人，帮助IDEO解决相关问题；三是依托龙头企业构建的开放式创新平台，例如Innocentive，该平台最初是用于解决企业自身遇到的科研难题，但由于公司强大的行业号召力，Innocentive逐渐独立于公司，成为独立的开放式创新平台（Afuah、Tucci，2012）。第二，基于平台属性的视角来看，可以将开放式创新平台分成两类。一类是企业自主构建吸引外部学者和用户参与新产品开发的平台。例如海尔的HOPE平台，致力于为创新企业提供专业的技术对接与转移服务；另一类是第三方搭建的开放式创新平台，例如Ninesigma等，为创新的供需双方提供网络平台化服务（夏恩君等，2015）。开放式创新平台作为互联网情境下创新中介搭建的高效工具被众多企业采纳，可以帮助企业降低研发成本，为企业产品研发提供创新动力，从而提高企业创新绩效（洪闯等，2018）。同时可以在创新资源需求方与潜在的创新资源提供方之间建立直接的联系，更快的提高供需双方的连接效率，降低两者连接的成本（Piller、Walcher，2010）。

5.2.4.3 开放式创新平台对跨界知识搜索与整合的作用

目前大部分学者认为依赖于现有知识的企业最终将失去以新方式重新组合知识的能力（Katila，2002）。因此，为了避免锁定于旧的思维模式中，组织必须寻找新知识（Ahuja、Katila，2010）。知识距离越远，企业越能够创造出更多新颖的知识组合。开放式创新平台可以将跨界搜索转化为本地搜索，从而使企业能够以较低的成本享受跨界搜索带来的诸多好处，因而，是解决跨界知识搜索难题的非常好的机制（胡畔、于渤，2017）。

基于知识基础理论，很多学者认为开放式创新平台是企业获取外部知识的重要途径。通过聚集全球范围内的知识资源，打破传统创新面临的资源困境和成果转化障碍，开放式创新平台具有无边界、全球化交流与共享的优势，有利于创意吸收、新产品研发及品牌建设等（Macredie、Mijinyawa，2011；Simula、Ahola，2014），从而能够为企业的开放式创新提供最大程度支持（Hallerstede，2013）。开放式创新平台也为知识搜索也提供了便利，通过开放式创新平台，可以减少知识搜索的时间，尤其是地理距离较远的跨界知识搜索，可以快速匹配知识资源，提高搜索效率（余菲菲、燕蕾，2017）。Jeppesen 和 Lakhani（2010）在研究开放式创新平台 Innocentive 中提出，问题解决者与问题距离越远，其解决问题的可能性越大。

此外，开放式创新平台是众包平台的一种形式，部分学者对众包平台对跨界知识搜索的作用进行了相关研究。Afuah 和 Tucci（2012）认为企业是通过诸如技术中介平台和众包平台等机制搜索远距离知识，通过技术和桥接平台激活跨技术耦合的渠道，促成远距离知识之间的联系（Corradini、Propril，2017）。众包平台是利用群众的集体知识或创造力来摆脱组织预定义的例行程序。众包平台具有通过有效和高效的方式搜索跨界知识的潜力，并有助于在现有边界之外进行知识搜索，是组织动员分散在不同网络中的知识的强大方法（Afuah、Tucci，2012）。Murphy et al.（2002）提出通过众包平台引入链接机制，在知识类别之间建立持久的联系。或者通过建立丰富的交流获取渠道，以及各种载体等来识别远距离知识（Peruta 等，2018）。

5.2.4.4　理论分析总结

综上所述，跨界知识领域丰富而深入的研究为进一步探索跨界知识搜索与整合机制奠定了坚实的基础。然而，该领域研究的不足之处也为本书提供了研究余地：第一，现有文献出于特定的研究目的，采用了不同的视角对知识边界进行分类，但研究者并未解释选择相应视角的原因，这不利于该领域的研究。因此，探究实践中哪些类型的知识被界定为跨界知识具有研究意义。第二，学者们将跨界知识搜索的动机分为问题驱动和机会驱动，但并未给出区分的理由和不同的动机如何驱动不同的搜索行为。这种分类是否与实践相一致，是否能够指导实践中的跨界知识搜索仍有待研究。第三，现有关于跨界知识搜索与整合的起点和终点未达成一致。这种不一致性使得研究结论之间缺乏可比性，不利于指导实践。另外，对于不同行为主体的具体行为对跨界知识搜索结果的作用机制仍有待研究。第四，现有研究主要关注跨界知识的作用，以及跨界知识整合与吸收能力的关系，而对企业如何整合跨界知识的关注较少，影响跨界知识整合的因素与机制仍有待研究。第五，现有研究阐述了开放式创新平台对跨界知识搜索与整合的重要影响，并指出了两者之间的正相关关系，但并未解释相应关系的发生机制。也就是，我们无法准确知晓开放式创新平台影响了跨界知识搜索与整合的哪一步骤、何种行动。上述不足之处使公司难以认识到并认可开放式创新平台对跨界知识获取与整合的实际作用，这将不利于开放式创新平台的发展和企业创新能力的提升。因此，有必要进一步探究实践中开放式创新平台如何助力跨界知识获取与整合，以及如何补偿了企业在跨界知识搜索与整合能力上的不足。

5.2.5 理论研究框架

跨界知识搜索与整合是企业提升创新能力的重要环节（West、Bogers，2014）。只有通过跨界知识搜索与整合，才能够享受到跨界知识带来的优势，多快好省地完成企业创新（瞿孙平等，2018）。然而，通过分析相关文献，发现现有研究强调跨界知识搜索与整合可以提供问题解决方案，但是对于跨界知识搜索与整合的过程却鲜有研究。因此，基于对现有文献的系统梳理和详尽分析，本书提出跨界知识搜索与整合的研究框架，包括如下几个阶段：

第一，跨界知识搜索动机形成阶段。任何行为的发生都是受一定动机驱使的，因此动机形成可以作为跨界知识搜索行为的开端。理论研究表明，作为搜索行为的“触发器”，搜索动机包含两种类型：一类是“问题”驱动型，立足于本体产生的缺陷，或者是需要解决的问题，另一类是“机会”驱动型，立足于未来的发展需求，试图通过搜索行为达到未来的期望。

第二，跨界知识搜索阶段。跨界知识搜索阶段涉及多个环节，相关理论对于这个阶段涉及的环节没有清晰的分类。具体而言，有了搜索动机之后，需要对搜索内容进行识别，通过识别知识范围，筛选适合的知识资源。识别的知识越精准，转化就会越容易；识别跨界知识的范围或者方向之后，找到具体的匹配知识以解决难题。理论上有学者认为这个过程可以称为知识转移或者转化，把明确需要的知识从外部转移到内部。问题解决视角也可以叫作知识搜寻，即搜寻最佳解决方案。因此，可以看出在跨界知识搜索阶段可以分为两个部分，前期是跨界知识识别阶段，主要是识别所需的知识方向；后期是跨界知识定位阶段，主要是定位到所需的解决方案。

第三，跨界知识整合阶段。搜索到的跨界知识转移到企业内部以后，需要将外部知识与企业自身的知识进行整合，甚至是重组以创造新的知识，或者是解决预设的问题。有学者认为知识创造是跨界知识整合过程的一部分，通过知识整合、重组形成新的知识并纳入企业的知识库。严格来说，跨界知识搜索的结果是将搜索到的知识与企业已有知识进行匹配与整合，内化知识并创造出新的知识，从而达到解决问题的目的。

综上所述，本书遵循"跨界知识搜索动机形成——跨界知识搜索——跨界知识整合"的逻辑思路，形成本书的理论分析框架。如图 5－1 所示。

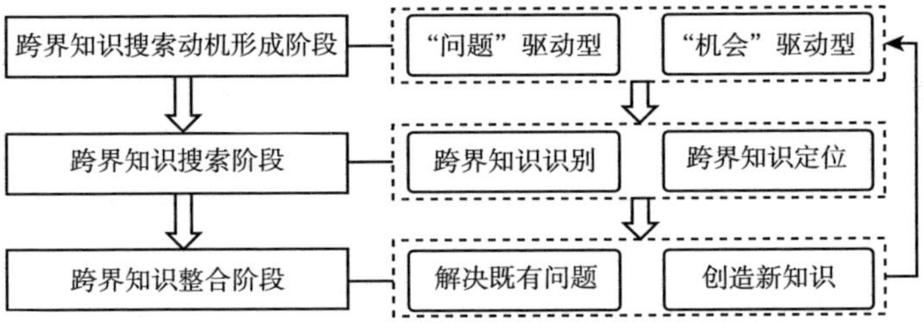

图 5－1　跨界知识搜索与跨界知识整合机理的理论分析框架

5.3　研究设计

5.3.1　研究方法选择

案例研究是通过将案例资料转化为理论元素，针对所要研究但目前文献还未涉及的问题构建新的理论模型（刘志迎等，2018）。经济结构的调整以及内外部环境的剧烈变化导致管理实践背后的逻辑越发复杂，案例研究在创建理论和探索复杂多变的未知领域等方面具有得天独厚的优势，适用于回答"为什么（why）"和"如何做（how）"的问题。对某一社会现象进行深入分析，有利于全面了解复杂的过程（Pan、Tan，2011）。在创新管理领域中，国内顶尖学者陈劲、魏江、吴晓波等都是运用案例研究方法的核心人物（苏敬勤、贾依帛，2018），案例研究得到了学术界的高度认可（Pan、Tan，2011）。因此，案例研究方法成为本章的首选研究方法。跨界知识搜索与整合的过程具有复杂性和动态性的特征，案例研究可以层层深入变化的主线，挖掘复杂问题背后的潜在规律。在多次访谈基础上，本章对跨界知识搜索与整合机理反复分析与验证。这与Eisenhardt八步骤研究法倡导思想类似，Eisenhardt强调案例构建是一个不断反复的过程。通过"启动案例研究、案例选择、研究工具和程序设计、进入现场、数据分析、形成假设、与文献对话、结束案例研究"八个步骤完成案例研究（Eisenhardt，1989），如图5-2所示。

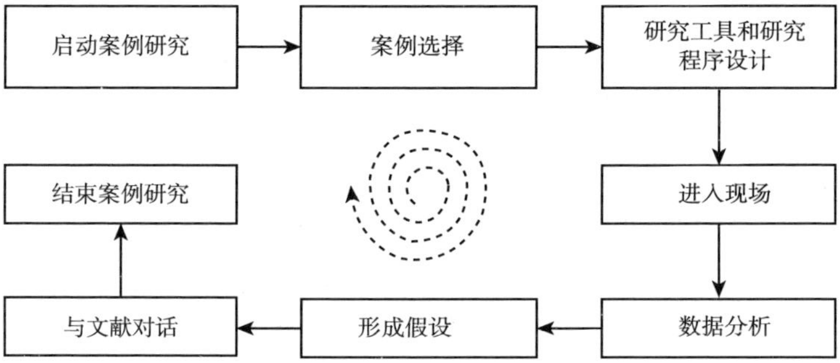

图5-2　Eisenhardt的案例研究步骤

结合本章的研究需要，参考上述Eisenhardt（1989）的研究范式，形成案例研究的步骤，内容以及方法（见表5-2）。首先，通过回顾理论文献，提出跨界知识搜索与整合路径的研究框架；其次，通过对HOPE平台上的多类别对象进行访谈，以理论研究框架为基础对跨界知识搜索与整合进行归纳、分析和整理，形成跨界知识搜索与整合路径的理论模型；最后，选择典型案例进行具体分析，通过案例复盘的方法进行跨界知识搜索与整合理论模型的修正与完善。

表 5－2　　　　本书案例研究的步骤、内容和方法

步骤	内　容	方　法
启动	明确本章的研究问题即如何构建跨界知识搜索与整合路径以及 HOPE 的作用机制	文献研究，形成初始分析框架并为后续步骤提供依据
案例选择	基于案例选择标准选择 HOPE 平台作为研究对象	选择有理论意义的对象，且具有典型性。有助于提高外部有效性
研究设计	设计研究方案与研究方法，把握研究进程	基于前期研究内容的设想形成研究方案
进入现场	数据收集和数据分析同时进行，不断迭代	随机应变，进行数据分析
分析数据	通过访谈、调研、网络等多渠道收集的数据进行分析对比	案例内分析，对访谈对象进行细致的分析，采用表格等形式分析数据
形成模型	改善初始路径的分析框架，形成理论模型	反复检验，寻找“关系”背后的原因
进一步分析	通过具体案例池进一步分析路径的可行性，并修正	对具体案例编码排序进行细致分析
结束案例研究	形成系统的跨界知识搜索路径的理论模型以及明晰开放式创新平台的作用机制	反复迭代，直到无法改善

5.3.2　案例选择

5.3.2.1　研究对象选择

本书遵循案例对象典型性、案例对象针对性、数据可获取性，以及研究便利性的原则，选取 HOPE 平台作为案例研究对象。原因如下：

第一，HOPE 平台是国内企业构建开放式创新平台的首次尝试，兼有企业内部平台和第三方平台的特征，更是全球著名咨询公司 Co－Shift 的三位创始人合著的《商业的未来传奇：超动态市场中的商业》一书中唯一入选的中国创新典范，书中强调 HOPE 平台极大简化了知识交流过程，并将专家纳入不断扩大的社群中，支持跨领域创新。海尔也因此成为传统制造业企业通过开放式创新平台，成功转型为互联网企业的典范。因此，以 HOPE 平台为研究对象具有典型借鉴意义；

第二，案例研究对象具有针对性。HOPE 平台近 10 年来孵化的颠覆性跨界产品超过 300 个，尤其是颠覆性的跨界产品大多都是通过 HOPE 平台产生，且上市的产品销量较好，市场影响力大。例如天樽空调在高端市场占有率达 69%，且获“全球智慧空调领袖奖”，NOCO 燃气热水器获 8 项专利，成为引领燃气热水器行业的最新安全标准等等。这些跨界产品验证了研究基于 HOPE 平台进行跨界知识搜索与整合的可行性；

第三，数据可获取性。案例研究顺利进行的核心要素是案例资料来源是否充分，内容是否准确。本章通过对 HOPE 平台实地访问整理出大量一手访谈资料和内部文件；此外，海尔以及 HOPE 平台有大量的二手数据，无论是学术界还是企业界对于 HOPE 平台开放式创新的宣传不胜枚举，确保本研究能够获取丰富的二手数据；

第四，研究便利性。本研究团队与 HOPE 平台具有长期友好合作关系，不仅有利于实地调研工作的开展，还有利于建立信息反馈机制，确保研究方向正确、研究工作连续。

5.3.2.2 访谈对象选择

本书基于访谈对象全面性原则，多角度选择访谈对象。第一，管理层次全面性，高层、中层管理者和基层员工相结合。获得的访谈资料不仅可以对 HOPE 平台的跨界知识搜索与整合路径形成整体认知，还可以对相关内容进行细化；第二，过程完整性和角色多样性。访谈对象涉及 HOPE 跨界知识搜索与整合的全流程，包括多种角色。有助于多方论证资料可靠性，并有利于修正与完善理论分析框架。主要访谈对象构成见表 5－3。

表 5－3　主要访谈对象构成（HOPE 平台）

类别	编号	职位	时长（小时）	人数	目的
高管	FT1	高级总监	2	2	形成整体认知
	FT2	总工程师	FT2		

续表

类别	编号	职位	时长（小时）	人数	目的
中层管理人员	FT3	创新项目经理 A	3	8	形成各阶段具体理论模型
	FT4	创新项目经理 B	3		
	FT5	创新项目经理 C	4		
	FT6	创新项目经理 D	3.5		
	FT7	创新项目经理 E	3		
	FT8	创新项目经理 F	4.5		
	FT9	平台总监 A	2.5		
	FT10	平台总监 B	1		
基层工作人员	FT11	平台成员	2	8	补充完善访谈资料，交叉验证
	FT12	创新项目成员	6		
	合计		40.5	18	解析 HOPE 实践

基于上述访谈对象选择标准，本章主要访谈对象的构成分为三个部分，如表 5－3 所示。①HOPE 平台高层管理人员，涉及高级总监、总工程师，通过对高层管理人员的访谈了解 HOPE 平台的整体组织架构、发展历程、人员配置，同时也了解 HOPE 建立的背景，形成整体认知；②HOPE 平台中层管理人员，即面向海尔内部客户的创新团队项目经理，涉及冰箱、洗衣机、空调、热水器、厨电、冷柜等产业线，通过对他们的正式访谈，了解 HOPE 平台面对不同产业线的运作模式，以及跨界知识搜索与整合的一般流程，有助于形成各阶段的具体理论模型；③HOPE 平台基层员工，通过对他们的访谈补充完善访谈资料，并进行交叉验证。

5.3.3　数据收集和信效度检验

5.3.3.1　数据收集

多样化的数据收集方式不仅有助于提高案例资料的丰富度，同时还可以多渠道验证，保证数据资料的可靠性。本研究采用多层次、多渠道、多阶段数据资料收集，并对资料进行梳理与分析，实现数据资料之间的相互补充和交叉验证。本章依据数据资料来源，将其分为一手数据和二手数据。

一手数据主要来自半结构化深度访谈和现场观察。①深度访谈包括三个阶段：前期访谈（2017 年下半年），形成研究问题；典型人员访谈（2018 年底），基于前期访谈形成的研究问题，选择典型人员进行二次调研，完善理论分析框架，形成各阶段理论模型；典型案例访谈（2019 年初），选取典型案例，访谈相关人员，修正和完善上述理论模型，形成跨界知识搜索与整合机理模型。共进行 40 余次访谈，涉及相关人员 30 名左右，主要录音资料 50 余小时，文字记录约 30 万字；②现场观察主要是通过驻扎企业实地观察工作流程、参与内部会议、内部培训等，实地了解企业实际状况，提高资料可信度。

二手资料来源广泛，包括海尔和 HOPE 平台内部发行资料、海尔和 HOPE 平台成员公开会议讲话、海尔和 HOPE 平台相关媒体资料、期刊文献等。二手资料的广泛收集不仅能保证案例数据资料的丰富度，更能从侧面验证一手资料的准确性。数据资料来源具体见表 5－4。

表 5－4　　访谈详细资料列表

数据类型	数据来源	具体资料
一手数据	半结构化深度访谈	不同管理层的访谈资料
	现场观察	现场观察工作流程、会议旁听、参与培训等
	内部提供的资料	项目对接表等内部相关材料
	内部发行的资料	内部发行的每周报刊和海尔辞典等书籍
二手数据	公开会议讲话	HOPE 平台高层在各会议上的讲话汇总
	官方平台资料	HOPE 平台官网以及微信公众号、海尔官网
	期刊文献	相关文献资料的整理
	新闻报道	媒体网络资料的汇总

5.3.3.2　信效度检验

案例研究同定量研究一样，也存在信、效度问题。通过对传统实证研究的信、效度形式进行改造，可以将信、效度评估这一经典的方法运用到管理案例中（吕力，2014）。众多国外学者对传统信、效度进行修正以便更好地适用于案例研究。例如，Yin（1994）提出的外在效度和构念效度；Kvale（1996）提出的技术效度，沟通效度和实用效度；Marshall、Rossaman（1995）

提出的可信任性，可推广性，可复制性和可描述性；Maxwell（1996）提出了描述的效度，解释的效度和理论效度。但上述每种方法都存在各自的不足，基于国外学者的研究我国学者吕力提出了基于中国国情下案例研究的信、效度形式，即可信任性，内部效度和外部效度（吕力，2014）。

本章参考吕力（2014）的标准信度和效度两个层面确保案例研究的全过程符合信、效度检验标准。其中研究过程的信度即可信任性，包括描述的准确性、完整性和客观性，以及研究过程的可重复性；内部效度包括解释效度、理论效度、归纳效度；外部效度包括理论饱和度、适用性以及启发性。案例研究对数据资料的来源要求较高，本章为了避免研究的片面性，力求从多种渠道获取真实、准确、可靠的案例资料和信息。同时为保证资料数据的真实有效采用三角验证、交叉补充的方法对数据进行整理，提高结果的准确性。案例研究信效度策略见表 5－5。

表 5－5　　案例研究信效度策略与评价

信效度指标	具体指标	本研究提升策略	信效度评价
可信任性	描述准确性	使用录音笔等设备工具，并逐字记录形成文本。	信度较高
	描述完整性	采用深度访谈，在访谈过程中灵活的提出问题。	
	描述客观性	采用三角测量，使用多种资料来源互相印证。且从资料中整理出具体的步骤，客观发生不受作者观点的影响。	
内部效度	解释效度	将研究的阶段性结论再次反馈给 HOPE 平台相关负责人，确保作者没有过多地把某种主观结论强加进去。	内部效度较高
	理论效度	进行详细且充分的理论回顾和文献梳理。	
	归纳效度	根据归纳过程的进展，后续通过不同的案例验证和完善之前的阶段性结论，逐步建构完整的理论模型。	
外部效度	理论饱和度	结合理论与实践，形成系统的理论模型。	外部效度较高
	适用性	采用分析性概推，使用多案例的对比分析。	
	启发性	研究结论上升到理论模型，提高了抽象性程度。	

根据表 5－5 的分析可以发现本案例研究具有较高的信、效度，但是由于文章篇幅的限制往往很难达到高度的完整性，同时深耕案例研究往往需要

数年时间追踪，不厌其烦的访谈和抽样，受时间限制本研究很难达到那种程度。本书就目前所能获取的信息和资料进行处理，力求在能力范围内使案例的信度和效度更高。

5.4 案例描述

5.4.1 HOPE 平台的背景

HOPE 平台成立于 2009 年，成立之初称为海尔研发资源中心，是海尔集团旗下白电转型平台的一部分，隶属于海尔研发平台。海尔研发平台主要包含 7 个小微平台，分别是超前研发、工业设计仿真、政策、标准知识产权、全球研发协同、3D 打印以及 HOPE 平台。此外，HOPE 平台也是中国最早的企业开放创新门户平台。2012 年，海尔研发资源中心的线上平台 HOPE 上线，此后海尔研发资源中心被外界称为 HOPE 平台。本书将不区分时间范畴，将案例对象统称为 HOPE 平台。

最初，由于海尔集团的技术研发遇到瓶颈，依靠有限的资源难以突破技术障碍，需要扩大技术搜索范围，寻求更多可依靠的合作伙伴，HOPE 平台应运而生。随后，受海尔集团组织制度和企业文化理念的影响，HOPE 平台不断发展迭代。具体而言有三点：

(1) 海尔“世界就是我的研发部”的理念催生了 HOPE 平台。海尔在全球各地建立了十大研发中心和众多的创新中心，以每个研发中心为触点，向各方扩散形成全球的资源网络。给 HOPE 平台的建构提供了资源基础。HOPE 平台是一个基于技术资源而建立起来的开放式创新平台，新的技术资源是 HOPE 平台发展的动力源泉，同时资源也是 HOPE 平台发展成为一个平台生态系统的基石；

(2) 小微化的组织架构促成 HOPE 平台的不断发展。产业线作为独立小微，需要生产出满足用户需求的产品，以缓解自身的绩效压力，但用户需求的多样性以及多变性，使产业线无法快速获取所有技术资源，HOPE 平台为产业线提供各种资源以满足产品创新需要，同时也给 HOPE 平台带来收入；

HOPE 平台本身作为一个小微，有自身的收入压力，生存需求驱动 HOPE 平台不断寻找优质资源与需求匹配，不断发展多样化合作模式满足用户需求。外部推动力和自身压力使 HOPE 平台在发展中不断前进；

（3）海尔“人单合一”理念促使 HOPE 平台产生源源不断的活力。用户需求的多样化促使 HOPE 平台不断进行资源搜索，产出满足用户需求的颠覆性产品；HOPE 平台通过平台抓取终端用户需求，积极推荐给产业线，孵化出众多颠覆性的创新产品．同时这些成果反作用于 HOPE 平台，有助于吸引众多的资源方，为 HOPE 平台持续发展提供动力。

5.4.2　HOPE 平台发展历程

随着互联网不断发展，HOPE 平台也在不断迭代，从 2009 年成立至今共经历了五个发展阶段，具体如图 5－3 所示。

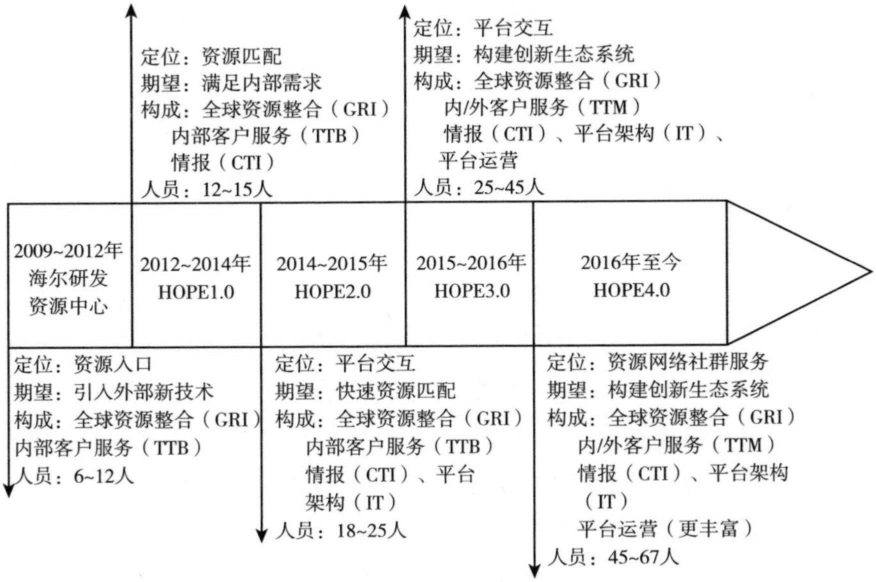

图 5－3　HOPE 平台的发展历程和组织架构变化

第一阶段是 2009～2012 年，称为海尔研发资源中心，分为内部服务团队（TTB）和全球寻源团队（GRI）两个部分。内部服务团队主要负责对接内部客户，包括五大产业线以及超前研发等部门，负责定义需求、了解产业线以及未来的需求方向；全球寻源团队是整合全球资源，满足用户需求的团队。运作模式是 TTB 将产业线发现的用户需求给到 GRI，GRI 进行寻源。

第二阶段是 2012 ~ 2014 年，称为海尔开放式创新中心（HOPE）。组织架构由之前的两部分转化为三部分，增加了情报团队（CTI），开始分析全球技术资源竞争优势。在此阶段，基于海尔集团网络化战略的开始，HOPE1.0 网络平台正式上线。HOPE1.0 是在 2013 年 6 月上线，利用线上线下资源一体化，通过网站发布需求，并进行互动，提交解决方案的方式。HOPE 平台的定位从资源入口转化为资源匹配，更多考虑资源的匹配性，而非单一的寻找资源模式。

第三阶段是 2014 ~ 2015 年，海尔 HOPE2.0 上线，在此阶段 HOPE 的组织架构转化为四大模块，加入 IT 团队，主要负责平台的运营。由于网站上沉淀大量的资源，包括海尔的资源库、需求库以及团队各成员手上的技术和信息，HOPE 平台汇聚了整个部门的核心技术沉淀，HOPE 平台由最初的第三方运营转为独立运营。独立的 IT 运营团队不仅可以更好地把控平台、防止信息资源的泄露，同时还有助于将沉淀的资源盘活。在此阶段，HOPE 平台的定位已经转变为平台交互，不仅需要匹配资源更需要快速精准地匹配资源。

第四阶段是 2015 ~ 2016 年，HOPE 平台的基本架构已经趋于稳定，但是由于线上平台的内容不断扩充，加入技术微洞察等项目，HOPE 扩张平台运营成员，并将 IT 团队从内部分离开，主要负责网络基础的架构等内容。此外，2015 年开始，由于在 HOPE 平台发展过程中产生了供需双方严重不等的问题，HOPE 累积了大量资源，海尔内部需求量无法承接资源供给量，导致大多数平台用户积极性降低。HOPE 开始对外开放，开放 HOPE 平台使平台上的资源循环利用，形成供需平衡，促进平台良性发展，HOPE 平台也因此进入了打造平台生态系统的阶段。

第五阶段是 2016 年至今，HOPE 平台开始发起"创新合伙人计划"面向全球建立技术创新者社群，致力于为各领域专家进行知识分享和参与项目研发提供 24 小时开放的交流平台。通过这个创新社群，需求方和对口专家之间实现精准对接，随时展开供需互动，极大提高了资源配对效率和精度，真正成为全球化的科技交互平台。同时致力于构建创新生态系统，将资源方、需求方、投融资方等多方纳入到同一个平台上，通过 HOPE 平台实现多方合作与共赢，打造成一个自互动和自运转的平台生态系统（见表 5－6）。

表 5－6　　　　HOPE 的发展历程和组织架构变化

年份	名称	定位	期望	组织架构	人数
2009～2012	海尔研发资源中心	资源入口	引入外部新技术	全球资源整合团队（GRI）、内部客户服务团队（TTB）	6～12 人
2012～2014	海尔 HOPE 1.0	资源匹配	满足内部需求	全球资源整合团队（GRI）、内部客户服务团队（TTB）、情报团队（CTI）	12～15 人
2014～2015	海尔 HOPE 2.0	平台交互	快速资源匹配	全球资源整合团队（GRI）、内部客户服务团队（TTB）、情报团队（CTI）、IT 团队	18～25 人
2015～2016	海尔 HOPE 平台	平台交互	创新生态	全球资源整合团队（GRI）、内/外部客户服务团队（TTM）、情报团队（CTI）、IT 团队、平台运营团队	25～45 人
2016～至今	海尔 HOPE 平台	资源网络社群服务	创新生态	全球资源整合团队（GRI）内/外部客户服务团队（TTM）、情报团队（CTI）、IT 团队、平台运营团队	45～67 人

5.4.3　HOPE 平台服务对象

2009～2015 年，其服务对象仅为海尔集团内部的不同产品线。2015 年，HOPE 平台开始对外开放，服务对象涉及外部不同行业的众多客户。目前，HOPE 平台介于私有平台和公共平台之间，平台属性独特。针对内、外部两类服务对象，其服务内容也有所差异。

第一，内部服务对象。涉及海尔集团内部的不同产业线，基于 HOPE 平台的视角，将不同的产业线分为洗衣机、冰箱、冷柜、热水器、厨电以及空调六大品类。每一条产业线的对接团队有总负责人、项目经理、资源经理三个人构成，不同产业线对接团队具有不同的运作模式。主要原因是：①产业线内部对开放式创新的态度以及理念不同，导致产业线的文化氛围和运营模式不同，因而与 HOPE 平台的对接和合作方式也各不相同。例如，冰箱与洗衣机的对接模式具有较大差异性，冰箱偏向于全流程跟踪，洗衣机倾向于技术搜寻；②产业线自身研发能力与市场占有率不同，导致产业线与 HOPE 平台对接的内容产生细微差别，但对 HOPE 平台的依赖程度相类似。对于研发能力较弱且市场占有率较低的产业线，因其无法满足用户多样化的需求，无法跟上技术迭代速度，故而对 HOPE 平台有较强的依赖性。例如厨电产业线，在进行技术路线规划以及技术迭代过程中，HOPE 平台处于主导地位，占据优势；对研发能力强且市场占有率高的产业线，需要不断进行自我超越以保持领先优势。因此，更加希望通过 HOPE 平台去寻找各种顶尖的技术，以与其产品相结合。例如冰箱产业线，对技术和发展方向有绝对的主导优势，但是与 HOPE 平台是紧密合作关系，双方随时交互，HOPE 更多关注跨领域新技术，为冰箱产业线带来新的创意。

第二，外部服务对象。HOPE 平台为了更好地发展，从 2015 年开始对外开放，服务于外部客户不仅可以盘活平台上的技术资源，还有利于平台形成自组织、自发展的良性运转。外部客户涉及各行各业，服务内容也涉及多个方面，包含开放式创新平台模式的输出、创新资源服务以及产品概念预研与转化等。

目前外部客户服务占比仅有 20%，数量较少，且流程不完善。同时，外部客户资料具有保密性质，很多外部客户的信息和技术无法公开。因此，本章主要以海尔集团内部不同类别客户为研究对象。通过多产业线分析，归纳并构建系统的跨界知识搜索与整合机理的理论模型，以期对其他企业进行跨界知识搜索与整合提供借鉴。

5.5 案例发现

5.5.1 跨界知识搜索动机形成阶段

关于跨界知识搜索动机，访谈资料中涉及的相应表达包括“以用户体验为中心（FT2、FT5）”“所有的项目都是从用户中来（FT4）”“所有的需求都来自用户端（FT7）”“察觉到用户的极致体验做出超出用户期望的东西（FT1）”等，平均每位受访者提到“用户需求”3～4 次，受访者对搜索动机的表达集中于用户需求驱动。顾客主义战略认为顾客是考虑所有问题的出发点，用户端的需求是产品发展和变化的基础，企业需要进行跨界知识搜索与整合不断满足用户需求。针对“问题”和“机会”驱动跨界搜索的理论认知，本书进一步分析访谈资料，发现受访者认为“不论是永恒存在的问题还是行业难题都是因为有用户需求才变为问题（FT2）”，即受访者认为真正的驱动力依然是用户需求。用户需求又可以分为显性需求和隐性需求，显性需求主要表现为用户抱怨，这类似于理论中的“问题”驱动型，产业寻源的动因主要是用户提出的抱怨等企业无法解决的问题；隐性需求是指一直都存在，但是用户没有察觉到的潜在需求，类似于理论中的“机会”驱动型，企业需要深入挖掘用户潜在需求，产生超越用户期望的产品，才能在市场上占绝对优势地位。例如“气调保鲜就是满足用户期望的技术（FT1）”。此外，由于产品迭代带来的用户感知较弱，探索附加功能以满足消费者潜在需求也类似于“机会”驱动型。可见，HOPE 平台跨界搜索的出发点和目标都是满足用户需求。

据此，本章发现，不同于理论界一贯认为知识搜索是由“问题”和“机会”驱动的这一逻辑，实践中跨界知识搜索动机主要源自用户需求，本章将跨界知识搜索动机的形成归纳为用户需求的提出，并从用户视角入手将此阶段看作是发现需求阶段。

5.5.1.1　用户需求为驱动的原因

进一步分析用户需求驱动跨界知识搜索的原因发现：发现需求之所以成为跨界知识搜索的动机主要有以下两个方面：第一，关注用户需求是各行业普遍的趋势，不论是传统制造行业还是技术密集型企业都需要紧紧抓住用户群体。顾客主义强调在数字化环境下，物联网、大数据等打破了许多行业的藩篱，企业资源和能力的流动性越来越大，行业和能力变得不再可靠，因此，把握用户和感知用户价值是企业获取竞争优势的关键途径；第二，技术的发展赋予企业更好的理解和服务用户的手段。开放式创新平台打破了用户与资源之间的屏障，让二者可以零距离接触，有助于企业更好地把握用户需求。同时技术的发展对多渠道了解用户需求具有强大的可操作性，有助于实时把握用户价值，提升用户体验。

5.5.1.2 用户需求的来源

用户需求的来源决定用户需求的质量和数量。分析不同类别产业线的访谈资料，将涉及用户需求来源的内容进行整理和分类，发现用户需求来源呈现出多形式、多渠道的特点。基于此，本章通过梳理分析用户需求的来源，将其分为产业线发现并提供给 HOPE 平台，以及 HOPE 平台发现两种形式。产业线通过多样化渠道收集大量用户需求，并对需求进一步整理和筛选反馈给 HOPE 平台，而 HOPE 平台则是通过“微洞察”工具等方法进行用户需求的精准化收集与整理。基于不同主体的需求来源如下：

（1）产业线发现需求。

产业线发现用户需求的途径多样化，涉及线下渠道和线上渠道。产业线通过用户小微进行用户需求的收集和整理，具体如下：

①线下渠道包括产品端用户反馈，一线销售人员日常销售过程中与用户直接沟通，收集用户提出的产品问题及期望，反馈给用户小微，由用户小微将用户痛点和抱怨进行整合并提交给 HOPE 平台。HOPE 平台依据用户痛点进行技术路线规划以及技术路线上相关技术资源的搜索（FT3）。

售后端用户反馈，售后人员收集产品返修率、售后原因、解决方案以及用户诉求等相关信息，这些数据统一反馈到产业线的企划部，整理形成用户的抱怨和问题（FT4、FT7）。

实地调查分析，深入用户家中针对家电产品使用情况进行调查，了解用户的显性和隐性需求。产品不局限于企业自身品牌（FT4），通过对用户的实地调研，了解用户的显性和隐性需求，更好地把握用户，感知用户价值。

第三方报告分析，分析第三方权威机构的行业报告等公开数据了解用户需求。比如中怡康消费者分析、行业报告、市场调研报告等一些第三方公开数据资料，同时还有委托外部第三方针对用户需求收集资料等，通过分析各种报告，发现其中隐藏的用户需求，精准定位用户喜好，快速产出用户喜爱的产品，占据市场优势（FT3－5）。

②线上的渠道是指网络大数据分析，例如海尔商城、京东商城等后台数据，通过整理和分析各网络商城后台关于销量和评论的大数据，得出用户需求排序，精确定位用户最急切的需求。线上销售渠道的普及化，使很多用户

都采用线上购物的方式。因此，后台大数据可以准确辨别用户需求（FT7），是目前企业进行用户需求收集最有效的途径。

（2）HOPE 平台发现用户需求。HOPE 平台通过用户深度研究发现用户潜在需求，具体有以下四种：

①基于产业线提供的用户画像，选择具有针对性的人群，通过精准的问卷调查了解用户对产品的态度，通过用户场景分析观察用户在使用过程中的感受，从而发掘用户的潜在诉求（FT4－6）。

②亲自深入用户家中，实地观察用户使用家电的场景，以及使用家电的方法，并对家电使用的问题进行收集和整理，挖掘用户的隐性需求。

③用户可以直接上传在家中使用电器的视频到 HOPE 官网，HOPE 平台的社群运营成员通过分析用户使用场景来洞察用户的潜在需求，为 HOPE 平台进行跨界知识搜索提供支撑。

④通过用户论坛定位用户需求。HOPE 平台的运营团队会通过用户论坛收集用户社群中领先用户对于新上市产品的意见以及用户论坛中的用户抱怨，并整理和分析出众多的用户显性和隐性需求。

5.5.1.3　跨界知识搜索动机形成阶段中开放式创新平台的作用

第一，全方位洞察用户需求，通过多种方式深挖用户的显、隐性需求。HOPE 的领先用户社群聚集了大量对新型生活形态有浓厚兴趣的产品追随者和极客族群，这些领先用户对产品质量和性能高度关注，他们不仅可以提出有价值的用户需求，还可以提供针对性的建议，帮助企业快速占领市场。通过对领先用户需求的了解，可以洞悉未来市场需求方向，产出颠覆性创新产品。

第二，打破资源与用户之间的屏障，实现用户与资源的零距离交互。事实上，HOPE 在跨界知识搜索与整合的全过程中保持用户与产品的随时交互，从而更好地满足用户需求。HOPE 通过多种技术方式深挖目标用户的显性和隐性需求，为更好地满足用户需求做前期的准备。

5.5.1.4　基于 HOPE 平台的跨界知识搜索动机形成阶段的理论模型

通过上述分析，本书将跨界知识搜索动机形成阶段看作发现需求阶段，并详细分析该阶段的内部运作模式，构建了基于 HOPE 平台的跨界知识搜索动机形成阶段路径的理论模型，如图 5－4 所示。

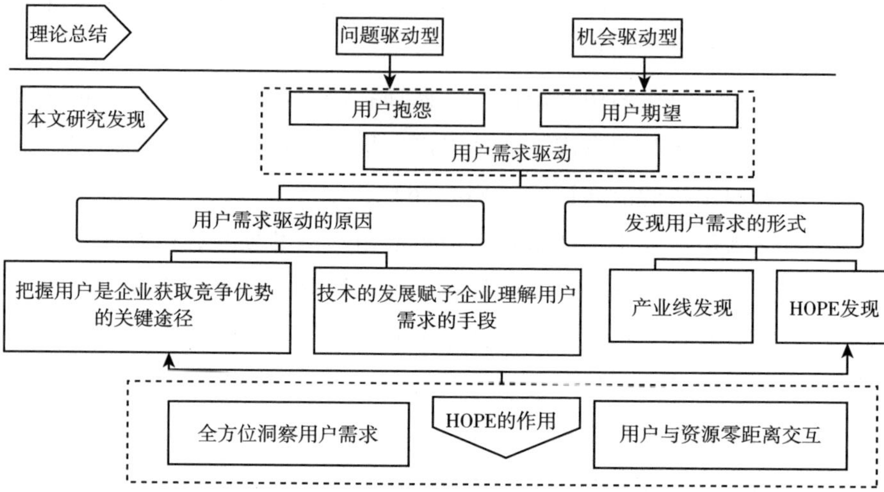

图 5－4　开放式创新平台的跨界知识搜索动机形成阶段机理模型

5.5.2　跨界知识搜索阶段

5.5.2.1　跨界知识识别

受访者发现需求的下一步是验证需求是否可行，验证的过程涉及定义和拆解需求，从用户端的需求落实到逻辑问题或者是技术问题。将用户描述性需求定义为技术性需求，为搜索跨界知识奠定基础。“大部分技术中介无法做到跨界知识搜索与整合的最关键原因是无法定义和拆解问题（FT1）。”受访者中有 8 位提及“定义需求”的关键作用，有 12 位多次提出“拆解需求”的重要性。认为定义和拆解需求是识别需求阶段最重要的环节，是寻找技术方向的必经途径。定义需求主要是通过与产业线的不断交互，把用户描述性需求定义清晰；拆解需求是 HOPE 通过多种渠道，从定义的需求拆解出可行的技术方向（FT8）。需求定义与拆解是精准匹配技术资源的前提。据此，本章将跨界知识识别区分为定义需求与拆解需求两个环节。

（1）定义需求。

通过梳理定义需求的相关访谈资料发现，定义需求是将产业线提给HOPE的描述性用户需求进行具体定义，形成功能性需求参数（FT8），以明确用户需求是希望解决何种问题。受访者提出“风随人动”的案例，认为用户提出的需求大多没有明晰的概念。因此，需要HOPE与产业线进行多次交互，将模糊的描述性语言转化为寻找技术资源的语言。定义需求的过程是产业线向HOPE提出用户需求，由HOPE和产业线进行反复多次沟通，明确需求问题，形成定义需求的内容模板，包括问题产生背景、技术现状以及解决问题的目标。

进一步分析资料，明确定义需求主要包括几大模块：第一，描述难题，即问题产生的背景、环境以及现在面临的瓶颈；第二，针对这个问题现有的技术发展程度，竞争对手是否有解决方案，通过专利和文献分析纵向技术领域的情况和横向行业内的情况；第三，定义问题的目标，即该问题的解决方案是希望达到什么样的目标，其中包含周期、费用、工况等条件（FT5）。

（2）拆解需求。

受访者认为“需求拆解是跨界知识搜索与整合的关键性步骤（FT5）”。大多技术中介机构无法促成技术合作的一个重要因素是问题拆解不明确。因此，问题拆解是提高技术资源对接成功率的一大保证。拆解需求是通过不同的拆解方法找到确定的技术方向，拆解的过程中涉及HOPE平台对接团队、产业线技术人员、HOPE寻源团队、技术策略团队等具有多样化背景经验的人员组成的团队（FT7）。

首先，拆解需求的过程涉及选择需求拆解的方法，拆解方法具有多样性，不同需求问题可以选择不同的拆解方式来解决。需求拆解的最终目的是找到明确的技术方向。此外，需求拆解可以采用多种方法并行的方式，有受访者提出“面对复杂问题，需要采用多种方式同步进行拆解（FT6）”。其次，依据需求拆解方法对需求进行详细的解构，解构到问题的底层，形成明确的技术性需求（FT3），需求拆解团队成员具有多样化的背景经验和该领域的纵向知识，有助于将问题拆解到底层基础学科，以方便获取跨界知识；最后，对拆解需求的结果进行筛选，筛选时会考虑成本、可行性、市场价格、用户接受度、产品改动程度、技术实现程度等条件，拆解团队通过分析客观条件，筛选出最后的技术方向，准备下一步的寻源（FT6）。

拆解需求方法具有多样性，针对复杂程度不同的问题，采用不同的方法。具体而言：

第一，TRIZ 拆解法（Theory of Inventive Problem Solving，发明问题解决理论）适用于较为复杂的问题，将功能性需求转化为技术性需求。同时该方法也是创新领域的一种新型问题解决方法，目前有很多国家的企业应用 TRIZ 实现了技术和产品创新。TRIZ 中包括因果分析法，矛盾分析法等描述问题的方法论，可以通过不断深入的拆解定义出技术性问题（FT1 –8）。

第二，专利文献拆解法，适用于前期寻找思路，采用一些关键字进行专利和文献的检索，看技术交叉到何种学科，从而寻找解决问题的思路和技术方向。同时也可以通过情报部门定义的关键字检索专利，例如，干湿分储技术就是通过查阅可以控制湿度的技术专利定位到特种纸行业（FT6 –7）。

第三，外部专家咨询拆解法，属于原理性寻源的过程，适用于寻找跨度较大的技术资源。通过 HOPE 创新合伙人社群寻找相关领域的专家，咨询专家意见，找到解决问题的技术方向（FT6 –7），外部专家咨询的需求来自不熟悉的领域，成为链接跨界知识与企业自身知识的纽带。

第四，头脑风暴拆解法。适用于产品描述性需求向功能性需求的拆解。HOPE 牵头，加入产业线技术人员、基础学科领域专家等组成内部临时拆解小组，成员之间做一些类似头脑风暴的讨论，产生一些想法和方向。拆解需求最重要的是突破研发条件的屏障，小组内有 HOPE 基础领域科学家，他们通常对于纵向领域扎根不深，有助于扩散思维，突破边界，产生新的方向（FT7）。

拆解消费者需求的下一步是技术方向选择，筛选的依据主要是技术的成熟度、技术跨界应用的可能性和技术资源的可获得性。

5.5.2.2 跨界知识定位

跨界知识定位是从发现资源到评估资源的全过程，目的是找到相应的技术资源以解决用户需求。“HOPE 本身就是一个资源对接平台，寻找资源是进行跨界知识搜索与整合的主体（FT5）。”据此，将跨界知识定位分为发现资源和评估资源两大环节。具体如下：

（1）发现资源。

理论上，知识定位阶段是企业主动进行资源搜寻的过程，但通过对受访者进行关于知识定位的访谈，发现有 9 位受访者都提及“除了定向搜索资源以外，还有很多外部推荐来的资源”。外部的供应商、技术提供方等通过 HOPE 平台主动向企业推介资源。有受访者认为“前几年主动推荐的资源较多，但是主动推荐的资源与产业匹配度不高，很多资源无法形成项目，近几年定向搜寻资源的项目偏多（FT9）”。通过多渠道的技术资源搜索可以快速匹配资源，从而实现跨界知识搜索与整合。因此，可以把发现资源分为正向搜寻发现资源，以及反向推荐发现资源两大类，具体如下：

第一，正向搜寻，是一种定向搜索的形式。针对特定用户需求，HOPE 平台在需求定义与拆解后，多渠道主动搜寻合适资源进行匹配。正向搜寻有四种方式：其一，资源库中的资源匹配。HOPE 平台资源库中有十万余资源，包括之前的合作伙伴列表，供应商企业列表，以及一些共享数据（FT11），可以将所需技术与资源库直接匹配；其二，HOPE 平台链接的全球技术高地，HOPE 平台生态系统中有在全球各个技术高地的创新中心，并且辐射当地范围内的优质技术资源方。同时 HOPE 平台的创新合伙人社群包含全球范围内优质的基础领域专家、科研院所人员以及高校教师等，覆盖不同学科的底层基础知识，有助于链接到不同领域的跨界知识（FT5、FT8）；其三，全球专利库，情报部门通过使用线上的搜索引擎检索专利和文献。例如 patent text 或者一些专利工具的语义分析功能，把技术问题输入进去导出专利，并通过关键字提炼对专利整合分析（FT5）；其四，HOPE 成员长期进行技术对接形成的人脉关系网络。人脉关系网络来自于长期合作的知名理工院校或者科研机构。由于专门从事资源对接的人员会在长期对接中形成一定范围的关系网络，通过人脉关系网络会吸引一些资源交互，达到定位匹配资源的目的（FT3）。

第二，反向推荐，外部资源方、供应商等通过 HOPE 平台向企业推荐优质资源，企业依据资源与用户需求的匹配度，以及技术资源的成熟度考虑是否接纳。通过 HOPE 平台，很多资源方为自己的技术找到了应用方向，HOPE 平台促成了中间转化，达成多方共赢的局面（FT2）。需求与资源的成功匹配具有偶然性和不确定性，因而，HOPE 平台首先将其包装为创意方案。因为创意方案是用户场景和技术耦合的产物，所以在包装反向资源形成创意方案的过程中，相应资源往往成为新的项目。也就是说，反向推荐的资源在 HOPE 平台的应用不仅可以解决产业线发现的用户需求，而且部分资源还可以形成新的创意项目，解决市场中尚未被产业线关注的用户需求。反向推荐的资源也只有在能够满足用户的显性或者隐性需求时才会被接纳，所有的资源都是围绕用户而存在。

反向推荐的途径包括：其一，参加行业内展会和活动，例如 CES 展等一些领先的技术行业以及家电行业的展会，通过展会和活动对接到的优质的资源和市场领先的技术，带回到 HOPE 平台的资源库中，为解决用户需求做储备（FT2）；其二，通过多形式的对接活动，包括 HOPE 平台团队去外部对接（海尔创新之旅），外部资源方来 HOPE 推荐宣传（产业创新日），国外的创新中心团队回中国交流（Techlink），举办创新大赛等，缩短技术双方的距离，可以提高技术对接成功率，衍生出诸多优秀创意方案；其三，是情报团队通过爬虫系统定义关键词，长期在全球范围内跟踪检索，捕捉最先进的技术信息，筛选是否与产业发展方向或者趋势相关，然后通过深挖找到合适的技术并形成落地的创意想法。

（2）评估资源。

发现资源的过程会产生大量的技术资源，因此对资源进行评估是非常必要的。如果同每一家资源进行接触，尤其是深入对接，需要花费大量的时间精力，因此资源评估有助于节约跨界知识搜索与整合的时间。

正向评估资源是在正向搜寻资源之后，由资源方提供样件做验证，或者是 HOPE 提供使用场景，资源方根据场景进行测试，并形成测试报告。HOPE 根据结果进行评估，随后在同等技术条件满足下，以成本为标准筛选出 3 ~ 4 家，要求他们把样件寄给 HOPE 平台，进行复测。最后在上述环节都满足的前提下进行公开招标，选择合适的资源合作方（FT8）。

反向评估资源也是先和资源方对接验证资源方的资源是否可行，确认后将资源形成创意方案，进行内部评审。内部推荐给产业线之前会有一个评审机制（FT3）。一般形成的创意方案以 PPT 的形式呈现，由 HOPE 平台、产业线组成评审专家组对于创意方案进行打分，同时在评价的过程中也会涉及一些灵活变动的标准，如果评审没有通过，但产业线认可创意方案，可以联合产业线进行二次评审（FT4、FT8），评审通过即可立项。

通过进一步的分析发现，不论是正向搜寻还是反向推荐，在评估资源时都需要考虑三个维度的因素：

其一，技术维度，对技术成熟度、技术先进性、技术特性、技术可行性以及可靠性等进行评估。技术是最核心的要素，同时也是最基本的保障。

其二，合作维度；对合作意向度、合作方式等进行评估。对合作维度进行评估，有助于确保后期合作的稳定性以及长久性。

其三，商业维度，对商业模式、专利授权方式等进行评估。商业维度主要是针对合作形式进行评估，以确定最终的合作方式。

5.5.2.3　跨界知识搜索阶段中 HOPE 的作用

第一，精准分解问题。HOPE 平台拥有跨学科的专家团队，这些专家，尤其是具有基础科学背景的专家，能够连接到多个技术领域的其他专家。以此种方式，形成了庞大的专家网络，有助于精准分解问题。正如 Seo et al.（2020）所指出的，HOPE 恰似一个复杂的跨界研发团队。此外，HOPE 的专家网络不仅可以帮助拆解问题，还可以为社区成员提供知识与技能的转化方法。问题框架对于成功的知识搜索至关重要（Lopez - Vega et al.，2016）。因此，在跨界知识搜索阶段中，HOPE 因其高超的问题拆解能力而对跨界知识搜索有重要意义。

第二，快速匹配技术资源。HOPE 平台形成全球覆盖的网络资源，为跨界知识搜索提供资源保障，有助于快速精确定位资源。HOPE 平台在外部资源方和企业之间搭建一个桥梁，为外部资源进入企业提供途径和渠道。不仅可以为需求方提供技术解决方案，也可以帮助资源方实现知识与技能的价值，促成二者达成长远合作关系。首先，HOPE 平台背靠海尔集团，海尔集团布局了全球十大研发中心，覆盖众多知识资源高地，形成覆盖全球的资源网络；其次，HOPE 平台在全球多地成立了创新中心，例如以色列、日本等，以打通当地的资源渠道，与当地的资源方建立合作关系。这些创新中心的工作人员拥有多样化背景，他们熟悉当地的法律法规与合作模式，有利于突破跨界知识涉及的文化和制度壁垒；最后，HOPE

平台具有全球技术资源监控能力，通过数据爬虫系统实时对全球专利库、科学文献库、专业网站和社交平台中的海量信息进行关键词抓取，快速寻找高质量资源。

5.5.2.4 基于 HOPE 平台的跨界知识搜索阶段的理论模型

通过上述分析，本书将跨界知识搜索阶段分为跨界知识识别和跨界知识定位，其中跨界知识识别又分为定义需求和拆解需求两个环节，跨界知识定位分为发现资源和评估资源两个环节，并详细分析该阶段下具体路径以及运作模式，构建了基于 HOPE 平台的跨界知识搜索阶段的理论模型，如图 5 – 5 所示。

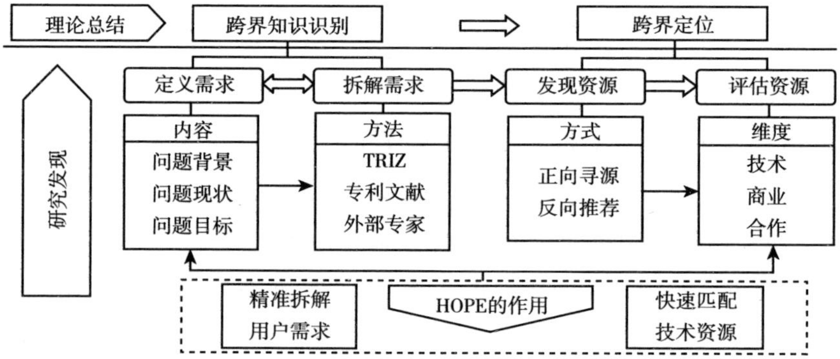

图 5 – 5　开放式创新平台跨界知识搜索阶段机理模型

5.5.3 跨界知识整合阶段

知识整合是跨界知识搜索与整合的关键点。定位资源并找到合适的问题解决方案并不是特别困难，但是如何把找到的技术知识与企业已有知识基础相结合，从而创造出能够解决问题的新知识还是比较困难的。通过分析访谈资料，发现有 3/4 的受访者提及知识整合的过程包括开发与验证。可见，在知识整合阶段不仅仅是理论上认为的简单的吸收外部知识，而是需要将外部知识进行二次开发，并创造出适应企业产品的技术知识。通过分析对 HOPE 平台不同类别产业线的访谈资料，了解到资源整合阶段涉及技术的验证开发与匹配，只有通过测试，产品才能够成功上市。通过 HOPE 平台获取的跨界知识都不是可以直接拿来使用的技术，因此需要进行二次开发和技术验证。

5.5.3.1　二次开发

二次开发是指通过资源评估后，资源方和产业线合作进行二次技术开发，资源方的技术是跨行业边界的技术，此前并未在家电领域使用过，因此，需要资源方和产业线进行匹配和磨合，通过对模块或者元器件的不断改善达到合适的标准（FT5）。二次开发过程的长短受技术成熟度以及跨界程度影响。进一步分析资料发现，基于技术的特性和复杂度，二次开发分为两种模式：

（1）简单技术资源的二次开发。对技术资源微处理和测试，由需求方独立开发。例如，仅通过结构处理，将远洋运输集装箱的吸附除味技术运用在酒柜上。

（2）复杂技术的二次开发。行业边界距离远、技术成熟度低、技术专业性强的技术等统称为复杂技术，需要与资源方联合进行二次开发。根据产业线的研发能力，以及产品特性，会有产业线独立开发（比如洗衣机产业线）、资源方和产业线联合开发（比如热水器产业线）、资源方独立开发（比如厨电产业线）等情况（FT4、FT8）。

5.5.3.2　技术验证

技术验证就是针对产品性能和技术性能进行反复测试。由于跨界知识与企业技术领域相距较远，技术验证可以确保技术整合的准确性。资源方的技术成熟度以及产业线的研发能力和吸收能力都会对整个验证开发过程产生影响。

技术验证分为两部分，模块验证和整机测试。

（1）模块验证是二次开发形成的模块，验证安全性、可靠性、寿命以及其他各项性能。例如，厨电产品需要对模块的燃烧、耐温等问题进行测试（FT3）。模块验证除了资源方提供验证报告外，企业也会对模块进行复测，以多方验证可行性。

（2）整机测试是测试模块在产品上的兼容性，以及和原有模块的匹配问题。但因为是跨界知识，部分性能的测试也会委托第三方来完成，并出具测试报告（FT5）。虽然资源方会出示测试报告，但考虑到模块需要搭载到需求方产品上，所以需求方会进行复测。如果资源方的技术成熟度较高，且产业线的研发能力和吸收能力较强，整个验证开发的体系就会较完善。

有受访者提出“如果技术验证不合适，还需要返回到定位资源的环节重新找到合适的资源方进行验证，这个过程耗时很长，有些需要 1～2 年，有些甚至需要 3～5 年才能完成（FT6）”。因此，技术验证是决定跨界知识搜索与整合成功的关键因素。知识整合不仅要考虑验证技术是否可行和匹配，同时还要在转化的过程中考虑产品应用端的风险，比如说工艺量产的可行性，落地实施的可行性等（FT3）。

5.5.3.3 跨界知识整合阶段 HOPE 的作用

HOPE 在该阶段的多重作用，有助于提升跨界知识整合的效率。

第一，弥补成员角色不完整。HOPE 平台可以扮演技术管理者的角色，在资源整合过程中，HOPE 平台随时以其强大的资源对接能力为供需双方提供帮助，促进双方的合作。即在 HOPE 平台的参与下，整合过程中有一个既独立于供需双方，又对供需双方有充分了解的角色，这使得合作网络中的成员角色更为丰富，弥补了二次开发过程中经常遇到的成员角色不完整问题。

第二，协调供需双方。HOPE 平台以其长期积淀的资源认知和判断能力，在资源方与需求方之间起到纽带作用，通过其全球各地的资源网络，打破双方语言限制，润滑文化冲击，协调供需双方之间的交流与沟通。

第三，提供信用保障。HOPE 平台不仅背靠海尔集团，而且积淀了十余年的技术资源，在市场上有强大的影响力，有助于提升资源方和需求方的信心，消除供需双方的排斥心理。

5.5.3.4 基于 HOPE 平台的跨界知识整合阶段的理论模型

通过上述分析，本书将跨界知识整合阶段分为二次开发和技术验证两个环节，并详细分析该阶段不同环节的内部运作模式，构建了基于 HOPE 平台的跨界知识整合阶段的理论模型，如图 5－6 所示。

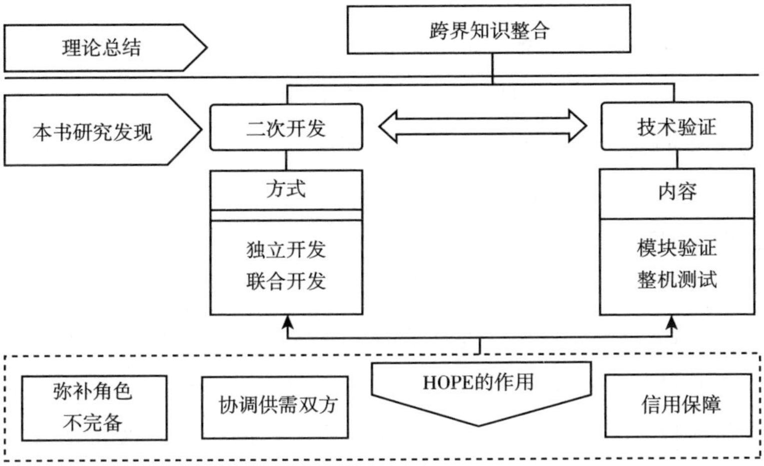

图 5－6　开放式创新平台的跨界知识整合阶段路径的理论模型

5.5.4　典型产品的跨界知识获取与整合全阶段分析

5.5.4.1　典型产品描述

基于上述理论分析框架，以及 HOPE 跨界知识搜索与整合各阶段机制模型，本章选取了五个典型产品，见表 5－7。

5.5.4.2　典型产品分析

在上述模型的基础上，通过分析 HOPE 跨界知识搜索与整合的典型产品，对上述模型进行验证和改进，继而形成系统的 OIP 跨界知识搜索与整合机制模型。

跨界知识搜索动机形成阶段。C1 来源于消费者对未来生活的期望，C2 ~ C5 来源于消费者针对行业长期存在的问题的投诉。与上述分析一致，消费者的需求可以分为抱怨和期望。C1 ~ C3 的消费者需求来源于用户论坛的领先用户，C4 和 C5 的消费者需求由产品线分别通过线上和线下渠道发现。由此可见，收集消费者诉求的渠道是多元的。其中用户论坛中的领先用户也做出了很大贡献。HOPE 时刻关注领先用户的反馈，因为领先用户能够帮助他们及时发现消费需求。

跨界知识搜索阶段。第一步是识别跨界知识。如果把消费者的需求清晰地转化为一个关于产品的问题，那么识别知识的时间就会更短，例如 C1 ~ C3。问题定义的关键是完整地描述消费者需求。消费者需求的清晰描述是跨界知识搜索的良好开端。在问题拆解过程中，有些问题需要通过多种方法进行拆解，例如 C2、C3、C5。进一步研究表明不同的问题需要不同的拆解方法，在某些特定的情况下，需要多种拆解方法结合使用。此外，需求定义和拆解通常是交替进行的。第二步是跨界知识定位。HOPE 在线上线下发布技术需求，并通过其全球资源网络快速找到匹配资源，根据技术、业务、合作三个维度选择最合适的资源方。对于五种典型产品，正向搜索比反向推荐更常用。正向搜索有助于解决特定的目标问题，有利于 HOPE 控制跨界知识搜索的进度。

跨界知识整合阶段。在这个阶段，五种典型产品涉及的问题较为复杂，因此二次开发和技术验证是不可避免的。在这些典型产品的跨界知识整合过程中，产品线和资源方合作进行二次开发，并构建适用的模块。在二次开发过程中，产品线随时准备测试技术模块，以确保产品符合要求。也就是说，在跨界知识整合过程中，真正做到了二次开发与技术验证交替进行，既缩短了集成时间，又提高了集成的成功率。

表 5-7　　典型产品的跨界知识搜索与整合过程

典型产品	动机形成	搜索		整合
		识别	定位	
P1	HOPE 在用户论坛中发现了消费者对干湿分离冰箱的需求	HOPE 定义了一种湿度控制解决方案，并在审查专利文件后找到了技术方向	HOPE 搜索其资源库，找到匹配的技术资源，与资源方 A 连接	资源方根据需要制作模块；产品线测试模块性能和兼容性
P2	HOPE 在用户论坛上发现了关于干烧的投诉	HOPE 查阅专利并咨询专家，将问题分解为红外测温技术方向	HOPE 在全球范围内联系多个资源方，考虑合作意向选择资源方 B	资源和需求双方共同开发；反复互动，对模块和原型进行讨论和测试

续表

典型产品	动机形成	搜索		整合
		识别	定位	
P3	HOPE 在用户论坛上发现一氧化碳中毒的投诉	HOPE 通过 TRIZ 理论和专家咨询方法，将问题定义为一氧化碳排放问题，并将其分解为催化剂转化方向	HOPE 通过线下渠道找到资源方，提供使用场景和测试，通过竞价选择资源方 C	资源方自主设计符合标准的模块；HOPE 和需求方将模块与产品和测试集成在一起
P4	产品线通过大数据分析消费者对空调的投诉	HOPE 通过头脑风暴法，将问题定义为吹风，并分解为通风口设计问题	HOPE 找到了许多国内外资源，并根据需求方的要求选择合适的解决方案	HOPE 选择两个资源方共同进行二次开发，形成一个模块；HOPE 和需求方测试模块和原型
P5	售后服务人员将用户对冷柜结霜的投诉反馈到产品线上	HOPE 通过 TRIZ 理论结合专利审查的方法，明确低霜标准，将问题分解为阻水透气膜的技术方向	HOPE 联系了多个资源方进行样本测试，比较他们的背景，并从电子通信行业中选择资源	资源方设计解决方案，产品线进行技术验证和测试

5.5.4.3　开放式创新平台跨界知识获取与整合系统机制模型

通过对典型产品的描述和分析，将上述三阶段模型的适用性和可靠性有机地结合。基于上述案例分析，本书系统地构建了开放式创新平台跨界知识搜索与整合的机制模型，该模型包括跨界知识搜寻的动机形成、跨界知识搜寻、跨界知识整合三个阶段，进一步细分为七个步骤：发现消费者需求、定义问题、拆解问题、发现资源、评估资源、二次开发、技术验证。此外，访谈数据显示，开放式创新平台跨界知识搜索和整合的阶段不是渐进的、顺序的，而是灵活交错的、不断循环的。首先，发现需求后进行搜索和整合，如果在整合过程中出现问题，需要进行新的搜索；其次，针对这七个步骤，我们发现问题的定义和拆解是交错同步的，二次开发和技术验证也是交替进行的。综上所述，本章构建了开放式创新平台跨界知识搜索与整合的系统机制模型，如图 5 – 7 所示。

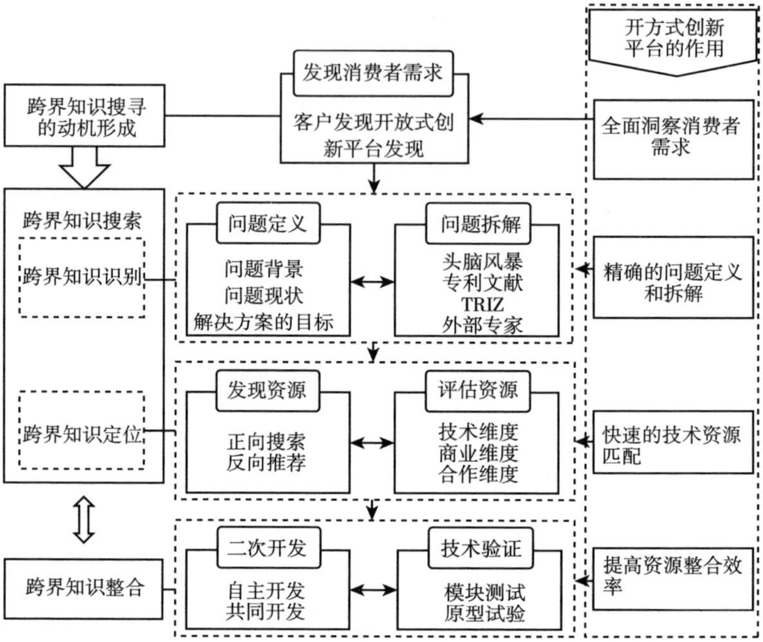

图 5－7　开放式创新平台跨界知识搜寻与整合的机制模型

5.6　研究结论与未来展望

5.6.1　研究结论

跨界知识搜索与整合是提升企业创新能力的必然途径。跨界知识有利于打破企业的技术壁垒，提升企业创新能力，尤其是颠覆式创新能力。对于创新企业而言，应主动搜索跨界知识，灵活地识别和选择高价值知识，并应用到创新活动中。基于问题解决视角，跨界知识搜索与整合是一个循环过程，找到解决问题的方案是搜索与整合的结束。本书对 HOPE 平台进行深入研究，通过对 HOPE 平台的典型人员进行深度半结构化访谈，详细梳理 HOPE 平台跨界知识搜索与整合不同阶段的具体内容，并提炼出 HOPE 平台在不同阶段所起的作用。此外，进一步对典型案例进行具体分析，从而形成系统的开放式创新平台跨界知识搜索与整合理论模型，具体研究结论如下：

（1）构建 HOPE 平台跨界知识搜索与整合分阶段的理论模型。本章通过详细梳理典型人员的访谈资料，并结合大量二手资料，厘清了 HOPE 跨界知识搜索与整合不同阶段的路径以及 HOPE 在其中的作用。同时，细致归纳并总结不同阶段的详细环节和内容，构建 HOPE 平台跨界知识搜索与整合不同阶段的理论模型，为开放式创新平台搜索与整合跨界知识提供详细的解决方案。从而降低企业跨界知识搜索与整合过程中的障碍，提高跨界知识搜索与整合的成功率，并提升跨界知识的利用率。

（2）系统构建了开放式创新平台跨界知识搜索与整合的理论模型。本章在形成 HOPE 跨界知识搜索与整合分阶段理论模型的基础上，通过典型案例，进一步厘清不同阶段的内在过程，构建系统的开放式创新跨界知识搜索与整合的理论模型，为企业进行跨界知识搜索与整合提供理论和实践指导，具体如下：

首先，跨界知识搜索动机形成阶段是企业进行跨界知识搜索与整合的前提。发现需求是企业进行搜索与整合的动机，用户需求是跨界知识搜索的“触发器”，用户需求的产生或是基于当前产品的缺陷或是出于对未来美好生活方式的期许，发现用户需求的渠道多样化，发现用户需求并解决用户需求是企业不断提高创新能力的重要条件。

其次，跨界知识搜索阶段是企业进行跨界知识搜索与整合的主体。①知识识别是跨界知识搜索的灵魂。知识识别包括定义需求和拆解需求，精准定义与拆解用户需求有助于快速找到解决问题的方向，为定位问题解决方案提供支撑；②知识定位是搜索与整合跨界知识的基础，通过全球覆盖的网络资源快速发现并评估资源，定位到匹配的问题解决方案，从而解决企业面临的问题。

最后，跨界知识整合阶段是进行跨界知识搜索与整合的必要条件。企业进行跨界知识搜索与整合的最终目的是产出有效的问题解决方案。企业通过对技术资源的二次开发，将外部技术资源与内部知识融合，同时通过技术验证，使整合的内外部技术资源达到既定标准，产出解决用户需求的跨界产品。有效的跨界知识整合有助于提高跨界知识利用率。

（3）提炼了开放式创新平台在跨界知识搜索与整合过程中的作用机制。

在互联网背景下，开放式创新平台具有高效搜索和整合跨界知识的潜力。开放式创新平台的作用贯穿在跨界知识搜索与整合的全流程中，其在不同阶段担任的角色与发挥的作用都不同。具体如下：

首先，在跨界知识搜索动机形成阶段，开放式创新平台有助于全方位洞察用户需求。HOPE 平台上有领先用户社群、用户论坛等不同类型的用户群体聚集地，通过对社群中用户的观察，可以快速全方位获取用户需求，生产出颠覆性的创新产品。紧紧抓住市场端快速变化的需求，有助于降低发现用户的成本，提高发现用户需求的效率。能够帮助企业更好地了解用户需求，确定正确的方向。

其次，在跨界知识搜索阶段，开放式创新平台有助于精准拆解用户需求，快速匹配知识资源。开放式创新平台拥有跨领域专家团队，可触及全球各行业优质技术专家，打破思维固化的限制，更好的定义和拆解用户需求；其次，开放式创新平台可以打破不同企业之间的边界，链接全球各地的优质资源，形成覆盖全球的资源网络，采用大数据监测系统，快速定位匹配资源，打破难以搜索跨界知识的屏障。

最后，在知识整合阶段，开放式创新平台有助于提高跨界知识整合效率。开放式创新平台以强大的资源对接能力拉近供需双方的合作，一是可以弥补成员角色不完整，丰富合作网络；二是可以协调供需双方，在供需双方之间搭建桥梁；三是提供信用保障，以开放式创新平台强大的市场影响力，为供需双方提供信息，消除双方的排斥心理。

5.6.2 研究局限与未来展望

本章研究揭示了开放式创新平台跨界知识搜索与整合的内在机制，并得出了一些有价值的结论。然而，本章仍然存在一些局限。首先，本章基于单一的 HOPE 平台，因此样本数量不够丰富。未来的研究可以通过扩大样本量，比较不同的开放式创新平台跨界知识搜索与整合实践，进一步验证本章结论的普适性。其次，本章采用编码分析法进行数据分析，因此在数据清洗和分析过程中可能会错失一些关键信息。因此进一步的研究可以选择扎根法来组织和编码大量的相关数据，以降低研究者的主观性效果。此外，在研究方法上，可以采用定性与定量相结合的方法分析相关问题，将变量之间的相关性和发生机制纳入同一框架，以进一步验证结论。最后，未来的研究可以通过分析不同行业在跨界知识搜索与整合路径上的区别，以及开放式创新平台在帮助不同行业进行跨界知识搜索与整合过程中所发挥的作用，进一步探究开放式创新平台对跨界知识获取与整合的作用机制，通过对比不同行业，分析提炼出路径差异性，为跨界知识领域研究提供更多细节，为企业提升跨界知识搜索与整合的成功率提供更多参考。

第6章 创新合作对企业创新绩效作用的国家间差异

6.1 本章研究问题提出

创新合作对企业创新的影响越来越受到学术界的关注（Ahuja，2000；Rosenberg，1982）。自 Chesbrough（2003）提出开放式创新的概念以来，开放式创新已成为新的研究热点。

现有文献关于企业间合作对创新的异质性作用的研究，主要关注发达国家（Akçomak、Weel，2009），尤其是聚焦于北美和欧洲的企业（Chason，Scott，2012）。其中也有一些研究提及在欧洲发达国家，企业间合作对创新的效用存在国家间差异（Kaasa，2015）。因此，研究企业间合作对企业创新绩效的影响在发达国家以外，例如中国等新兴和发展中国家是否存在国家间差异非常必要。

从理论和实践的角度来看，中国都是非常恰当的研究对象。中国有建立关系网的传统，在关系网内人与人之间的联系持久而密切。此类社会网络既可成为企业间合作的基础（Jensen et al.，2017），也能够为企业提供支持与资源，但是很难提供创新想法。事实上，Schøtt 和 Jensen（2016）对中国和丹麦的比较研究表明，在中国，企业间合作对创新的作用较弱。这或许由于丹麦的发达程度较高，中国与丹麦的经济发展水平差异较大，致使中国企业间合作带来的创新绩效远低于丹麦。因此，以中国为研究对象，将中国与其他发展中国家进行比较具有相当的研究意义。基于此，本书将采用 GEM 调查数据进行横向跨国比较研究，将中国与巴西、印度尼西亚、尼日利亚和泰国进行比较，以检验本书的理论假设。

随着全球化进程的不断加快，中小企业（SMEs）创新的重要程度日益提升。然而，在中国中小企业的创新能力还有待进一步提升（Jiang et al.，2013）。一些关于发展中国家的研究指出，创新合作或互动是新兴经济体和发展中国家的中小企业提升创新能力的重要途径（Kaminski et al.，2008）。尽管企业间合作对中小企业创新的影响越来越成为值得深入探索的问题，但以发展中国家中小企业为对象的研究却依然相当匮乏。针对现有研究存在的上述局限，本书试图阐述企业间合作对小企业创新的影响，同时揭示这种影响的国家异质性，研究结论将有助于制定提升中国小企业创新能力和促进中国小企业进一步发展的战略和政策。

本章的其余部分组织如下：6.2 阐述理论背景；6.3 提出研究假设；6.4 是研究设计；6.5 报告实证结果；6.6 是结论、局限性和未来研究。

6.2　理论背景

6.2.1　创新的外部资源

20 世纪 50 年代，创新被认为是单个发明者和研究人员开发的知识，是离散事件（Landry et al.，2002）。此后，开始有文献指出创新是涉及企业环境中行动者之间正式和非正式关系的互动过程，是包括分享学习的多元化学习过程（Rosenberg，1982），是整合内外部资源以解决问题的过程（Felin、Zenger，2014）。

外部资源在创新过程中发挥着越来越重要的作用。这一领域的研究详尽而丰富，一部分研究关注企业合作方式的不同类型，从研发合作伙伴关系、企业合资（Vanhaverbeke et al.，2008）到协同制造和复杂的合作营销（Chesbrough，2007）；另一部分研究聚焦于企业合作过程中涉及的各类合作者，包括终端用户、用户社区、供应商、竞争对手、大学、政府等，并认为这些合作者都能够对创新产生影响（Tsai，2009）。上述两部分研究均表明，组织本身只涵盖价值链的一部分，组织严重依赖于外部环境（Pfeffer、Salancik，1978）。企业因为某些方面资源禀赋不足，将其价值链的相应部分外包，并与其他具有互补资产的行动者进行交易。

此外，有些研究从经济学与社会学交叉领域的视角出发，考虑了社会网络对创造力的作用（Rodan，2010）。通过分析社会网络和知识网络所起的作用，有利于理解复杂组织中的创新。中小企业资源较少，研发能力相对较弱，其创新面临更多的障碍与不确定性，社会网络在降低创新不确定性、提高创新能力上起到至关重要的作用（Diez，2002）。

6.2.2 社会资本、国家制度和创新

社会资本是社会关系网络中蕴含的、为网络成员所共有的现实和潜在资源的总和（Gabbay、Leenders，1999）。有研究认为，社会资本是成功创新的重要因素（MacKinnon et al.，2004）。企业通过外部网络获取和应用知识的程度取决于其所拥有的社会资本数量（Yli－Renko et al.，2001）。企业社会资本强调企业不是孤立的行动个体，而是与经济领域的各方面发生种种联系的企业网络上的节点，企业社会资本往往在大企业中体现更为明显。有学者认为，社会资本在大型企业的渐进式创新和突破式创新能力中发挥着重要作用（Subramaniam、Youndt，2005）。关于国家创新体系的文献认为，无形资本是社会关系网络的一部分，其研究重点是国家制度环境（Edquist，1997）。长期以来，制度是指管理经济政治活动的一系列基本的政治、社会和法律基础规则（North，1990）。制度环境通过决定基础设施、人力资本的质量和可用于创新的资源对一个国家的创新体系产生深远的影响（Bosker，Garretsen，2009）。

另外，新制度主义理论的研究认为，组织需要应对多种社会文化压力，这些压力决定了企业适当的行为方式（Greenwood et al.，2014）。该领域大部分研究都借鉴了制度逻辑的概念（Thornton et al.，2012），即“物质实践、假设、价值观、信仰和规则的社会构建历史模式”（Thornton、Ocasio，1999），这一模式塑造了该领域内广为接受的目标和组织原则，从而影响组织的优先事项、战略和实践（Battilana 等，2015）。现有研究强调，无论是

在企业层面（主要针对大型企业）还是国家层面（主要针对发达国家），企业间合作对创新的作用取决于制度（Akçomak、Weel，2009）。综上所述，本章认为由于不同社会的特定制度逻辑，企业间合作对创新的作用存在国家差异。Ramus et al.（2017）的最新研究成果阐述了合作与制度逻辑之间的关系，该研究也支持我们的观点。

6.3　研究假设

本章的研究目的是从单个企业层面和国家层面，分析企业间合作对中小企业创新的影响。中小企业的内部资源非常有限，因此它们对开放式创新所带来的外部资源更加关注。不同社会中普遍存在不同的制度逻辑，企业利用外部网络获取和利用知识的程度主要取决于其所拥有的社会资本数量。本书揭示了不同经济与制度环境下企业间合作对中小企业创新的差异化作用，从而拓展了企业创新领域的研究。

6.3.1　企业合作对小企业创新的影响

Chesbrough（2003，2006）关于开放式创新的研究表明，有效利用外部创新资源可以获取外部知识、降低成本、提高价格、提高创新产出、跟踪市场需求的变化，提高企业的学习能力，从而提高其创新绩效。West 和 Bogers（2014）进一步提出了利用外部创新资源的四阶段模型。案例研究表明，企业依赖外部创新资源来创造价值，例如外部的技术资源（West、Bogers，2014），包括半导体行业（Chesbrough，2003）、软件行业（West、Gallagher，2006）和移动电话产业（Dittrich、Duysters，2007）等，也包括一些低技术产业行业，如建筑业、纺织业（Spithoven，2010）和制造业等。然而，有必要指出，关于外部资源的作用，该领域现有研究存在矛盾性结论（Belderbos et al.，2010），研究结论之间的冲突可能是由于开放式创新研究最初关注的是大型跨国企业在其全球价值链中跨国扩展其研发活动。也有一些文献提供了避免造成外部创新资源所引发的问题的方法（West、Gallagher，2006）。

研究对象方面，该领域现有研究大多关注的是发达国家的大公司，尤其关注高科技行业。

小公司存在固有的资源稀缺问题，因此需要通过合作创新来保持竞争力，小企业获得的外部合作资源与能力能够为其带来创新动力和能力（Tsai，2009）。此外，中小企业可以通过加入社会网络或与外部行动者建立伙伴关系来拓宽边界（Freel、Robson，2016）。Cumbers et al.（2003）表明，本地化网络对于小企业获得规模相关优势的能力至关重要。基于日本小公司的数据，Fukugwa（2006）提出，网络是加速创新和提供专业知识与资源的有效途径。Xie et al.（2010）通过对 137 家中国制造业中小企业的实证研究发现，外部资源与创新绩效之间存在正相关关系。Presenza et al.（2017）基于 191 家意大利酿酒商的数据，发现倾向于获取和使用外部知识来源的中小企业会表现出更强的创新能力，该文也指出吸收能力会影响企业对外部资源的利用。通过利用外部资源，中小企业有机会获得互补资源，从而克服由于资源和能力稀缺而面临的挑战。最终，中小企业可以提高自己的商业合法性和声誉，并利用更广泛的市场机会（Presenza et al.，2017）。

综上所述，虽然现有研究大多聚焦于发达国家的大型企业，但本章认为有效的企业间合作也可以提高小企业的创新能力，这种效应对发展中国家同样适用。由此，本章提出如下假设：

H6 - 1：有效的企业间合作有利于提升中小企业的创新能力和运营能力。企业间合作对发展中国家小企业的创新具有积极促进作用。

6.3.2 企业合作对中国小企业创新的影响

在社会网络理论中，创新源于有形资本和无形资本的结合，其特征是企业和多个参与者之间发生的无序而持续的互动。这种互动是整体的，并受历史、社会价值观、制度和相互依赖的影响（Landry et al.，2002）。Akçomak 和 Weel（2009）认为，当前的社会资本水平是由历史制度发展形成的：制度在管理经济交易的法律基础结构和激励结构中制定规则（North，1990）。企业是制度环境中不可或缺的一部分（Hong et al.，2015），其创新决策、战略和绩效会受到多种制度力量的影响，这些制度力量对企业现有能力的发展会起到促进或阻碍作用。

在国家层面，关于社会资本对创新的作用，现有研究主要聚焦于制度逻辑。因为制度方法有助于解释组织因素变化以外的导致创新绩效差异的原因，因而它是理解企业创新成果影响因素的核心（Sun et al.，2017）。制度可以通过影响交易成本、规则、支持性结构和资源来促进或限制合作（Wang et al.，2012）。然而，企业间合作对创新的作用效果，在不同国家受制度的影响是否存在差异，以及这种差异是如何发生的，仍亟待深入探索（Dettmann et al.，2015）。中国学者进行的多项研究中也指出，由于不同的制度环境条件，尤其是不同的制度政策，中国的企业间合作对创新的影响与其他国家存在差异（Chen、Li，2005）。因此，有必要基于中国背景对上述结论展开进一步研究。

现有研究发现中国企业要想在创新驱动的全球经济中取得成功仍需进行制度变革，这意味着当前中国仍存在许多阻碍企业创新的制度（Cheng、Yiu，2016），小企业经历了制度性障碍，尤其是在创新领域（Zhu et al.，2012）。Zhu et al.（2012）提出了中国创新的五个主要制度性障碍：（1）竞争公平，（2）融资渠道，（3）法律法规，（4）税收负担，（5）支持体系。这些发现阐明了制度障碍是如何影响中小企业创新的，从而进一步加强了基于制度的创业观。上述提到的五种障碍与 Yang 和 Hu（2009）的阐述是一致的。此外，在中国，透明度和腐败问题对制度环境可靠性带来了不良影响（Akpolat、Chang，2008），在这种环境下，企业合作的机会将大大降低（Schiller et al.，2013）。区分中国文化与其他国家文化的另一个维度是个人主义和集体主义（Hofstede，1991）。基于解释同文化中人们在群体内和群体间的差异的集体主义理论，Chen 和 Li（2005）认为与发达国家相比，中国人更不愿意选择合作，并指出当中国人在国外时，相比较与外国人合作，他们更倾向于与中国人合作。

另有一些相关研究探究了增强合作效果的制度因素。Marzucch 和 Antonioli（2013）提出区域决策者可以促进企业与研究机构的合作。McEvily 和 Zaheer（1999）指出，发达的资本市场、中介机构、合同法和知识产权法对研发合作有促进作用。近年来，中国出台了许多正式制度，如法律、法规和组织（工会、研究机构、专利局等），这些制度的出台将有望弥补我国合作网络和创新方面相对薄弱的环节（Jensen、Schøtt，2014）。Yiet al.（2017）的研究对此也有所涉及。

文献中也提到一些可以改善企业间合作对创新绩效作用效果的制度，例如非正式关系网络（Xiao、Tsui，2007）和集聚（Kafouros et al.，2015）。正如 Jensen 和 Schøtt（2014）所指出，尽管当前中国小企业面临的环境条件有所改善，但企业仍面临制度性障碍，这对企业释放创新潜力具有阻碍作用。因此，本章认为，在中国，企业间合作对企业创新的作用明显低于世界其他地区。基于制度环境视角，本章进一步提出如下假设：

H6-2：相较其他国家，在中国企业间合作所带来的创新收益较小。

6.3.3 国家发展水平在企业间合作与小企业创新间的调节作用

相对于地理临近性，社会关系可以加速学习，并构成动态创新协同效应（Iammarino、Mccann，2006）。在中国，大多数创新与人口、产业专业化和基础设施禀赋相关，基本受集聚力量所驱动。地方制度差异对合作与创新绩效之间的关系有着深远影响（Kafouros et al.，2015）。活动密集、基础设施良好和产业专业化程度高的富裕地区不仅拥有更高的专利率，还可以从邻近地区吸收创新潜力（Dahlman，2010）。虽然上述分析主要以中国为对象，但对其框架的预测适用于其他与中国相似的，具有多中心制度特征的新兴经济体（Choi et al.，2015）。

此外，国家之间也存在较大差异。Filatotchev（2011）指出，相比之下，在其他国家，创新可能更依赖于当地良好的社会经济与科学技术投资的结合。Jensen 和 Schøtt（2014）研究发现，中国的社会网络对创新的作用明显低于世界其他国家。Kafouros et al.（2015）研究表明，学术合作在提升新型市场企业创新绩效的有效性方面存在中西方差异，体制的质量解释了这种差异发生的原因（North，1990）。通常情况下，在发展水平较高的地区，由于其制度条例的质量较高，合作对创新的影响更大。现有研究中，关于国家发展水平对企业间合作与企业创新关系的影响，大多聚焦于发达国家中的大型企业（Akçomak、Weel，2009）。例如，Calapez（2011）指出，北欧国家在合作和创新方面都表现出较高的水平，而一些东欧和南欧国家则相对较弱。然而，在发达国家建立的理论模型不一定适用于发展中国家。因此，了解在发展中国家，企业间合作对创新的影响是否取决于与国家财富相关的制度条例至关重要。基于此，本章提出如下假设。

H6 - 3：企业间合作对企业创新的作用取决于制度条例的质量。也就是说，国家发展水平调节了企业间合作对创新的作用效果，因为社会财富增强了这种效果。

6.4　研究设计与数据

企业间合作对创新的作用存在国家差异。全球创业观察（GEM）在世界各地进行了一项关于商业创新的年度调查，在 2012 年和 2013 年，该调查的问题中涉及企业合作（Jensen et al. ，2017）。

6.4.1　数据来源

GEM 项目是世界上最重要的创业研究之一，通过项目中心广泛协调，由各国项目小组执行完成数据收集工作，确保提供高质量的信息，其全面的报告大大增强了对创业现象的认识。其中针对成年人的人口调查（Adult Population Survey：APS）着眼于个人创业的特点、动机、抱负，以及社会对创业的态度等，对参与创业活动的成年人进行了抽样和采访，其中企业家被定义为拥有并管理初创企业或运营企业的人，中国的研究样本包括 1963 名企业家。

本章将中国与其他几个研究样本数量相当的发展中国家进行比较，包括印度尼西亚（2012 年共调查 2037 人）、泰国（2012 ~ 2013 年共调查 2462 人）、尼日利亚（2012 ~ 2013 年共调查 2878 人）和巴西（2012 年共调查 3183 人），其他国家则调查样本规模较小。抽样的高代表性意味着调查结果在这五个国家对所有企业均适用。

6.4.2 变量测量

企业创新包括工艺创新、产品创新和独特性。该调查中问询企业家的相关问题包括：

本产品或服务所需的技术或程序是否使用不到 1 年？/1～5 年？/超过 5 年？

您的所有/部分/没有客户是否认为此产品或服务是新的或不熟悉的？

目前，几乎没有其他企业向您的潜在客户提供相同的产品或服务？

每个问题以 3 分为标准，编码为 1、2 和 3，代表创新的程度。这三个指标是正相关的，因此平均成一个从 1～3 的创新指数。这种衡量创新的方法在早期的研究中被广泛使用（Jensen、Schøtt，2014；Schøtt、Jensen，2016；Schøtt、Sedaghat，2014）。

企业间合作是指企业之间的协作关系，根据合作的内容或实质进行区分，可分为以下七种：生产、供应、营销、为现有产品寻找新市场、为现有市场创造新产品、为新市场开发新产品、提高业务效率。相关问项为：

- 您的企业是否与其他企业或组织合作生产商品或服务？
- 您的企业是否与其他企业或组织合作采购物料？
- 您的企业是否与他人一起将您的产品或服务卖给当前的客户？
- 您的企业是否与他人一起向新客户销售产品或服务？
- 您的企业是否与他人一起为当前的客户创造新产品或服务？
- 您的企业是否与其他企业一起为新客户创造新产品或服务？
- 您的企业是否与其他企业合作以提高企业效率？

此外，当一种合作关系存在时，这种关系的强度测量范围从没有关系，到弱关系，再到密切关系，分别对应 0、0.5 和 1。七种合作关系的度量是正相关的，因此可以平均为从 0～1 的企业合作指数。这种衡量企业合作的方法已在早期的研究（Schøtt、Jensen，2016）以及在针对中国的研究中被广泛使用（Jensen、Schøtt，2014）。企业间合作与建议来源网络之间的正相关关系表明这种测度方法的有效性。

企业和企业家的其他几个特征作为控制变量：

–所有者，是指所有者的数量，为减少数据偏度，对所有者数量进行对数转换。

–企业年龄，是指企业成立以来的年数，并进行对数转换。

–企业规模，是指员工数量，并进行对数转换。

–企业家的创业动机，是五分类变量，包括机会型动机、生存型动机、机会型与生存型相结合的动机、拥有一份工作但追求更好的机会，以及其他原因。(机会型动机作为参考，设置四个虚拟变量)

–企业家的受教育程度，指受教育年限。

–企业家的性别，是虚拟变量，男性编码为 0，女性编码为 1。

–企业家的年龄，以年为单位。

GEM 数据库的效度和信度较好。

6.4.3　分析策略与建模

分析企业间合作对各国企业创新的影响采用多元线性回归（见表 6–1）。为了进行跨国效应比较，将回归修改为分层线性模型，该模型类似于回归，但考虑到数据是分层的，因此将企业嵌套于国家内（见表 6–2）（Snijders、Bosker，2012）。研究假设以线性回归的标准化系数进行检验。商业服务业作为参考变量，其他行业设为虚拟变量。

表 6–1　　　　企业合作对各国企业创新的影响

	中国	巴西	印度尼西亚	尼日利亚	泰国
合作	0.01	0.04*	–0.08*	0.09***	0.08***
企业所有者数量	–0.07**	–0.01	0.04	0.06**	–0.03
企业规模	0.04	–0.01	0.02	0.04	0.05*
企业年龄	–0.09**	–0.06*	–0.31**	–0.12***	–0.27***
企业家年龄	0.01	0.01	–0.10**	0.01	–0.03
企业家受教育程度	0.06*	0.03*	–0.05	0.03	–0.01
企业家性别	–0.02	–0.04*	–0.02	0.01	0.02
企业家创业动机	–0.02	0.01	–0.03	0.03	0.01
经营阶段：运营阶段	0.03	–0.08**	0.05	–0.02	–0.03
采掘工业	–0.14***	0.01	–0.03	–0.01	–0.04

续表

	中国	巴西	印度尼西亚	尼日利亚	泰国
制造业	0.02	0.02	0.01	-0.01	0.00
商业服务业	0.03	0.01	0.03	-0.02	0.00
企业数量	1695	3104	1047	2615	2196
R^2	0.05	0.02	0.12	0.03	0.12

* 表示 $p<0.05$； ** 表示 $p<0.01$； *** 表示 $p<0.01$。

6.4.4 数据结果与分析

假设 6-1 是企业间合作有利于创新。对于每个国家而言，在控制其他几个变量（主要包括企业和企业家的特征）的情况下，通过线性回归确定企业间合作对创新的作用，见表 6-1。

在中国，企业间合作对企业创新的影响标准化系数近似为 0，结果为不显著。在巴西，企业间合作对企业创新具有正向影响。在印尼，企业间合作对企业创新具有负向影响。根据标准化系数，在尼日利亚和泰国，企业间合作对创新呈正向显著影响，合作对创新起到了巨大的作用。

为了检验中国在企业间合作对创新的影响上是否与其他国家不同，本书检验了国家的效应，模型为分层线性回归模型。其中，中国设为参考变量，其他国家设置为虚拟变量。商业服务业设为参考变量，其他行业设置为虚拟变量。因变量和数值型的自变量均采用标准化，二分类变量设为 0~1 型。见表 6-2。

表 6-2　国家对企业间合作与创新关系的影响

	主效应模型	交互效应模型
合作	0.05***	0.01 §
巴西	-0.87***	-0.87 §
印度尼西亚	0.41***	0.40 §
尼日利亚	-0.09***	-0.09 §
泰国	-0.13***	-0.13 §
合作×巴西		-0.01
合作×印度尼西亚		-0.11**

续表

	主效应模型	交互效应模型
合作 × 尼日利亚		0. 10 ***
合作 × 泰国		0. 08 ***
经营阶段：运营阶段	-0. 02	-0. 03
企业年龄	-0. 15 ***	-0. 15 ***
企业所有者数量	-0. 01	-0. 01
企业规模	0. 03 **	0. 03 **
企业家创业动机	0. 03	0. 03
企业家性别	0. 00	0. 00
企业家年龄	0. 00	0. 00
企业家受教育程度	0. 01	0. 01
采掘工业	-0. 16 ***	-0. 16 ***
制造业	0. 01	0. 01
商业服务业	0. 00	0. 01
常数项	0. 21 ***	0. 22 ***
国家数量	5	5
企业数量	10，643	10，643

* 代表 $p<0.05$；** 代表 $p<0.01$；*** 代表 $p<0.001$。

§ 表示未通过显著性检验（第一个模型检验主效应）。

主效应模型表明，对于这些国家的企业家而言，企业间合作往往有利于创新。正如标准化系数所示，效应是显著的。这支持了 H6 -1。

此外，主效应模型显示与中国相比，巴西的企业间合作对创新的作用最小，印尼的该作用最大，但这与我们的研究目的无关。

H6 -2 是企业间合作对创新的作用因国家而异。企业间合作对创新的影响存在国家差异是确定的，通过交互项，即合作变量与其他国家的虚拟变量的乘积来确定，如表 6 -2 中的第二个模型所示。

对中国而言，协同效应为交互模型中的协同系数 0. 002，可忽略不计。对巴西而言，交互作用项 -0. 014，不显著，所以企业间合作对创新的影响，在巴西与中国没有明显区别。就巴西而言，合作对小企业创新的影响估计为 0. 002 减 0. 014，即 -0. 012，可以忽略不计。对于印度尼西亚而言，交互项显著且为负，因此企业间合作对创新的影响效果，印度尼西亚显著低于中国

（与表 6 - 1 一致），在印度尼西亚，合作对小企业创新的影响为 0.002 减 0.104，即 -0.102，呈显著负相关关系（与表 6 - 1 一致）。对于尼日利亚和泰国，交互项显著且为正，因此企业间合作对创新的影响在这两个国家高于中国，两个国家企业间合作对企业创新的影响在 0.081 ~ 0.106，即影响显著。因此，H6 - 2 得到验证，即中国企业间合作对创新的影响与其他国家不同。

6.4.5 研究结论、管理启示、局限性与未来展望

本书的研究问题是，在中国，企业间合作对创新的影响是否与世界其他地区存在差异，尤其是中国小企业合作对创新的影响是否小于其他国家。正如我们所预期的，小企业合作有利于创新，但是在中国，企业合作对企业创新的影响低于其他国家。结论显示，在中国，企业合作对创新的影响甚微，而在泰国和尼日利亚这一影响却很大。换言之，与其他发展中国家相比，中国的企业间合作效率较低。这可能受到集体主义等中国传统文化因素的影响，也可能源于政府政策、行政体制、控制机制等组织问题，以及应对上述问题的解决方案的实施情况影响。另外，虽然“关系”有助于培养长期信心，有益于公司长期发展，但不利于促进创新。这与世俗理性社会中的“关系”形成了鲜明对比。后者通常追求成本效益，即在企业创新竞争中获得竞争优势方面的预期效益（Ghazinoory et al.，2014）。此外，至于各国的发展水平，本书将结果与各国 GDP 进行比较。正如假设所预期的，本书发现企业间合作对创新的影响效应与 GDP 相关。除印度尼西亚以外，对其他国家而言，均呈现出 GDP 越高收益越少的趋势。印度尼西亚的 GDP 位于这五个国家的中间，但收益是负的。

上述研究结果为提高我国小企业的创新能力提供了许多管理启示。首先，小企业应积极寻找外部创新资源，因为企业间合作有利于企业创新。其次，考虑到企业间合作在促进小企业创新方面表现不佳，中国的政策制定者应该关注制度政策的质量。最后，制度条例的质量将随着中国经济的发展而不断提高。因此，企业间合作对小企业创新的影响会发生动态变化。本书还提出了一些政策建议，即改革规则和法规，以提高企业间合作的有效性，从

而推动小企业创新。例如，促进企业间合作的政策应根据不同地区的发展水平而有所不同。此外，本书还提出了一些有趣的问题，即如何理解中国小企业的创新，以及如何制定适当的政策来提高中国小企业的创新能力。这也有助于预测未来创新对中国经济发展可能产生的作用，正如研究结果表明，随着时间的推移，与外国企业的合作将为中国企业的创新带来更大的效用。

然而，本书仍存在一些局限，需要未来的研究进一步探索。首先，本书没有考虑行业之间的差异。因此，未来的研究可以继续从不同行业收集数据，并比较不同国家的不同行业间在上述效应上的差异。其次，虽然本书验证了企业间合作与创新之间的相关关系以及国家发展水平对这一关系的调节作用，但并未探讨主效应和调节效应的作用机制。未来的研究可以通过案例分析或比较分析来研究相应关系的发生机制。这将需要调查企业间合作的前因，并通过国家间比较，研究社会中的信任和制度支持如何影响企业间合作，以及国家发展水平对企业间合作的影响。进一步的研究还可以将中国与世界上其他国家进行比较，调查企业间合作对创新以外的其他方面绩效的影响，尤其是对出口（Schøt、Sedaghat，2014）和对公司增长预期（Ashourizadeh、Schøtt，2015）方面的影响。

第 7 章

案例研究

7.1 DB 厦门——供应链合作创新的多方共赢

7.1.1 DB 厦门概况

DB Schenker［德国铁路（信可）全球货运代理有限公司，以下简称“DB”］是德国铁路集团的全资子公司，自 1872 年创立至今，以提供专业的综合运输与物流管理服务著称，因此也被誉为全球顶级综合物流及货运服务供应商，DB 还是世界著名的国际货代公司和第三方物流公司。作为第三方物流企业，随着全球经济复苏，DB 持续稳步发展，一直位居全球合同物流企业的 TOP3 排行榜之列。DB 的业务范围涉及空运、海运、陆运、铁路货运以及合同物流、会展运输等。海、陆、空运以及合同物流方面都取得了傲人成绩——欧洲陆路运输位居全球第一，国际空运全球第二，国际海运排名第三，合同物流全球第四。

同时 DB 致力于研究物流行业绿色解决方案，使用环境友好型的物流链将遍布各大陆的市场无缝连接。其国际专家团队分布于世界上各个主要经济地区，把全球的个体服务模式整合在一起，以创建精确而全面的复合增值链，并通过与各大型企业的长期合作，持续不断地改善服务质量与客户体验。

7.1.2　DB Schenker 日新月异的发展

7.1.2.1　全球网络的竞争优势

DB 始终致力于提供可持续和完整的物流解决方案，并不懈扩展全球网络。DB 的全球网络覆盖 140 多个国家，拥有近 2000 家分公司和办事处，95700 余名员工。DB 亚太网络覆盖近 20 个国家，设 200 多个办事处，拥有 13600 余名员工，其中，DB 中国网络覆盖 158 个地区，拥有员工 5000 余名，办公室和仓库的面积约 872200 平方米。DB Schenker 地理区域分布如图 7－1 所示。正是这样的全球网络优势使 DB 在多年的发展过程中厚积薄发，与众多的大客户形成了深度友好的合作关系，近几年在中国的发展尤为迅速。

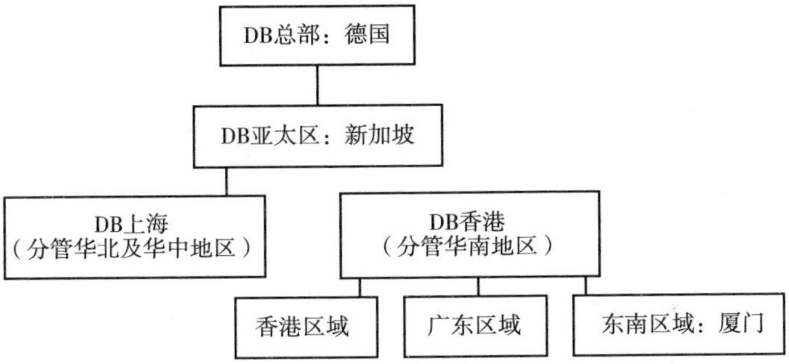

图 7－1　DB Schenker 地理区域分布

7.1.2.2　DB 厦门的应运而生

DB Schenker 厦门公司，又称全球物流（厦门）有限公司（这是 DB Schenker 在厦门的独立实体，以下简称“DB 厦门”），成立于 1999 年，是 DB 东南区域总部所在地，同时也是首批保税区海关 A 类企业。DB 厦门坐落于厦门象屿保税区，是厦门市第一家外资全资的第三方物流企业。DB 厦门具有 TAPA 以及 ISO9001 认证资质，主要业务范围包括海运、空运、铁路以及公路货运代理，合同物流以及关务代理等。

公司成立至今，开创现代物流运作先河，对自贸区第三方物流的发展起着引领作用，同时创新了“分送集报”的模式，在技术革新和操作模式上都起到了模范作用，形成了著名的“戴尔模式”。公司为戴尔公司提供全方位的物流服务，包括保税仓储配送、空运、海运、陆运、铁路运输及进出口报关代理等。公司历经 21 年的发展，区域业务量和进出口额持续增长。

DB 的合同物流位居厦门外资物流企业第一，拥有 40000 平方米保税仓库。公司的业务对象主要集中于两大部分：一部分是大客户，包括 DELL，ABB，Panasonic 等，占利润总额 45%；另一部分是 DB 总部的合约业务，该项业务管理环节较为简单。DB 厦门 95% 的管理资源都用于维系和管理大客户关系。公司进出口额从成立初期的 5000 万美元增长至 2019 年的 17 亿美元，增长幅度达 35 倍。2020 年公司全面克服疫情影响，充分利用国际、国内网络优势，企业各项指标均超过全年预算目标，保税进出口额超 16 亿美元。

7.1.3 DB Schenker 创新与数字化

（1）与创新的初创企业进行富有成效的合作。

最好的想法不一定总是来自内部资源，DB 通过其全球物流网络和开放创新，积极与全球各地富有活力的新创企业合作，共同挑战 DB 在实践中遇到的问题并共同促成商业模式变革。作为市场利基的标识，为初创企业定制个性化服务并迅速将它们带入市场，用创新的解决方案填补市场缺口。以这样的方式，DB 不断为自己和有创意的初创企业创造有价值的协同增效效应，而不是单纯的竞争关系。通过与 DB 合作，初创企业可以扩大物流网络，并受益于 DB 和德国联邦铁路集团的专业性。

从 19 世纪初，DB 就开展了创新活动，目标是为客户提供最具创新性的服务和解决方案。通过积极开发基于数据分析和人工智能的解决方案，DB 加速了向数据驱动的公司文化转变。DB 提供最先进的数字服务，如平台和移动应用程序，以及新的物联网解决方案，为客户带来更深层的服务。

（2）开放式创新为关键创新哲学。

DB 坚信一群人必定比一个人考虑得更周全，尤其是当他们来自不同的业务领域时。通过积极参与国际数据空间协会、IDG、HOLM 和德意志联邦集团等创新网络，DB 激发推动客户和行业前进的变革。DB 与来自各个领域的专家、客户、供应商和合作伙伴交流，探索合作的可能性。DB 坚信创新就是超越现有的事物，挑战现状。持续开发超越边界的最佳解决方案，为每个人带来价值最大化。为此运用最先进的创造力和创新技术，力促与合作方的双赢。

（3）数字化探索。

作为全球领先的物流供应商，DB 通过评估试点项目的趋势和技术，识别并驱动数字和数据相关业务模式，积极塑造明日物流格局。例如：

无人驾驶与车队——DB 意识到自主驾驶在未来将产生的潜在影响，是最早测试和应用这种技术的物流公司之一。

3D 打印——DB 通过其全球网络与行业领先的 3D 合作伙伴一起，为客户提供最好的 3D 打印解决方案。

虚拟供应链管理——运用智能算法和大数据处理优化客户的供应链。

预测分析——大数据集中识别模式不仅有助于改进操作，而且有助于预测客户的供应链动态。

7.1.4　DB 厦门资源整合新模式的诞生

7.1.4.1　确立特色，应对挑战，基本模式的出现

DB 厦门自成立以来，受益于 DB 的全球网络优势、卓越的大客户合作基础，以及 DB 总部信息共享的物流运输，一直稳步发展。然而，随着中国互联网平台型企业的快速崛起，城市配送型和网络型物流企业（例如京东、菜鸟等）以自身强大的本土网络优势、成本优势逐渐在国内第三方物流行业中崭露头角，给第三方物流行业带来新的竞争压力。为更好维护和发展客户关系，应对新的挑战，DB 厦门总经理张晓兵凭借自己多年的从业经验，结合其管理工程专业的教育背景，开始重新审视行业、审视 DB 厦门，寻求开拓新的优势，走出了一条不寻常的供应链合作创新之路。

张晓兵在 DB 厦门 21 年的职业生涯，始于 DB 厦门的基层质检员，在基层质检工作中，张晓兵设计的“以客户需求为商品质量评判标准”的质检准则深受客户好评，一直沿用至今。因其卓越的管理思路和认真负责的工作态

度，DB 厦门破格将张晓兵从基层质检员提升为大客户联络人，负责 DB 厦门的大客户企业对接工作，正是这一工作使其得以深入了解 DB 厦门的所有大客户。大客户一直都是 DB 厦门最注重的资源。然而，在第三方物流行业竞争加剧、客户需求不断趋于多样性和异质性，以及客户的成本压力不断加大等因素的共同作用下，传统客户关系管理模式难以在新的竞争态势下保持优势，给 DB 厦门带来巨大的时间和资金成本压力。如何在有限的成本空间下，以“为客户创造价值”为导向，打造“多方共赢的价值生态圈”是张晓兵总经理一直以来不断思考和探索的经营管理难题。

张晓兵历任多个工作岗位，积累了丰富的行业经验，使得其对第三方物流企业供应链的所有细节了然于胸。在美国大学里，DB 厦门某客户（以下简称“A 公司”）的供应链合作模式被搬上教科书，而 DB 厦门就是实现该供应链合作模式的舵手。本书基于 A 公司与 DB 厦门的合作关系，阐述 DB 厦门现有的供应链合作模式以及供应链合作创新解决方案。

A 公司库存采用 JIT（零库存）模式，要求其所有供应商必须将其所需元件存放于 A 公司制造工厂的周围，但货权并不发生转移，并且要求供应商每两小时送货一次，保证 A 公司的原材料不间断。这样一个复杂的过程需要消耗大量的人力、物力和资金成本，仅仅依靠 A 公司是无法完成的。因此，A 公司需要专业的第三方物流企业协助其管理仓库及运输货物。DB 厦门正是负责为 A 公司提供所有物流问题解决方案的第三方物流企业，DB 厦门的优势在于 7×24 小时仓库操作及库存管理、90 分钟即时递送承诺（DB 厦门在成立之初就首创全国最快通关模式，实现在保税区内 90 分钟通关），DB 厦门不仅可以实现 A 公司每两个小时送货一次的需求，甚至可以把元件配送到 A 公司的相应工位上。

这样，DB 厦门服务于 A 公司的独特供应链运作模式形成——A 公司各地不同的物料供应商通过空运、海运，以及陆运三种方式将 A 公司所需元件运到 DB 厦门保税区仓库，运输过程中货权归供应商。各地供应商需要在 DB 厦门保税区的仓库中储存平均 21 天的库存原材料，以保证 A 公司的生产需要。DB 厦门接受原材料后按照 A 公司所需原材料订单的要求，进行及时配送，运输到 A 公司制造工厂，同时将生产完成的产成品运输到国外（DB 厦门负责 A 公司部分成品的国际运输业务，A 公司中国境内成品运输由其他运输商负责），送达终端客户手中（见图 7－2）。

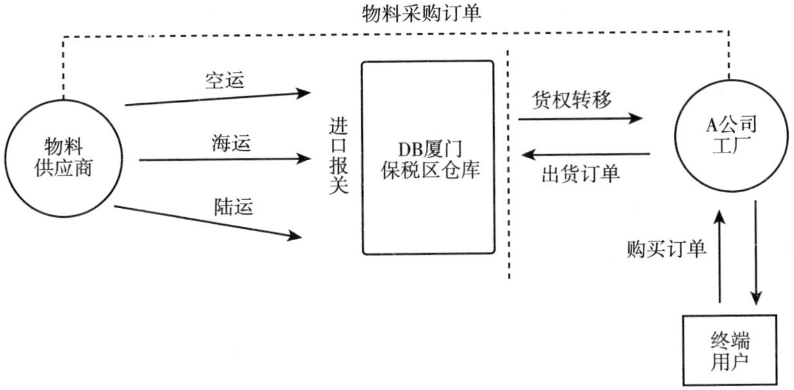

图 7－2　DB 厦门 VMI 模式

7.1.4.2　定位劣势环节，建立供应链生态圈

迈克尔·波特 2011 年发表于《哈佛商业评论》上的题为《创造共享价值》的文章中提出，重新定义价值链生产率有三条路径，其中第一条就是“能源使用和物流”。所谓能源使用，是指缩减交通、供应链、分销等过程中的能源消耗。而物流，则是指重新设计物流体系，以降低货运距离、改善运输线路等，从而创造企业和社会的共享价值，助力企业提升可持续竞争力。

随着产业竞争强度加剧、利润率降低，A 公司多方寻求降低成本。然而，在 A 公司的成本构成中，物流成本多年来未降反升，特别是仓库租金成本和人力成本。因此，A 公司在对 DB 厦门持续提高服务质量要求的同时，也不断提出降低成本的需求。

面对客户需求，张晓兵一方面通过不断创新来提高服务质量，降低客户对成本的关注；另一方面，力图通过创新，寻求从供应链其他节点扩展成本和利润空间。基于多方考察和深入分析，张晓兵与 A 公司各部门经理进行了多次商讨，提出多种针对供应链节点的优化方案。沿着这一思路，结合 DB 总部提供“物流行业绿色解决方案”的理念，以及 DB 厦门以“为客户创造价值”为导向的战略思路，张晓兵决定利用 DB 厦门擅长的领域来整合供应链低效率环节，提高供应链整体运作效率。这样必然会降低各方成本、提升利润，从而形成价值共创共享。

在图 7 - 2 所示的供应链中，从物料供应商到 DB 厦门保税仓库这一环节，DB 厦门一直未有涉及，供应商只是把物料存放在 DB 厦门的仓库中，运送物料则由各个供应商自行完成。然而，DB 从成立伊始，就是铁路运输的行业领导者，挖掘和利用本企业优势，改善供应链劣势环节，打造一体化供应链流程，实现成本优势，正是 DB 厦门和 A 公司所共需的，同时也必将有利于 A 公司的各家供应商降低经营和管理成本。

2015 年，张晓兵与其团队对 A 公司的物料运输环节进行整合，大大提升了供应链生产率，建立了供应链生态圈，为 DB 厦门，A 公司以及供应商，都带来了不可小觑的收益。

2005 年以前，A 公司的物料供应商大多来自于海外，80% 的物料供应都是通过空运或海运进口送达。随着中国相关制造业的不断发展，目前 A 公司所需物料中 80% ~90% 均由中国国内工厂提供，物流方式为卡车运输（陆路运输）。因而，陆路运输，尤其是卡车运输的成本在 A 公司物流成本中的占比不断攀升，运输成本在原材料供应链物流中成本占比大约为 15%。物料供应商的地理区位分散，各地供应商随时向 DB 厦门仓库送货，即零散收货、时间不固定，DB 厦门员工需要随时随地验收、收货。这样的运输方式给 DB 厦门和 A 公司均带来经营和管理成本上的负担。

在对这一模式深入调查后，DB 厦门发现，这 80% ~90% 的国内运输主要由分布于四大区位的 20 多家较大规模供应商以及一些小规模供应商完成；每月大约有 800 多车货物运进 DB 仓库，平均每个供应商约 50 车，这 50 车货物还会由各家供应商下分给其不同的运输供应商，以此类推，有很多家运输供应商每天送货到 DB 厦门仓库，运输过程过于零散。此外，对一些小型供应商，因其物料无法做成整车运输，给 A 公司带来成本难题。

如果整合卡车运输，即所有供应商的物料都交由 DB 厦门进行运输，不仅可以节约成本，还可以减少为了配合所有供应商的送货时间而浪费的人力资源，同时改善服务质量。DB 厦门在与 A 公司沟通后商定，由 A 公司出面与其供应商进行谈判，要求供应商的运输业务交由 DB 厦门来操作。由于供应商提供的货物价格中物流价格是单独计算的，DB 厦门批量运输的成本优势以及对资源的整合方式，使大部分供应商认为此举对自己有利，该方法得到大多数供应商的认可（见图7－3）。

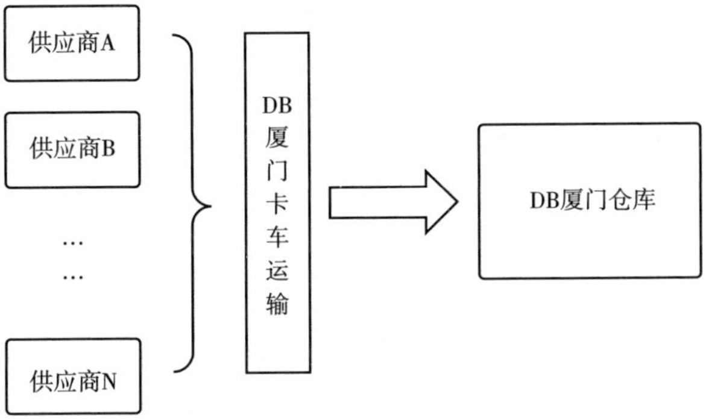

图7－3　DB厦门卡车运输整合模式

自2015年该方案落地实施后，DB厦门整合供应链上所有的卡车运输，直接去供应商所在地取货并运输到DB厦门的仓库。DB厦门选择三家运输供应商，把原本一个月800车的货物按地区进行优化整合，保证每辆车的运输达到效用最大化。此举实现了供应链上下游的多方共赢——给A公司带来的物流成本节约达20%；给A公司的供应商省去卡车运输这一环节，降低管理复杂度和费用；给DB厦门带来服务质量、声誉双提升，并降低了进出货的人力和管理成本。这与DB总部的提供“物流行业绿色解决方案”的理念也高度一致。成功实现了多方共赢，具体如下：

A公司：企业物流成本占企业总成本的5%，通过DB厦门对卡车运输的整合，使A公司在整体物流成本中节省20%，即在总成本中节省了1%，对于A公司而言，总成本节约1%是相当高的比例，带来的利润提升是相当大的体量。同时由于整合运输，在时间和流程上更方便控制，且由于不用沟通更多的供应商，节约了大量的时间、人力和其他管理成本。

供应商：对于供应链下游的供应商而言，物流费用虽然单独计算，不计在总成本之中，但如果自己负责运输，就需要承担在运输过程中的破损等风险，增加成本。DB厦门公司整合卡车运输后，降低了运输风险，同时由于DB厦门公司的运输质量较高，在过程中损坏情况几乎为零，降低了不可预料的再次发货的可能性。

DB厦门：在新的供应链模式下，DB厦门年营业额增加500多万美金（来自整合后的原材料卡车陆路运输），大大提升了DB厦门的利润。同时，这一新的业务模式使 DB 渗透入供应链的更多环节，便于改善服务质量，不仅节约物流成本、加深了与 A 公司的合作关系，还为以后进一步开展供应链创新模式打下了基础。

社会：通过优化运输线路、按地域整合运输，大大降低了能源消耗，为改善环境和节约能源做出了贡献。

7.1.4.3 挖掘优势环节，再创新模式

同样是创造企业和社会的共享价值，重塑供应链生产率并提供物流行业绿色解决方案的理念，催生了 DB 厦门又一项价值共创共享的供应链合作创新之作。

2015 年整合运输方式、建立供应链生态圈的创新举措，让 A 公司看到 DB 厦门的无限潜力，同时也让 A 公司和 DB 厦门在合作过程中都意识到合作创新带来的收益。于是，张晓兵带领团队再次梳理供应链上各个环节，试图深入探索能够优化供应链的方案，塑造供应链合作的新模式。

由于 DB 厦门地处象屿保税区内，独特的地理位置使其所有进出物品均需报关，而作为厦门象屿保税区中唯一一家可以 90 分钟通关的企业，报关环节一直是 DB 厦门的优势环节。由于报关费用由客户公司——也即 A 公司单独支付，所以第三方物流企业更多关注的是报关时间。然而，DB 厦门秉持以“为客户创造价值”为导向、致力于打造“多方共赢的价值生态圈”的理念，使其能够站在客户的立场审视供应链。正是这一视角，使张晓兵能够利用 DB 厦门在报关业务上的优势进一步优化供应链，实现价值共创共享。

DB 厦门传统的报关模式是每周进行的二线进口集中报关，即每周整合报关，已具有一定的竞争优势，正是这种集中报关的模式保证了 90 分钟送货的承诺（从仓库到工厂的时间为 30 分钟，其余 60 分钟为报关时间）。报关过程主要分为两个部分，一部分是网上申报，申报的数据要上传到海关的系统中，此过程约 15 分钟；另一部分是海关将上传的数据从系统中导出，打印装箱单，装箱单也是海关进行核查，防止走私的标准之一。DB 厦门 90 分钟通关的集中报关模式得以实现，主要是基于该公司良好的声誉：一是有银行的保函；二是 DB 厦门的库存管理到位，能够让海关随时检查。DB 厦门的信用评级是厦门象屿保税区中唯一一家的“最高级”。

在奠定速度优势的基础上，张晓兵觉得利用企业的卓越声誉与优秀形象同样可以打造成本和流程上的优势。因此，张晓兵及其团队利用多年来与海关打交道的经验，以及对海关手册的深度了解、对海关流程的高度熟悉，深度挖掘整个过程中存在的每一个可能简化的流程和可能带来的成本节约。DB 厦门对整个报关流程逐个环节进行分析研究，并请海关的专家加入讨论，认为如果能够从源头上对报关业务进行整合，将会为 DB 厦门和客户企业节约更多的成本，同时也将大大提升客户企业效率，乃至供应链效率和社会效益。

新的报关模式是 DB 厦门与海关合作进行的一次突破式创新，本案例将以 A 公司的内存条产品为例，阐述这一创新模式（见图 7－4）。

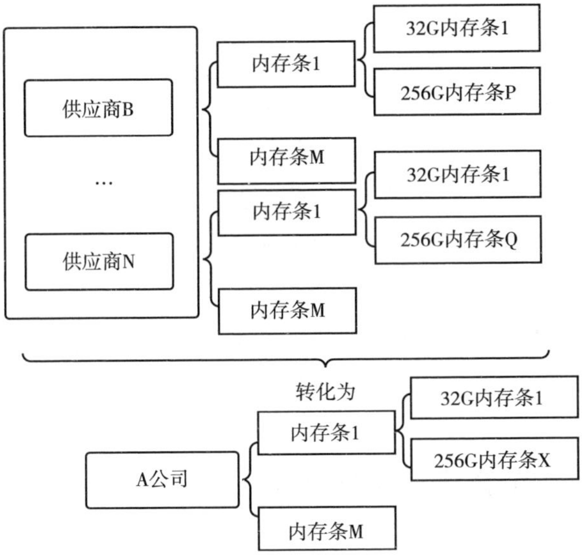

图 7－4　DB 厦门报关模式转变路径

假设供应商 B 的内存条有五个型号，且五个型号各有不同存储容量，这样就会产生很多的品名 SKUBI（I＝1…. m）；供应商 C 的内存条也有多种品名，也会产生很多 SKU；同理，直到供应商 N 的，即 SKUNJ（J＝1…. m）。传统的报关模式以供应商为主体，针对每个供应商的每个 SKU 分别报关。张晓兵通过与海关协调、合作，创造性的颠覆以往的报关思路，将以供应商为主体、针对不同品名分别报关的模式，转变为 A 公司为主体、针对内存条集中报关的模式。DB 厦门帮助 A 公司建立海关手册，针对 A 公司的原材料进行报关，即所有内存条都称为 A 公司的内存条。该创新举措在 2017 年 9 月落地实施后，A 公司报关量从原来的每月 4000 票降低到每月 400 票，并实现了 A 公司、DB 厦门以及海关和社会的多方共赢。具体如下：

A 公司：可以将报关的成本降低 90%，成本的大幅度降低，使 A 公司利润大幅度提升，同时也大大提升了 A 公司在同行业中的竞争优势。

海关：整合模式可以简化工作流程，优化人员配置，从而达到节约成本的目的。广泛推广后，也会大大改善各相关企业对海关工作的满意度。这与国家提倡的“绿色办公”“简化行政流程”的政府工作导向高度一致。

DB 厦门：由于报关费用是透明的，一直以来 DB 厦门都是委托专门的报关公司承担该项业务，费用由 A 公司单独支付。所以，该项创新举措对 DB 厦门的营业收入而言没有任何损失，且节约了与报关公司和海关反复协调等管理成本。更重要的是，对于 A 公司这样的大型企业，选择合作对象的标准主要取决于合作企业的软实力，如果可以通过创新不断提高供应链效率，形成来自供应链多个环节、捆绑多方利益相关者的价值生态圈，就会提升 A 公司的信赖度与依赖度。这样，DB 厦门就实现了将公司作为一个部门嵌入客户企业，加深与客户合作的深度与广度，促进与客户的紧密联系。

社会：该举措可以有效利用和节约社会资源，同时这种一体化的报关模式也有利于国家税收管控，提升社会效益。

7.1.5 供应链合作创新新篇章

通过整合卡车运输，改善报关模式，DB 厦门与 A 公司的交互平台水平不断提高，DB 厦门对 A 公司的需求越来越能够做出快速而准确的反应，有效提供多元化、高附加值、高质量的服务，且具有较高的灵活性。这使 A 公司物流总成本大幅降低，且获得的物流服务水平和可靠性不断提升。

对于 DB 厦门的一系列供应链整合创新，张晓兵有自己的看法：“你不去做，别人也会去做，创新是永无止境的”“新的模式一旦固定下来，会给很多企业带来收益，甚至是整个第三方物流行业”“我们不怕别人抄袭，因为我们一直在创新，永远不怕被超越。”

DB 厦门的发展，不仅仅是由客户需求驱动，更是由企业不断超越自己的追求所驱动。第三方物流企业的发展不能简单地将物流运输归结于产品的仓储与输送，这样无法适应快速发展的物流市场。以“为客户创造价值”为导向，以价值共创共享为出发点，以实现社会友好、环境友好为目标，才能不断实现资源整合、改善供应链效率、完善供应链体系。通过不断开展供应链合作创新，在为大客户提供可靠的第三方物流的同时，不断提升企业竞争优势。

DB 厦门未来的发展既要立足于企业现有的全球网络的优势和卓越的供应链合作基础，还要构建全球的信息共享平台，提高物流运输的效率，迅速有效地应对物流市场的变化，及时调整企业的战略目标与工作计划，在供应链的各个环节建立信息沟通机制，整合相关信息，并克服信息不对称，形成整合全供应链的信息共享网络，从而进一步实现共创共享共赢。

在未来的发展中，供应链合作创新还需要进一步与政府机构合作，尤其是海关部门。海关是第三方物流企业接触最频繁也是关系最密切的政府管理部门，DB 厦门的经验表明，要想与政府部门建立长期深度的合作，以卓越的内部管理、诚挚的外部服务建立彼此间的信任，是一条可行之路。

全球和区域经济一体化的深度推进，以及信息技术的迅猛发展，尤其是互联网的广泛应用，促使全球物流业经历了深刻变革，并获得了越来越多的关注。“以不断的创新应对瞬息万变的世界，走在物流行业发展的前端，只有超越自己才能永葆竞争优势。”张晓兵说。

7.2　用户需求 + 跨界知识——HOPE 平台的跨界融合

技术环境的动态性和复杂性，以及用户需求的多变性要求企业精准获取市场需求信息、深度理解用户需求，结合用户需求有效获取和整合外部知识进行创新。海尔开放式创新平台 HOPE 注重精准定位用户需求，结合跨界知识打造出一系列创新产品，为中国企业开放式创新探索出一条新的可行之路，为企业获取远距离知识开拓了一条有效路径，为开放式创新平台的发展提供了可借鉴的经验。

2021 年 6 月 22 日，世界品牌实验室（World Brand Lab）发布《中国 500 最具价值品牌》分析报告。在这份基于财务数据、品牌强度和消费者行为分析的年度报告中，海尔连续 18 年入选，连续 5 年稳居三强，品牌价值再创新高，达 4575.29 亿元。2021 年 6 月 21 日，2021 年 BrandZ™最具价值全球品牌榜在戛纳揭晓，海尔连续三年以全球唯一物联网生态品牌上榜，品牌价值较去年提升 41%。

在海尔快速发展的背后，支撑其创新与转变的是什么？

由全球著名咨询公司 Co - Shift 的三位创始人合著的《商业的未来传奇：超动态市场中的商业》一书中，把 HOPE（Haier Open Partnership Ecosystem：海尔开放式创新平台生态系统）作为唯一入选的中国企业开放式创新典范纳入。文中描述到“……海尔将公司内部的研发中心转变为开放式创新平台，极大地简化了知识交流过程，并将专家纳入不断扩大的社群中，支持跨领域创新……”。诞生于非数字时代的海尔，通过开放创新平台成功转型为互联网企业的典范。

7.2.1 HOPE 结合用户需求，整合内外部知识

随着技术环境的动态性和复杂性日益加剧，以及用户需求的日益多变，企业很难拥有创新所需的全部能力并准确把握市场需求。为了弥补创新能力不足，精准获取市场需求信息、深度理解用户需求，结合用户需求有效获取和整合外部知识成为企业创新的必然选择。针对用户动态需求，获取和转化跨界知识、打造突破性创新产品，成为企业提升创新能力、把握市场需求的重要命题。

然而，现实中，企业对用户需求的把握静态而时滞，企业成功获取和转化跨界知识充满偶然性与随机性。可喜的是，HOPE 的成功实践为我们探索这一问题提供了崭新的视角，并为产业界提供了可供借鉴的经验。HOPE 通过组建由跨产业问题源、机会源、需求源和技术源构成的生态系统，致力于动态把握用户需求，并帮助企业获取和转化跨界知识。其每一项针对用户需求整合跨界知识的创新都极大丰富了海尔的知识基础，由此带来的一系列创新成就使海尔的创新力和竞争力加速提升。

海尔以其全球 10 大研发中心为开放的基础平台，结合在全球主要创新高地（如美国硅谷、以色列、新加坡、日本等地）建立的创新中心，以及遍布全球的创新合伙人，形成了海尔全方位的“10 + N”开放创新体系，实现了“世界就是我的研发部”。这引发我们以极大的兴趣回望 HOPE 在对接用户需求与跨界知识中所起到的作用。

7.2.2　HOPE 精准把握用户需求的途径

世界一流的战略大师加里·哈默曾说过“HOPE 持续、深入与客户对话，推出的产品自然满足用户的需求”。

HOPE 作为全球领先的开放式创新平台生态系统，聚集了全球 40 多万个解决方案提供者，通过与全球创新平台合作，HOPE 资源量超过 380 万，来自全球的用户与技术创新者在 HOPE 上进行技术交流，围绕持续迭代用户的最佳体验，形成了以科技创新为驱动的庞大社群。

随着经济的快速发展，用户的消费能力不断提升，信息的高度发展也使用户的消费观念发生了翻天覆地的变化。根据时代潮流设计产品的传统方式已无法满足现今用户的需要，只有深入挖掘用户心理预期与产品功能的差距，紧抓用户痛点，才能精准把握用户需求。所谓用户痛点，即用户在使用产品过程中因其主观期望未被满足而造成的心理落差，反映的是既有需求与产品功能之间的差距。用户痛点可以分为已知痛点（现有技术水平无法在产品中实现某些需求）和潜在痛点（用户在使用产品时产生的某些需求）。通过不断提高技术水平可以解决已知痛点，通过在售产品调查、产品体验分析以及用户群体分析等方式可以定位用户潜在痛点。深入挖掘用户痛点有利于优化和改善产品，更好地满足用户需求。HOPE 精准把握用户需求的途径可以分为以下几种：

（1）与产业线紧密结合把握用户需求。

一直以来，开放式创新资源平台作为信息传递、资源共享的平台在把握用户痛点上存在复杂、冗余、信息沟通不畅等问题，以致无法精准定位用户痛点。HOPE 通过用户、设计师、技术持有者以及风险投资者之间的零距离交互解决了资源信息不对称问题。同时结合海尔独特的“人单合一”模式和

"小微化"组织架构，通过与产业线紧密结合，在不同的产业线中与用户零距离接触，并采用大数据筛选，精准定位用户需求，在产品设计与开发过程中与用户实时沟通，从而快速迭代产品，实现双方共赢。

在与产业线结合把握用户需求上，HOPE 做到了极致。不同产业线通过 HOPE 洞察用户的潜在需求，从产品设计到产品形式进行多方面创新。例如，在产品设计上，为了迅速有效找到解决"空调病"的健康送风方案，HOPE 向全球资源发出邀请，并提出多种合作模式和分享机制，如提供项目前期开发费、给予后续项目优先合作权、分享市场利益等，以确保合作双方共赢。需求发出后，在一个月时间内即吸引到众多国内外一流资源，经 HOPE 用户和专家的几轮讨论，深圳一家科技公司的"风洞"方案胜出，该公司获得了海尔提供的前期开发费用以及后续项目优先合作权，与海尔空调产业线合作创新，生产出天樽空调一代。该空调发布当天销售额即突破 2000 万元。2014 年海尔天樽空调在高端空调市场占有率高达 69%，并荣获世界影响力组织颁发的空调业内最高奖项——"全球智慧空调领袖奖"。天樽空调上市之后，在与用户的持续沟通中，空调产业线发现用户希望天樽空调实现摆风的功能。海尔空调产业线基于 HOPE，与用户及多家国内外研发机构共同努力，攻克了摆风的技术难题，天樽空调二代于 2014 年 9 月成功上市。此后，HOPE 持续与用户交互，不断对产品进行优化、迭代升级。

（2）关注用户论坛，主动发现有价值需求。

用户论坛是网络用户交流与传播信息的重要渠道。用户论坛可以帮助企业识别有价值的创新用户、吸纳创新用户参与产品创新，并为产品创新提供理论基础。同时，通过论坛社会网络挖掘，可以了解论坛中用户之间的信息交流与反馈，为发现用户需求提供支持。在用户论坛中，不仅可以通过大数据挖掘与处理找出用户最关注的问题，从而精准定位用户需求，还可以通过持续不断的用户反馈，进行产品迭代与创新。

例如，在 HOPE 的用户论坛中，约有 20 万用户对"烧干锅"进行抱怨。据统计，仅 2017 年我国发生居民燃气爆炸事故 702 起，造成 1100 余人受伤，126 人死亡，而忘关火导致的"烧干锅"是诱发事故的重要原因之一。

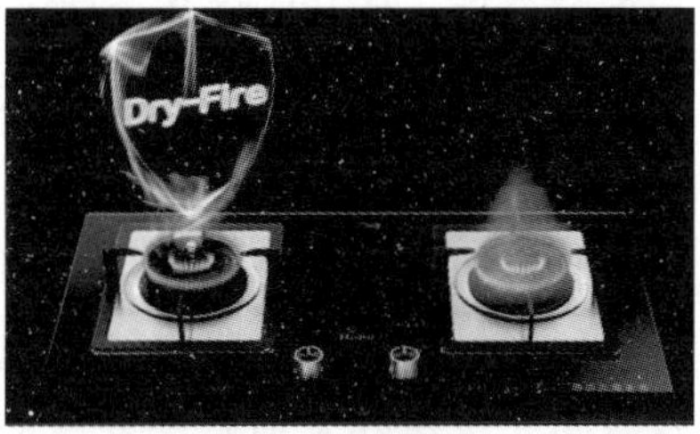

发现这一用户需求后，HOPE 专家对技术进行拆解，通过整合以色列、硅谷等创新中心资源，最终确定将防干烧燃气灶的接触式感温探头升级为非接触式感温，即选择红外测温的技术迭代方向。此后，HOPE 发布红外感温技术需求，成功链接到全球多家企业以及中科院等科研机构的资源，并收到多家资源方提供的技术方案。经过行业专家对技术可行性的深度探讨，以及 HOPE 智囊团（由创新合伙人社群专家组成）对技术方案的一系列评估后，最终 A 公司提供的 NTC 热源追踪技术方案成功入选。

A 公司专攻军用技术，对于家电行业不甚了解，因此双方组建专门的研发团队，克服了三大技术难点，最终创新出红外“防干烧”技术。其原理是锅底温度达到 290℃ ~320℃时，燃气灶会发出连续蜂鸣并切断燃气，避免事故发生。此后，2017 年 12 月由海尔牵头编制的《防干烧燃气灶标准》在武汉发布，明确了防干烧、无锅自动关火等安全功能特性、技术要求等，给用户选购安全燃气灶提供依据。

（3）领先用户定期交流，锁定用户需求。

“领先用户”这一概念最早由 von Hippel 教授于 1988 年在《创新之源》一书中提出，主要是指那些在创新初期，当技术和市场还有很大不确定性时即采用创新产品的用户。领先用户不同于“早期采用者”——即最早购买现有产品或服务的用户。领先用户处于市场潮流的前端，他们对产品或服务的需求在当前市场上还没有出现。领先用户是企业极其宝贵的外部资源，对领先用户的研究是技术创新和市场营销的结合。企业通过调查研究领先用户，洞悉未来市场需求方向，获取有价值的产品设想，继而开发出新颖的产品或服务。而且，分析领先用户需求和相应的解决方案，也能提高新产品开发效率。

对海尔而言，其领先用户是指那些对家电产品有较深理解的用户，HOPE 的很多创新合作伙伴本身就是领先用户。例如，海尔卡萨帝“气调保鲜”冰箱的诞生就是这样一个典型。面对传统冰箱“保质不保鲜”的现状，海尔卡萨帝研发人员多次通过 HOPE 进行技术寻源。通过对现有保鲜技术进行拆解分析，HOPE 整合全球不同行业的资源，让用户和资源参与深度交互。天津的一位领先用户（本身是大学教授）提出，冰箱的保鲜，除了目前常用的温度（也就是低温）、化学保鲜、生物保鲜等方式外，气氛保鲜也是一种非常有用的方式，在很多大型商用场合使用。空气主要由大约 21% 的氧气和 78% 的氮气组成的，氧气是加速腐败的一种主要因素，而氮气则可以延长保鲜时间。果蔬和其他鲜活食品的呼吸作用会随着空气中氧气浓度的下降而减弱，当氧气浓度从空气中的 21% 降低到 7% 时，食品的呼吸作用明显得到抑制。基于此，HOPE 最终明确了气调保鲜技术方向的可行性，与卡萨帝和领先用户合作，成功研发出“气调保鲜模块”，该技术通过保鲜技术模块，控制冰箱内氧气与氮气的浓度比例，有效延长了食物保鲜时间，达到保持细胞活性、减少食物养分流失的保鲜效果，实现了冰箱行业在保鲜技术上的重大突破。

（4）关联跨界知识，发现并塑造用户需求。

HOPE 在跨界知识资源中广泛捕捉，基于其多行业科学家的敏锐性，选取有潜力的跨产业知识加以分解，在分解过程中发现有些跨界知识如果叠加到海尔的产品中，会形成用户还没有意识到的需求。在冰箱等家电产品的具体技术积累上，产业线更加专业，HOPE 的优势在于见多识广，能够发现并整合跨产业技术。

根据 HOPE 的统计数据，我们发现在 HOPE 的成功案例中，主动推介跨界知识塑造用户需求的案例，远多于根据产业线具体用户需求寻找解决方案的案例。例如，2013 年，HOPE 发现不锈钢产品领域中推出了抗菌不锈钢，立即敏锐洞察到该技术在海尔的应用潜力，将其引入并应用在了海尔医疗柜上；2013 年，HOPE 发现了具有自清洁功能的玻璃，即将其推荐给太阳能产业线，推出了玻璃盖板具有自清洁功能的太阳能热水器，从而大大降低了灰尘污垢对太阳能盖板的影响（降低光线的透过率，从而降低太阳能热水器的工作效率）；2014 年，HOPE 发现了一种磁流变减震器，将其引入海尔洗衣机产业线，该技术大大降低了洗衣机工作时的震动；2015 年，HOPE 发现了一款智能显示器，将其引入存储在 HOPE 知识库，随后海尔结合该技术，推出了一款全新产品——海尔魔镜，该产品团队独立组建了一家小微公司。诸如此类，HOPE 在推动产业线塑造用户需求上的此类成功案例不胜枚举。

7.2.3 HOPE 基于转化目标的跨界知识获取模式

2018 年 5 月 10 日，海尔作为唯一家电品牌与电气与电子工程师协会（IEEE）正式签署战略合作协议，在海尔开放式创新模式下，通过对接 IEEE 资源网络和 HOPE 资源网络，双方可以更好地在标准开放和技术资源两大层面开展全球合作，并通过联合举行国际技术论坛、组织特定领域培训等形式，加快全球资源的聚合与技术市场化，共同构建智慧家庭技术和产业创新生态。

通过跨国界、跨行业、跨领域获取跨界知识并将其转化为本行业、本技术领域的特定知识，进而应用于产品之中，不仅拓展和丰富了海尔的知识库，还可以不断满足甚至超越客户需求。目前，HOPE 获取跨界知识的目标可以分为六种：第一，解决海尔产品线既有需求；第二，针对 HOPE 发现的消费者对海尔产品的需求，获取跨界知识并将其转让给产品线；第三，寻找有创意价值的技术，转让给超前研发部门；第四，预判技术发展方向和消费者需求，进行技术储备；第五，解决 HOPE 外部用户既有问题；第六，发掘并满足 HOPE 外部用户需求。本章集中关注 HOPE 在海尔内部的产品创新中所起到的作用，将针对前四种获取目标展开分析。

7.2.3.1 对接产品线需求与全球资源网络

海尔产品线发现用户需求，并在 HOPE 发布需求。继而，HOPE 整合全球资源，通过大数据抓取，以及与用户的零距离交互，在 HOPE 全球资源网络中精准匹配技术资源，并在海尔全球研发机构中寻求可合作的研发资源，转化为可以满足用户需求的产品。

（1）产品线大数据抓取用户需求——气悬浮无油动力技术。

科技创新与突破是家电行业在日趋激烈的竞争中突出重围的利器。2016 年 3 月在上海开幕的中国家电及消费电子博览会上，海尔的卡萨帝冰箱受到强烈关注，该款产品不仅具备精致的外观及合理的内部空间布局设计，最重要的是其搭载的颠覆性技术“气悬浮无油动力”，让人叹为观止。

这项重新定义了冰箱保鲜概念的气悬浮无油动力技术，是 HOPE 孕育的成果，也是 HOPE 成功转化跨界知识的又一次创举。气悬浮无油动力技术最初应用在军事和列车制造领域，首次被卡萨帝引入家电业，运用于冰箱压缩机。解决了传统压缩机制冷性能不稳定、体积大占空间、噪声大、耗电量大、保鲜效果不理想等缺点。同时，相对于传统冰箱，搭载了气悬浮无油动力的冰箱温度波动范围从±2℃降到±0.05℃。对食物细胞膜的完整性提供最佳保护，最大限度地减少水分流失。实现了冰箱内的恒温养鲜环境，从而为延长高端食材的保鲜寿命提供了很好的保障。

最初，冰箱研发部门在与用户交互过程中，洞察到用户在使用冰箱时的诸多痛点。在对用户痛点的拆解分析后，HOPE 面向全球发布关于“冰箱保鲜”的需求。随后，HOPE 凭借覆盖全球的资源网络、大数据精准匹配，以及多领域专家对技术的准确把握，最终锁定了国际知名压缩机技术企业 E 公司作为合作方。此后，E 公司和海尔澳洲研发中心的成员一起组成研发团队，在原有技术的基础上确定了“气悬浮无油动力”的创新方向。经过跨领域专家团队的评估，气悬浮无油动力冰箱产品成型。此后，HOPE 又充分发挥其强大的领先用户交互能力，发动平台上聚集的大量专业人士、科技爱好者、极客族群等领先用户贡献他们的智慧，对这一颠覆性技术产品加以完善，最终面市。

有业内专家表示：对于久居城市、物质生活富足的都市人来说，山珍海味司空见惯，可贵的是食材刚刚被采摘、捕获时的那份新鲜味道。卡萨帝洞悉用户的这一保鲜需求，并通过 HOPE 全球资源网络和强大的资源配置能力，提供了有效的解决方案将产品落地，堪称互联网时代背景下应用跨界知识的全流程创新典范。

（2）产品线承接超前研发部门创意，通过 HOPE 发布创客项目——NOCO 技术。

超前研发部门洞察用户需求后开始超前探索，而后将初步探索成果有偿转让给产品线，产品线与 HOPE 合作寻求合作资源，组建产品研发团队，并在研发过程中通过 HOPE 不断与用户交互，最终使产品上市。这是 HOPE 帮助海尔获取和转化跨界知识的又一成功路径。

2010 年在卡萨帝用户论坛中，有用户提出：“CO 防护措施做得再好也会有隐患，不产生岂不是更好。”这个用户需求随即激发了海尔超前研发中心的思考。当年 12 月，HOPE 组建精英创客团队，开始了对燃气热水器“极致安全”的探索，很快形成寻源思路，并发布技术需求。通过 HOPE 平台在全球的资源网络和大数据技术的自动筛选，最终有 16 家强大的资源公司符合需求。此后，HOPE 和热水器部门共同组成专家团队对技术源进行评估，最终德国 B 公司和中国 Z 公司两家研发机构与海尔达成了技术合作协议，共同组建了联合研发实验室，并成功研制出 NOCO 技术。经过多轮研发测试，2013 年 12 月，首台样机下线；2014 年 4 月，开始进行极客测评等；2014 年 9 月，卡萨帝传奇热水器正式上市。

卡萨帝传奇燃气热水器采用的 NOCO 技术，此前应用于航天净化，能够催化还原燃烧产生的 CO，使最终排出的一氧化碳量降低到国家安全标准的二十分之一，相当于一只点燃的蜡烛释放出的 CO 量，从源头上杜绝洗澡时 CO 中毒的隐患。在研发过程中，HOPE 始终以用户为中心，通过不断交互用户需求，将 DK 转化为家电行业可以采用的技术，解决了用户痛点问题。新产品不仅满足了用户的安全洗浴需求，还成功破除了困扰行业多年的顽疾。开发上市以来，NOCO 技术共获得 8 项专利，并被中国五金协会认定为行业最安全技术，成为引领燃气热水器行业的最新安全标准。

7.2.3.2　探索用户需求，为产品线提供创新技术——免清洗洗衣机

有一种情况经常在家电行业发生：一些用户需求长期存在，业界对此亦早已知晓。但长期以来业界或者视而不见（例如，燃气热水器的一氧化碳排放问题），或者缺乏有效解决方案（如洗衣机自清洁问题），以至于相应问题一直没有产业先行者来解决。HOPE 关注这类用户需求，在与用户持续交互过程中汇集创意，形成“创客方案”。继而整合海尔全球研发中心，通过成功获取和转化跨界知识解决业内用户需求。

作为家电行业的领先品牌，海尔不仅在产品质量上使用户信赖，更能够在产品更新中给用户带来惊喜。这个惊喜的背后不仅是海尔依据用户需求进行产品迭代，更是海尔主动探求用户需求、获取和转化跨界知识以满足用户需求的过程。例如，海尔的免清洗洗衣机就是HOPE 主动探索用户需求，并转化跨界知识的一大成功案例。通过 HOPE 整合全球一流资源，原创免清洗技术，采用“智慧球”科技实现“洗衣同时洗桶”，防止洗衣机内外桶壁附着沉积污垢，从而解决用户“越洗越脏”的问题。

最初，海尔的工程师们发现，洗涤水流过时经常会导致一些污渍沉积在洗衣机内外桶之间的夹层里，不仅污染衣服，还会滋生细菌。且有大量用户经常就衣服“越洗越脏”的问题进行讨论。为此，HOPE 基于海尔的“用户交互”理念，主动探究用户需求，通过全球 10 大交互渠道以及 19 个交互平台开展创意讨论，吸引超过 500 万粉丝参与，形成 1000 万个交互量、1300 个创意量，最终有 846 位创客提交方案。经 HOPE 团队和洗衣机产业线工程师的不断交互，挑选了其中的 3 个方案进行评比。最终，“智慧球”方案脱颖而出。海尔免清洗洗衣机采用抗菌材质制成的柔性“智慧球”，每次洗衣服时，水流带动智慧球在内外桶夹层之间不停地运动，运动的智慧球不断对桶壁形成撞击、挤压和摩擦，从而可以保持内外桶壁持久清洁。病菌失去了滋生的环境，无从繁殖生长，这样就达到了清洁、健康洗衣的效果。

以 HOPE 为桥梁，海尔将技术与产品研发分割——海尔集团研发中心与中科院负责免清洗系统和智慧球科技研发；美国研发中心负责立式翻转洗科技研发；欧洲研发中心负责产品结构和 VDE 认证的研发；日本研发中心负责精准控制和智能收放研发；并与美国 3M、联合利华、陶氏等全球 500 强企业进行资源整合和专利分享，最终完成了“免清洗”系统的开发，不仅完成了“免清洗”洗衣机从用户痛点到产品爆发点的跨越，而且形成了“免清洗”产业生态圈。

2014 年免清洗洗衣机一经面世就受到消费者的追捧。国内权威市场调研机构怡康发布的洗衣机市场监测数据中显示，海尔免清洗洗衣机仅依靠单型号的销量就领先第二名销量的 54%，且单型号销售总额超出第二名销售总额的 37.8%。在上市不足两个月的情况下，海尔免清洗洗衣机在销量和销售额上，均领跑洗衣机市场畅销型号排行榜。

7.2.3.3　关注技术态势，为超前研发部门提供技术创意——3D 喷头清洗剂

HOPE 平台不仅可以精准定位用户需求，获取跨界知识进行产品创新。同时还持续关注技术最新态势，在 HOPE 用户社群中征集技术，为海尔的超前研发部门提供技术创意。例如 HOPE 的一个小成果——3D 喷头清洗机案例，该技术来自日本一家仅有 12 人的公司，该公司采用高压水枪喷射来切割水泥墙，切割下来的水泥墙残渣再用吸尘器吸回来。该公司把这个技术发表到 HOPE，HOPE 的专家捕捉到这一技术的价值，将其提供给超前研发部门。超前研发部门探索应该如何将该技术与家电行业结合，以及可以开发出何种产品。海尔内部一些员工创想将该技术与洗衣机结合会怎么样，实践发现它真的可以洗衣服。此后就有了 3D 喷头清洗机，通过真空吸水的原理将水打到衣服上的同时瞬间吸回，把污渍清洗掉。

7.2.3.4　洞察技术价值，形成技术储备库——海尔魔镜

HOPE 不仅关注满足用户需求，还致力于洞察技术价值。HOPE 在全球技术市场中以其广泛的涉猎范围和敏锐的观察力洞悉并获取有潜在价值的技术，形成 HOPE 的超前技术储备。一旦发现有用户需求或者可以培育需求，就能及时从储备库中提取，率先形成产品。海尔魔镜就是这样一个案例。海尔魔镜是一种全新的智慧洗浴概念，魔镜未开启时，它是一面普通的镜子；开启后，站在魔镜前，只需几秒钟，魔镜就能显示出镜前人的性别，随后根据性别、个人喜好，建议性地给出包括热水温度、水量、娱乐版块、健康分析等信息。当开启健康分析功能后，体温感

应技术随即启动，并对镜前人进行全身检查。

2014 年 7 月，资源方 R 来到在青岛举办的海尔开放创新周上，推介魔镜产品创意。HOPE 洞察其创意价值，将其纳入了 HOPE 创意库。2015 年 1 月，海尔用水生态圈搜集水圈内的智慧产品，HOPE 适时推送了包括资源方 R 在内的多家资源。随后，在 HOPE 匹配的跨领域专家团队评审会上，大家最终达成一致，聚焦于具有交互功能的浴镜。资源 R 方的创意和软硬件使其在多家资源中脱颖而出。2015 年 3 月，海尔用水生态圈在上海家博会上展示智慧浴室的样机，并召开概念发布会。在这次展会上，智慧浴室的概念得到了用户的很好响应。最终，锁定了智慧浴室的核心产品——魔镜，作为第一代智慧浴室的主攻产品。2015 年 4 月，海尔用水生态圈通过 HOPE 面向全球发布魔镜创意落地转化的寻源需求；5 月原型机成型；6 月工艺样机到位，并分发给 HOPE 领先用户进行体验，寻求改善点；7 月召开产品发布会。产品落地之路，可谓一气呵成。2015 年第三季度，魔镜正式上市，仅仅几个月就实现了 500 万元的销售成绩。

魔镜产品诞生的全程离不开 HOPE 覆盖全球的资源网络，以及强大的全流程资源整合能力。在全球范围内让拥有研发、技术、知识能力的团队和个人，通过 HOPE 平台走到一起并分工协作，将跨地域、跨行业、跨技术领域的知识有效整合，高效快速地提出解决方案，最终落地实现，大大降低了研发生产成本。

7.2.4 HOPE 经验总结

（1）链接高校和研发机构，整合 HOPE 多领域科学家，解构并界定用户需求。

在产品创新过程中，如何发现用户需求、将用户需求解构成技术问题、继而生产出用户所需要的产品，是企业产品创新能否成功的关键。产学研融合的合作创新方式，一方面可以链接高校与研发机构，将大学和科研机构的科技成果有效地转化为企业的技术能力；另一方面，产业界的参与，可以实现与用户零交互，能够有效解决高校和科研机构产品创新过程中面临的用户需求和市场距离问题。HOPE 真正实现了链接高校、研发机构以及多领域的专家，将用户需求可操作化、技术化，通过对技术的不断改进，生产出满足用户需求的产品。

（2）全产业链资源覆盖，实现资源快速匹配。

全产业链资源覆盖是实现资源快速匹配的重要途径之一，有利于提高创新效率，从而提升企业创新绩效。实现全产业链资源覆盖不仅有利于企业创新发展，还有利于满足用户需求，实现双赢。如何进行快速的资源匹配是实现全产业链资源覆盖至关重要的问题。HOPE 独具的创新模式，可实现从原型设计、技术方案、结构设计、快速模型、小批试制等全产业链的资源覆盖，并能够快速满足创新转化过程中的各类资源匹配问题。

（3）以 HOPE 为中心，打造共赢生态圈。

物联网时代，合作共赢是互联网生态圈的主旋律。基于开放式创新平台的合作是目前企业创新的新形势，不仅可以实现合作伙伴之间的共赢，还可以通过一体化打造共赢生态圈。海尔打造共创共赢的生态圈，让企业变成互联网的节点，链接全球一流资源，其目的是利用全球资源快速满足用户需求，实现生态圈里相关方共赢。以 HOPE 为中心的共赢生态圈，可以缩短产品生产周期，提高产品生产效率。无论是海尔内部员工还是外部创客，每个人均可按照自己的贡献大小分享不同的利益和价值。

海尔不仅通过产品生产过程形成共赢生态圈，还通过产品本身打造共赢生态圈。例如，作为一款互联网冰箱，海尔馨厨冰箱不仅可以储存食物，还可以将冰箱转化为流量入口，吸引众多资源方加入这一平台，实现从供货商到合作方的转变。改变了传统冰箱作为硬件的一次性消费模式，过渡为多频次内容消费，实现第三方付费社会化。

海尔以创新为黏合剂，建构 HOPE，整合多方资源，让创新不再只是空口白话。HOPE 通过社区运营，吸引大批用户参与各种创意交互，积累用户流量，通过后台的数据分析与整理，全面了解用户使用家电过程中对电器产品的各种需求，加工整理并快速转化成产品规划。目前 HOPE 的注册技术资源已经超过 10 万，且每个技术资源都带有其技术方案，这些技术方案的结构化数据为大数据匹配提供了良好基础，任何用户需求提交到平台后，后台的大数据都能快速精准地匹配到合适的解决方案。正所谓没有成功的企业，只有时代的企业，海尔在开放式创新模式的道路上还将持续创新、持续引领智慧生活。

互联网时代，产业竞争已不单纯是企业间的竞争，更是生态体系间的竞争。海尔的开放式创新生态系统看上去是对传统创新研发模式的颠覆，实际上反映的是企业对用户需求与技术资源的重新建构。HOPE 通过打造全球交互社区，加速用户真实需求的转化率，将为目前的创新体系升级带来全新的思路。

第8章

结　　论

本书采用定性研究与定量研究相结合的方法，整合企业的开放式创新合作广度、深度，企业家社会网络合作，跨界知识获取与整合，以及开放式创新合作的国家间差异等几个不同视角，系统探究开放式创新合作网络对企业创新绩效的作用机制。研究结论对于拓展和丰富创新领域的研究具有重要理论意义，对于帮助企业制定行之有效的开放式创新战略，提升企业创新能力具有重要实践意义，也能够为政府制定政策提供理论指导。

（1）本书从外部市场环境和内部吸收能力两个方面探讨开放式创新合作广度和深度与企业创新绩效之间的关系，并探究相应关系的发生机理。通过实证检验得出以下结论：开放式创新合作广度、深度均显著正向影响企业创新绩效，吸收能力在开放式创新合作广度、深度和企业创新绩效之间起部分中介作用，市场竞争程度和市场动荡程度调节开放式创新合作广度、深度和企业创新绩效之间的关系。研究结论启示：企业应积极开展开放式创新活动，从战略层面重视外部知识搜寻，重视培养企业外部知识搜寻的能力；企业应该灵活适应外部市场环境，及时调整开放策略，合理把握开放度；企业要重视吸收能力在知识资源转换为创新绩效过程中的所起到的关键驱动作用。

（2）本书从社会网络视角揭示了开放式创新合作对企业创新绩效的作用机制。本书用定量研究与定性研究相结合的方法回答了两个研究主题。其一，利用GEM数据库中1057家中国企业的调查数据进行了定量研究，证明了企业家正式社会网络与非正式社会网络均正向影响企业创新绩效，创业能力与创业动机正向调节上述关系；其二，通过对来自 14 家企业的 14 位企业家进行半结构化访谈，探索企业家社会网络对创新绩效作用的内在机制。本书的研究结论证实了社会网络对企业创新绩效的重要性，启示企业家如何准确有效地识别网络资源，快速获取资源，提高资源利用效率，同时也为政府部门提供了切实可行的政策建议。

（3）本书构建了基于开放式创新平台的跨界知识搜索与整合路径的理论模型。以 HOPE 平台为案例研究对象，依据理论分析框架解析不同阶段 HOPE 平台的具体做法并验证分阶段模型的可行性，系统构建开放式创新平台跨界知识搜索与整合路径的理论模型。本书研究结论厘清了开放式创新平台跨界知识搜索与整合过程中的具体做法，并形成不同阶段的跨界知识搜索与整合路径模型；系统构建了开放式创新平台跨界知识搜索与整合路径的理论模型；进一步明晰开放式创新平台在跨界知识搜索与整合过程中的作用机制。研究结论将进一步丰富跨界知识领域的研究，帮助企业破解跨界知识搜索与整合的难题，为企业开展高效率的跨界知识搜索与整合活动提供借鉴。同时，可以为企业提升创新能力，尤其是颠覆式创新能力提供借鉴。

（4）本书从国家差异角度提出了提升企业创新绩效的开放式创新策略。基于全球创业观察（GEM）的调查数据，研究了中国与其他发展中国家（如巴西、印度尼西亚、泰国和尼日利亚）的企业间合作对企业创新绩效的效用是否存在国家间差异性。研究结果表明：在中国、巴西与印度尼西亚，企业间合作对企业创新绩效没有显著作用；而在泰国与尼日利亚，企业间合作与企业创新绩效间呈显著正相关关系。研究结果显示，企业间合作对企业创新绩效的影响存在国家间差异。本书的结论对于政府制定和完善政策以提高企业间合作的有效性，从而推动小企业创新具有重要意义。

（5）本书通过定性案例分析验证上述实证研究结论，并系统探索了开放式创新合作对企业创新绩效的作用机制。HOPE 平台的跨界融合的案例启示企业应根据用户需求的多变性精准获取与定位市场需求信息、深度理解用户需求，结合用户需求有效获取和整合外部知识进行创新，这将为中国企业开放式创新探索出一条新的可行之路，为企业获取远距离知识开拓一条有效路径，为开放式创新平台的发展提供了可借鉴的经验。DB厦门的供应链合作创新案例启示企业，在第三方物流行业竞争加剧、客户需求不断趋于多样性和异质性，以及客户的成本压力不断加大的环境下，以“为客户创造价值”为导向，打造“多方共赢的价值生态圈”，将有助于企业保持竞争优势。

参考文献

[1] 艾凤义，侯光明．纵向研发合作中的收益分配和成本分担机制[J]．中国管理科学，2004，12（6）：86－90．

[2] 白璇，李永强，赵冬阳．企业家社会资本的两面性：一项整合研究[J]．科研管理，2012，33（3）：27－35．

[3] 蔡莉，汤淑琴，马艳丽，等．创业学习、创业能力与新企业绩效的关系研究［J］．科学学研究，2014，32（8）：1189－1197．

[4] 蔡萌，杜海峰．企业员工累积社会资本对个人绩效的影响［J］．管理科学，2020，33（1）：75－87．

[5] 蔡永明，俞峰．共同语言是否利于企业从全球知识搜索中获取创新[J]．管理世界，2017（1）：180－181．

[6] 蔡猷花，肖艳红，陈国宏，等．产业集群创新网络与知识整合交互影响模型及仿真分析［J］．中国管理科学，2013，21（S2）：771－776．

[7] 曾德明，文金艳．协作研发网络中心度、知识距离对企业二元式创新的影响［J］．管理学报，2015，12（10）：1479－1486．

[8] 陈聪，高建，李纪珍．创业者幸福吗？创业动机影响创业者心理幸福感的实证研究［J］．科学学与科学技术管理，2018，39（3）：144－152．

[9] 陈国权，马萌．组织学习——现状与展望［J］．中国管理科学，2000（1）：66－74．

[10] 陈国权．学习型组织的组织结构特征与案例分析［J］．管理科学学报，2004，7（4）：56－67．

[11] 陈劲，蒋子军，陈钰芬．开放式创新视角下企业知识吸收能力影响因素研究［J］．浙江大学学报人文社会科学版，2011，41（5）：71－82．

[12] 陈君达，邬爱其．国外创新搜寻研究综述［J］．外国经济与管理，

2011, 33 (2): 58 -65.

[13] 陈衍泰，孟媛媛，张露嘉，等．产业创新生态系统的价值创造和获取机制分析——基于中国电动汽车的跨案例分析 [J]. 科研管理，2015，36 (s1): 68 -75.

[14] 陈永广，韩伯棠．企业研发合作组织模式选择影响因素及决策机制研究 [J]. 科学学与科学技术管理，2011，32 (6): 123 -127.

[15] 陈志明．知识基础、开放式创新与创新绩效关系研究 [D]. 广州：华南理工大学，2015.

[16] 程露，苏敬勤，于泽威．基于知识搜索过程的科技型企业开放式创新行为框架——以大连机车为例 [J]. 管理案例研究与评论，2018，11 (6): 519 -531.

[17] 储节旺，吴川徽．社会化网络与开放式创新能力关系研究述评 [J]. 图书情报工作，2016 (15): 126 -133.

[18] 邓建平，曾勇．政治关联能改善民营企业的经营绩效吗 [J]. 中国工业经济，2009 (2): 98 -108.

[19] 邓少军，焦豪，冯臻．复杂动态环境下企业战略转型的过程机制研究 [J]. 科研管理，2011，32 (1): 60 -67.

[20] 杜晓静，耿亚青，沈占波．基于互联网的开放式创新模式研究：背景、特点和组成系统 [J]. 科技进步与对策，2014 (8): 10 -15.

[21] 冯立杰，李阳光，岳俊举，等．小微企业知识溯源路径研究——基于 IDE 创新理论视角 [J]. 情报理论与实践，2017，40 (7): 50 -55.

[22] 奉小斌，陈丽琼．外部知识搜索能提升中小微企业协同创新能力吗？——互补性与辅助性知识整合的中介作用 [J]. 科学学与科学技术管理，2015，36 (8): 105 -117.

[23] 付群英，刘志迎．大众创新：内涵与运行模式 [J]. 科学学与科学技术管理，2016，37 (2): 3 -10.

[24] 耿新，张体勤．企业家社会资本对组织动态能力的影响——以组织宽裕为调节变量 [J]. 管理世界，2010 (6): 109 -121.

[25] 郭立新，陈传明．企业家社会资本与企业绩效——以战略决策质量为中介 [J]. 经济管理，2011，33 (12): 43 -51.

[26] 郭尉．创新开放度对企业创新绩效影响的实证研究 [J]．科研管理，2016，37（10）：43－50.

[27] 海本禄，张流洋，张古鹏．基于环境动荡性的联盟知识转移与企业创新绩效关系研究 [J]．中国软科学，2017（11）：157－164.

[28] 韩炜，薛红志．基于新进入缺陷的新企业成长研究前沿探析 [J]．外国经济与管理，2008，351（5）：14－21.

[29] 何俊辉．客户参与开放式创新分类研究 [J]．科技进步与对策，2013，30（11）：6－9.

[30] 贺小刚，李新春．企业家能力与企业成长：基于中国经验的实证研究 [J]．经济研究，2005（10）：101－111.

[31] 洪闯，李贺，彭丽徽，祝琳琳．基于链接分析的企业开放式创新平台网络影响力评价研究 [J]．情报理论与实践，2018，41（12）：104－109.

[32] 胡畔，于渤．跨界搜索、能力重构与企业创新绩效——战略柔性的调节作用 [J]．研究与发展管理，2017，29（4）：138－147.

[33] 胡新华，喻毅，韩炜．谁更能建构高质量的社会网络？——创业者先前经验影响社会网络构建的作用研究 [J]．研究与发展管理，2020，32（5）：126－138.

[34] 黄永春，胡晓娟．后发企业进入战略性新兴产业赶超的路径选择研究：以智能手机产业为例 [J]．科学学与科学技术管理，2015，36（11）：69－78.

[35] 蒋春燕，赵曙明．社会资本和公司企业家精神与绩效的关系：组织学习的中介作用——江苏与广东新兴企业的实证研究 [J]．管理世界，2006（10）：90－99.

[36] 解学梅，左蕾蕾．企业协同创新网络特征与创新绩效：基于知识吸收能力的中介效应研究 [J]．南开管理评论，2013，16（3）：47－56.

[37] 李建军，李丹蒙．创业团队人力资本特征与高新技术企业研发投入——基于我国创业板公司的实证研究 [J]．软科学，2015，29（3）：79－83.

[38] 李剑力．探索性创新、开发性创新与企业绩效关系研究：基于冗余资源调节效应的实证分析 [J]．科学学研究，2009，27（9）：1418－

1427.

［39］李健，刘世洁，陈传明．代际间企业家社会网络结构差异、组织沉默与传承绩效关系研究［J］．管理学报，2020，17（12）：1769－1776.

［40］李颖，赵文红，薛朝阳．创业导向、社会网络与知识资源获取的关系研究——基于信号理论视角［J］．科学学与科学技术管理，2018，39（2）：130－141.

［41］李永强，杨建华，白璇，等．企业家社会资本的负面效应研究：基于关系嵌入的视角［J］．中国软科学，2012（10）：104－116.

［42］梁阜，张志鑫．外部知识搜索及其双元性的创新效应研究［J］．情报杂志，2019，38（1）：171－179.

［43］梁海山，魏江，万新明．企业技术创新能力体系变迁及其绩效影响机制——海尔开放式创新新范式［J］．管理评论，2018，30（7）：281－291.

［44］梁娟，陈国宏．多重网络嵌入与集群企业知识创造绩效研究［J］．科学学研究，2015，33（1）：90－97.

［45］梁乙凯，戚桂杰，周蕊．开放式创新平台组织采纳关键因素研究［J］．科技进步与对策，2017，34（6）：1－6.

［46］林萍．组织动态能力与绩效关系的实证研究：环境动荡性的调节作用［J］．上海大学学报（社会科学版），2009，16（6）：66－77.

［47］林生传．教育研究法［M］．台北：心理出版社，2002.

［48］林向义，罗洪云，王艳秋，等．集成创新中的知识整合模式研究［J］．科学管理研究，2011，29（3）：16－20.

［49］刘景东，党兴华，谢永平．不同知识位势下知识获取方式与技术创新的关系研究——基于行业差异性的实证分析［J］．科学学与科学技术管理，2015（1）：44－52.

［50］刘寿先．结构性社会资本如何影响技术创新——基于组织学习的视角［J］．经济管理，2014，36（4）：147－158.

［51］刘洋，应瑛，魏江，等．研发网络边界拓展、知识基与创新追赶［J］．科学学研究，2015（6）：915－923.

［52］刘哲雨，尚俊杰，郝晓鑫．跨界知识驱动创新教育：变革机制与

实施路径 [J]. 远程教育杂志，2018，36 (3)：3 - 12.

[53] 刘志迎，龚秀媛，张孟夏. Yin、Eisenhardt 和 Pan 的案例研究方法比较研究——基于方法论视角 [J]. 管理案例研究与评论，2018，11 (1)：104 - 115.

[54] 刘志迎，李芹芹. 产业链上下游链合创新联盟的博弈分析 [J]. 科学学与科学技术管理，2012，33 (6)：36 - 41.

[55] 鲁若愚，陈力. 企业知识管理中的分享与整合 [J]. 研究与发展管理，2003，15 (1)：16 - 20.

[56] 陆杉. 农产品供应链成员信任机制的建立与完善——基于博弈理论的分析 [J]. 管理世界，2012 (7)：172 - 173.

[57] 罗家德. 关系与圈子——中国人工作场域中的圈子现象 [J]. 管理学报，2012，9 (2)：165 - 171，178.

[58] 罗珉，刘永俊. 企业动态能力的理论架构与构成要素 [J]. 中国工业经济，2009，(1)：75 - 86.

[59] 吕力. 管理案例研究的信效度分析：以 AMJ 年度最佳论文为例 [J]. 科学学与科学技术管理，2014 (12)：19 - 29.

[60] 吕淑丽. 企业家社会资本对技术创新绩效的影响 [J]. 情报杂志，2010，29 (5)：107 - 112.

[61] 吕一博，程露，苏敬勤. "资源导向"的企业网络行为：一个社会网络视角的分析框架 [J]. 管理学报，2013，10 (1)：70 - 76.

[62] 马富萍. 高管社会资本对技术创新绩效的作用机制研究：基于资源型企业的实证 [M]. 北京：中国经济出版社，2014.

[63] 买忆媛，李逸，安然. 企业家行业地位对产品创新的影响 [J]. 管理学报，2016，13 (3)：415 - 424.

[64] 梅亮，陈劲. 责任式创新：源起、归因解析与理论框架 [J]. 管理世界，2015 (8)：39 - 57.

[65] 孟耀辉. 企业家社会资本对技术创新投入的影响——以江苏省上市公司为例 [J]. 全国商情（理论研究），2011 (Z3)：9 - 11.

[66] 彭华涛，Sadowski，B.. 开放式创新网络形成及演化的探索性案例研究 [J]，科研管理，2014，35 (8)：51 - 58.

[67] 瞿孙平，石宏伟，俞林．创新视角下知识搜索的研究回顾与展望[J]．情报杂志，2018，37（8）：195－201.

[68] 任宗强，吴海萍，丁晓．中小企业内外创新网络协同演化与能力提升[J]．科研管理，2011，32（9）：7－14.

[69] 阮爱君，陈劲．正式/非正式知识搜索宽度对创新绩效的影响[J]．科学学研究，2015，33（10）：1573－1583.

[70] 芮正云，罗瑾琏．企业创新搜寻策略的作用机理及其平衡——一个中国情境下的分析框架与经验证据[J]．科学学研究，2016，34（5）：771－780.

[71] 宋方煜．企业社会资本对创新绩效的影响[D]．长春：吉林大学，2012.

[72] 苏敬勤，贾依帛．我国工商管理案例研究现状、应用前景及情境化深度[J]．管理学报，2018，15（6）：791－802.

[73] 孙俊华，陈传明．企业家社会资本与公司绩效关系研究——基于中国制造业上市公司的实证研究[J]．南开管理评论，2009，12（2）：28－36.

[74] 王保进．窗口版 SPSS 与行为科学研究[M]．台北：心理出版社，2002.

[75] 汪欢吉，陈劲，李纪珍．开放式创新的合作伙伴异质度对企业创新模式的影响[J]．技术经济，2016，35（6）：16－23.

[76] 王方．“互联网＋”下开放式创新平台建设实践——中小企业视角的研究[J]．科技进步与对策，2016，33（15）：15－21.

[77] 王国红，黄昊，秦兰．技术新创企业创业网络对企业成长的影响研究[J]．科学学研究，2020，38（11）：2029－2039.

[78] 王海杰，宋姗姗．互联网背景下制造业平台型企业商业模式创新研究——基于企业价值生态系统构建的视角[J]．管理学刊，2019（1）：43－54.

[79] 王海军，冯军政，施慧斌．开放式创新模式及伙伴资源动态优化机制研究[J]．科学学与科学技术管理，2015，12（36）.

[80] 王金凤，张博，冯立杰，等．技术创新过程中的知识获取路径研

究［J］．工业技术经济，2014，33（11）：144－148．

［81］王凯，吴勇，朱卫东．开放式创新模式下企业创新资源整合能力的形成机理［J］．科技管理研究，2018（1）：25－29．

［82］王丽平，狄凡莉．创新开放度、组织学习、制度环境与新创企业绩效［J］．科研管理，2017，38（7）：91－99．

［83］王钦，高山行．基于知识披露的开源软件创新博弈模型研究［J］．管理工程学报，2010，24（4）：104－109．

［84］王涛，黄兰兰，周正．外部创新源对企业创新绩效影响的实证研究——以吸收能力为中介变量［J］．软科学，2016，30（5）：50－53．

［85］王巍．多维接近性对关键研发者知识搜索的影响研究［J］．科学学与科学技术管理，2017，38（10）：107－119．

［86］王元地，杜红平，陈劲，等．企业技术创新搜寻研究综述［J］．科技进步与对策，2015（11）：149－154．

［87］魏江，刘锦，杜静．自主性技术创新的知识整合过程机理研究［J］．科研管理，2005，26（4）：15－21．

［88］魏江．多层次开放式区域创新体系建构研究［J］．管理工程学报，2010（S1）：31－37．

［89］魏轩，陈伟．社会网络位置和企业 R&D 绩效［J］．科学学研究，2019，37（11）：2044－2053．

［90］邬爱其，方仙成．国外创新搜寻模式研究述评［J］．科学学与科学技术管理，2012，33（4）：67－74．

［91］吴俊杰，戴勇．企业家社会资本、知识整合能力与技术创新绩效关系研究［J］．科技进步与对策，2013，30（11）：84－88．

［92］吴俊杰，王节祥，耿新．企业家社会网络总是有助于提升创新绩效吗？［J］．科学学研究，2015，33（12）：1883－1893．

［93］吴伟伟，张天一．非研发补贴与研发补贴对新创企业创新产出的非对称影响研究［J］．管理世界，2021，37（3）：137－160．

［94］吴增源，谌依然，伍蓓．跨界搜索的内涵、边界与模式研究述评及展望［J］．科技进步与对策，2015，32（19）：153－160．

［95］夏恩君，王文涛．企业开放式创新众包模式下的社会大众参与动

机 [J]. 技术经济, 2016, 35 (1): 22 – 29.

[96] 夏恩君, 赵轩维, 李森. 国外众包研究现状和趋势 [J]. 技术经济, 2015, 34 (1): 28 – 36.

[97] 肖艳红, 朱微, 孙凯. 基于创新网络的外部知识搜索模型构建研究 [J]. 情报理论与实践, 2019, 42 (6): 131 – 137.

[98] 肖志雄. 知识距离对知识吸收能力影响的实证研究——以服务外包企业为例 [J]. 情报科学, 2014, 32 (10): 61 – 69.

[99] 熊伟, 奉小斌, 陈丽琼. 国外跨界搜寻研究回顾与展望 [J]. 外国经济与管理, 2011, 33 (6): 18 – 26.

[100] 闫春, 赵巧艳. 开放式创新源泉: 主体分类、绩效贡献及其实践 [J]. 商业研究, 2014, 56 (2): 124 – 131.

[101] 杨鹏鹏, 许译文, 李星树. 民营企业家社会资本、动态能力影响企业绩效的实证研究 [J]. 山西财经大学学报, 2015, 37 (9): 101 – 112.

[102] 杨雪, 顾新, 王元地. 企业外部技术搜寻平衡研究——基于探索 – 开发的视角 [J]. 科学学研究, 2015, 33 (6): 907 – 914.

[103] 应洪斌. 结构洞对产品创新绩效的作用机理研究——基于知识搜索与转移的视角 [J]. 科研管理, 2016, 37 (4): 9 – 15.

[104] 游达明, 黄曦子. 突破性技术创新合作伙伴选择及其评价 [J]. 系统工程, 2014 (3): 99 – 103.

[105] 余斌, 奉小斌. 知识搜索的时间维度研究综述 [J]. 浙江理工大学学报 (社会科学版), 2018, 40 (1): 11 – 18.

[106] 余菲菲, 燕蕾. 创新社区中用户创新的创新效应及意见探究: 以海尔 HOPE 创新平台为例 [J]. 科学学与科学技术管理, 2017, 38 (2): 55 – 67.

[107] 禹献云, 周青. 外部搜索策略、知识吸收能力与技术创新绩效 [J]. 科研管理, 2018, 39 (8): 11 – 18.

[108] 原毅军, 于长宏. 产学研合作与企业内部研发: 互补还是替代?——关于企业技术能力 "门限" 效应的分析 [J]. 科学学研究, 2012, 30 (12): 1862 – 1870.

[109] 韵江, 马文甲, 陈丽. 开放度与网络能力对创新绩效的交互影响

研究 [J]. 科研管理, 2012, 33 (7): 8-15.

[110] 翟瑞瑞, 陈岩, 姜鹏飞. 多元技术创新模式与企业创新绩效——基于吸收能力中介机制的研究 [J]. 软科学, 2016, 30 (2): 44-49.

[111] 张峰, 刘侠. 外部知识搜寻对创新绩效的作用机理研究 [J]. 管理科学, 2014, 27 (1): 31-42.

[112] 张怀英, 李璐, 蒋辉. 正式关系网络、企业家精神对中小企业绩效的影响机制研究 [J]. 管理学报, 2021, 18 (3): 353-361.

[113] 张杰, 郑文平, 翟福昕. 竞争如何影响创新: 中国情景的新检验 [J]. 中国工业经济, 2014 (11): 56-68.

[114] 张玲, 崔毅. 技术外部商业化、战略能力与企业绩效关系研究 [J]. 科学学与科学技术管理, 2015, 36 (11): 124-131.

[115] 张文红, 赵亚普, 陈爱玲. 外部研发机构联系能否提升企业创新? ——跨界搜索的中介作用 [J]. 科学学研究, 2014, 32 (2): 289-296.

[116] 张文红, 赵亚普, 施建军. 创新中的组织搜索: 概念的重新架构 [J]. 管理学报, 2011, 8 (9): 1387.

[117] 张小宁, 赵剑波. 新工业革命背景下的平台战略与创新——海尔平台战略案例研究 [J]. 科学学与科学技术管理, 2015, 36 (3): 77-86.

[118] 赵付春, 冯臻. 开放式创新绩效实现机制实证研究: 基于IT能力理论的视角 [J]. 科技进步与对策, 2015 (16): 1-6.

[119] 赵佳佳, 刘天军, 田祥宇. 合作意向、能力、程度与“农超对接”组织效率——以“农户+合作社+超市”为例 [J]. 农业技术经济, 2014 (7): 105-109.

[120] 赵坤, 荆林波, 孙锐, 等. 创业企业韧性如何促进新产品开发——资源保护理论视角下的单案例研究 [J]. 技术经济, 2021, 40 (5): 133-145.

[121] 赵立雨, 张彦海. 创新网络环境下开放式创新与企业创新绩效关系研究 [J]. 科技进步与对策, 2016 (2): 99-102.

[122] 郑大庆, 王雨, 陈文波. 企业社会化网络如何影响企业价值创造——一个研究述评 [J]. 外国经济与管理, 2020, 42 (7): 137-152.

[123] 周密，赵文红，宋红媛．基于知识特性的知识距离对知识转移影响研究［J］．科学学研究，2015，33（7）：1059－1068.

[124] 朱智贤．心理学大辞典［M］．北京：北京师范大学出版社，1989.

[125] 庄涛，吴洪，胡春．高技术产业产学研合作创新效率及其影响因素研究——基于三螺旋视角［J］．财贸研究，2015（1）：55－60.

[126] Abatecola, G., Cafferata, R., Poggesi, S.. Arthur Stinchcombe's "Liability of Newness": Contribution and Impact of the Construct [J]. Journal of Management History, 2012, 18 (4): 402－418.

[127] Abebe, M. A., Angriawan, A.. Organizational and Competitive Influences of Exploration and Exploitation Activities in Small Firms [J]. Journal of Business Research, 2014, 67 (3): 339－345.

[128] Acquaah, M.. Social Relationships, Firm－Specific Managerial Experience and Firm Performance in a Transition Economy: A Comparative Analysis of Family Owned and Nonfamily Frims [J]. Strategic Management Journal, 2012, 33 (10): 1215－1228.

[129] Adler, P. S., Kwon, S. W.. Social Capital: Prospects for a New Concept [J]. Academy of Management Review, 2002, 27 (1): 17－40.

[130] Adner, R.. Ecosystem as Structure: An Actionable Construct for Strategy [J]. Journal of Management, 2017, 43 (1): 39－58.

[131] Adner, R., Zemsky, P. A.. Demand－based Perspective on Sustainable Competitive Advantage [J]. Strategic Management Journal, 2006, 27 (3): 215－239.

[132] Afuah, A., Tucci, C. L.. Crowdsourcing as a Solution to Distant Search [J]. Academy of Management Review, 2012, 37 (3): 355－375.

[133] Aharonson, B, S.. Schilling, M. A. Mapping the Technological Landscape: Measuring Technology Distance, Technological Footprints, and Technology Evolution [J]. Research Policy, 2016, 45 (1): 81－96.

[134] Ahuja, G., Katila, R.. Technological Acquisitions and the Innovation Performance of Acquiring Firms: A Longitudinal Study [J]. Strategic Man-

agement Journal, 2001, 22 (3): 197 – 220.

[135] Ahuja, G.. Collaboration Networks, Structural Holes, and Innovation: A Longitudinal Study [J]. Administrative Science Quarterly, 2000, 45 (3): 425 – 455.

[136] Ahuja, G., Katila, R.. Where Do Resources Come From? The Role of Idiosyncratic Situations [J]. Strategic Management Journal, 2010, 25 (8 – 9): 887 – 907.

[137] Akçomak, I. S., Weel, B. T.. Social Capital, Innovation and Growth: Evidence from Europe [J]. European Economic Review, 2009, 53 (5): 544 – 567.

[138] Akpolat, H., and Chang, L. Z.. A Comparative Analysis of the National Innovation Systems of China and Australia [J]. Asian Journal on Quality, 2008, 9 (1): 153 – 167.

[139] Catozzella, A., Vivarelli, M.. The Catalyzing Role of In – House R&D in Fostering the Camplal Entarities of Innovative Inputs [J]. IZA Discussion Paper, 2007: 3126.

[140] Allen, K., Wood, C. H., Gregory, T.. Collaboration and Technology Linkages: A Strategic Supplier Typology [J]. Strategic Management Journal, 2000, 21 (6): 649 – 663.

[141] Aloini, D., Bessant, J., Martini, A., et al.. Search Practices for Discontinuous Innovation: Scale Development and Construct Validation [J]. Technology Analysis & Strategic Management, 2013, 25 (10): 1139 – 1160.

[142] Arcese, G., Flammini, S., Lucchetti, M. C.. The Evolution of Open Innovation in Large firms [J]. Management Science, 2014, 52 (1): 68 – 82.

[143] Argyris, C., Schon, D. A.. Organizational Learning: A Theory of Action Perspective [J]. Addison – Wesley Publishing, 1978, 77: 345 – 350.

[144] Arribas, I., Hernǘndez, P., and Vila, J. E.. Guanxi, Performance and Innovation in Entrepreneurial Service Projects [J]. Management Decision, 2013, 51 (1): 173 – 183.

[145] Ashourizadeh, S., Schøtt, T.. Exporting Embedded in Entrepreneurs Transnational Networks Around Entrepreneurs [J]. International Journal of Business and Globalisation, 2015, 16 (3): 314 – 334.

[146] Badi, S., Wang, L., Pryke, S.. Relationship Marketing in Guanxi Networks: A Social Network Analysis Study of Chinese Construction Small and Medium – sized Enterprises [J]. Industrial Marketing Management, 2017, 60: 204 – 218.

[147] Baker, G., Gibbons, R., Murphy, K. J.. Relational Contracts and the Theory of the Firm [J]. Quarterly Journal of Economics, 2002, 117: 39 – 84.

[148] Bakker, A., Akkerman, S. F.. A Boundary – crossing approach to Support Students' Integration of Statistical and Work – related Knowledge [J]. Educational Studies in Mathematics, 2014, 86 (2): 223 – 237.

[149] Balasubramanian, N., Lieberman, M. B.. Industry Learning Environments and the Heterogeneity of Firm Performance [J]. Strategic Management Journal, 2010, 31 (4): 390 – 412.

[150] Barnes, J. A.. Class and Committees in Norwegian Island Parish [J]. Human Relation, 1954, 7 (1): 39 – 58.

[151] Barney, J. B.. Firm Resources and Sustained Competitive Advantage [J]. Journal of Management, 1991, 17 (1): 99 – 120.

[152] Barney, J. B.. Strategic Factor Markets: Expectations, Luck, and Business Strategy [J]. Management Science, 1986, 32 (10): 1231 – 1241.

[153] Barney, J. B., Hesterly, W. S.. Strategic Management and Competitive Advantage: Concepts and Cases [M]. New Jersey: Pearson, 2012.

[154] Barney, J. B., Wright, M., David, J. et al.. The Resource – based View of the Firm: Ten Years after 1991 [J]. Journal of Management, 2001 (27): 625 – 641.

[155] Barr, A.. Social Capital and Rechnical Information Flows in the Ghanaian Manufacturing Sector [J]. Oxford Economic Papers, 2000, 52 (3): 539 – 559.

[156] Battilana, J., Sngul, M., Pache, A. C., et al.. Harnessing Productive Tensions in Hybrid Organizations: The Case ofWork Integration Social Enterprises [J]. Academy of Management Journal, 2015, 58: 1658 - 1685.

[157] Baum, J. A. C., Cowan, R., Joard, N.. Network - Independent Partner Selection and the Evolution of Innovation Networks [J]. Management Science, 2009, 56 (11): 2094 - 2110.

[158] Becker, M. H.. Sociometric Location and Innovativeness: Reformulation and Extension of the Diffusion Model [J]. American Sociological Review, 1970, 35 (2): 267 - 304.

[159] Belderbos, R., Faems, D., Leten, B. et al.. Technological Activities and Their Impact on the Financial Performance of the Firm: Exploitation and Exploration within and between Firms [J]. Journal of Product Innovation Management, 2010, 27 (6): 869 - 882.

[160] Bellamy, M. A., Ghosh, S., Hora, M.. The Influence of Supply Network Structure on Firm Innovation [J]. Journal of Operations Management, 2014, 32 (6): 357 - 373.

[161] Berelson, B. B.. Content Analysis in Communication Research [J]. American Political Science Association, 1952, 46 (3): 869.

[162] Birley, S.. The Role of Networks in the Entrepreneurial Process [J]. Journal of Business Venturing, 1985, 1 (1): 107 - 117.

[163] Boddy, D., Cahill, C., Charles, M., et al.. Success and Failure in Implementing Supply Chain Partnering: An Empirical Study [J]. European Journal of Purchasing & Supply Management, 1998, 4 (2 - 3): 143 - 151.

[164] Boschma, R., Balland, P. A., Kogler, D. F.. Relatedness and Technological Change in Cities: The Rise and Fall of Technological Knowledge in US Metropolitan Areas from 1981 to 2010 [J]. Industrial and Corporate Change, 2015, 24 (1): 98 - 134.

[165] Boschma, R., Minondo, A., Navarro, M.. The Emergence of New Industries at the Regional Level in Spain: A Proximity Approach Based on Product relatedness [J]. Economic Geography, 2013, 89 (1): 29 - 51.

[166] Bosker, M., Garretsen, H.. Economic Development and the Geography of Institutions. Journal of Economic Geography, 2009, 9 (3): 295-328.

[167] Bourdieu, P.. The Forms of Capital. In J. G. Richardson (Ed.), Handbook of Theory and Research for the Sociology of Education [M]. New York: Greenwood Press, 1983: 241-258

[168] Brimble, P., Doner, R. F.. University-Industry Linkages and Economic Development: The Case of Thailand [J]. World Development, 2007, 35 (6): 1021-1036.

[169] Burt, R. S.. Structural Holes: The Social Structure of Competition [M]. Cambridge: Harvard University Press, 1992.

[170] Burt, R. S.. Structural Holes and Good Ideas [J]. American Journal of Sociology, 2004, 110 (2): 349-399.

[171] Burt, R. S., Burzynska, K.. Chinese Entrepreneurs, Social Networks, and Guanxi [J]. Management and Organization Review, 2017, 13 (2): 221-260.

[172] Burt, R. S., Suzanne, H.. How Social Networks Create Competitive Advantage: Building Your Reputation [J]. American Journal of Sociology, 2015, 26: 56-62.

[173] Butler, J. E., Brown, B., Chamornmarn, W.. Informational Networks, Entrepreneurial Action and Performance [J]. Asia Pacific Journal of Management, 2003, 20 (2): 151-174.

[174] Calapez, H. L. T.. Exploring the Sources and Benefits of Cooperation: The Role and Challenges of Relational and Moral Goods [J]. International Journal of Social Economics, 2011, 38 (7): 607-627.

[175] Caloghirou, Y., Kastelli, I., Tsakanikas, A.. Internal Capabilities and External Knowledge Sources: Complements or Substitutes for Innovative Performance? [J]. Technovation, 2004, 24 (1): 29-39.

[176] Cangelosi, V. E., Dill, W. R.. Organizational Learning: Observations toward a Theory [J]. Administrative Science Quarterly, 1965, 10 (2): 175-203.

[177] Cannon, M. D., Demondson, A. C.. Failing to Learn and Learning to Fail (intelligently): How Great Organizations Put Failure to Work to Innovative and Improve [J]. Long Range Planning, 2005, 38 (3): 299 - 319.

[178] Carlsson, G., Karlsson, K.. Age, Cohorts and the Generation of Generations [J]. American Sociological Review, 1970, 35 (4): 710.

[179] Caudill, W.. The Study of Japanese Personality and Behavior [J]. Rice Institute Pamphlet - Rice University Studies, 2000, 56 (4): 37 - 52.

[180] Ceci, F., Masciarelli, F., Poledrini, S.. How Social Capital Affects Innovation in a Cultural Network: Exploring the Role of Bonding and Bridging Social Capital [J]. European Journal of Innovation Management, 2019, 23 (5): 895 - 918.

[181] Chandler, G. N., Hanks, S. H.. Founder Competence, the Environment, and Venture Performance [J]. Entrepreneurship Theory and Practice, 1994, 18 (3): 77 - 89.

[182] Chang, Y. C.. Benefits of Cooperation on Innovative Performance: Evidence from Integrated Circuits and Biotechnology Firms in the UK and Taiwan [J]. R&D Management, 2003, 33 (4): 425 - 437.

[183] Chang, Y. C., Chen, M. H.. Comparing Approaches to Systems of Innovation: The Knowledge Perspective [J]. Technology in Society, 2004, 26 (1): 17 - 37.

[184] Channon, D.. Leadership and Corporate Performance in the Service Industries [M]. Journal of Management Studies, 1979, 16: 185 - 201.

[185] Chaston, I., Scott, G. J.. Entrepreneurship and Open Innovation in an Emerging Economy [J]. Management Decision, 2012, 50 (7): 1161 - 1177.

[186] Chemmanur, T. J., Fulghieri, P.. Entrepreneurial Finance and Innovation: An Introduction and Agenda for Future Research [J]. Review of Financial Studies, 2013, 27 (1): 1 - 19.

[187] Chen, M. H., Chang, Y. Y. Lee, C. Y.. Creative Entrepreneurs Guanxi Networks and Success: Information and Resources [J]. Journal of Business Re-

search, 2015, 68 (4): 900 -905.

[188] Chen, X., Li, S.. Cross - national Differences in Cooperative Decision - making in Mixed - motive Business Contexts: The Mediating Effect of Vertical and Horizontal Individualism [J]. Journal of International Business Studies, 2005, 36 (6): 622 -636.

[189] Cheng, J. L. C., Yiu, D. China Business at a Crossroads: Institutions, Innovation, and International Competitiveness [J]. Long Range Planning, 2016, 49 (5): 584 -588.

[190] Chesbrough, H.. W. Open Innovation: The New Imperative for Creating and Profiting from Technology [M]. Boston: Harvard Business School Press, 2003.

[191] Chesbrough, H. W.. Open Innovation: A New Paradigm for Understanding Industrial Innovation. In Open innovation: Researching a new paradigm [M]. Oxford: Oxford University Press, 2006.

[192] Chesbrough, H. W.. Open Platform Innovation: Creating Value from Internal and External Innovation [J]. Intel Technology Journal, 2003 (3): 5 -9.

[193] Chesbrough, H. W.. The Market for Innovation: Implications for Corporate Strategy [J]. California Management Review, 2007, 49 (3): 45 -66.

[194] Chesbrough, H. W., Appleyard, M. M.. Open Innovation and Strategy [J]. California Management Review, 2007, 50 (1): 57.

[195] Child, J.. Managerial and Organizational Factors Associated with Company Performance [J]. Journal of Management Studies, 1974, 11 (3): 13 -27.

[196] Choi, S. J., Jia, N., Lu, J.. The Structure of Political Institutions and Effectiveness of Corporate Political Lobbying [J]. Organization Science, 2015, 26 (1): 158 -179.

[197] Cliff, J. E., Jennings, P. D., Greenwood, R.. New to the Game and Questioning the Rules: The Experiences and Beliefs of Founders Who Start Imitative Versus Innovative Firms [J]. Journal of Business Venturing, 2006, 21

(5): 633 - 663.

[198] Cohen, W. M., Levinthal, D. A.. Absorptive Capaoity: A New Perspective on Learning and Innovation [J]. Administrative Science Quarterly, 1990, 35 (1): 128 - 152.

[199] Coleman, J. S.. Foundations of Social Theory [M]. Cambridge: The Belknap Press, 1990.

[200] Coleman, J. S.. Social Capital in the Creation of Human Capital [J]. American Journal of Sociology, 1988, 94: 95 - 120.

[201] Cooke, P., Clifton, N.. Social Capital, and Small and Medium Enterprise Performance in the United Kingdom, Entrepreneurship in the Modern Space - economy: Evolutionary and Policy Perspectives [R]. Tinbergen Institute, Keizersgracht Amsterdam, 2002: 122 - 167.

[202] Corradini, C., Demirel, P., Battisti, G.. Technological Diversification within UK's Small Serial Innovators [J]. Small Business Economics, 2016, 47 (1): 163 - 177.

[203] Corradini, C., De Propril, L.. Beyond Local Search: Bridging Platforms and Inter - sectoral Technological Integration [J]. Research Policy, 2017, 46 (1): 196 - 206.

[204] Crossan, M. M., Lane, H. W., White, R. E.. An Organizational Learning Framework: From Intuition to Institution [J]. The Academy of Management Review, 1999, 24 (3): 522 - 537.

[205] Cruz - Gonzúlez, J., López - Sáez, P., Navas - López, J. E.. Open Search Strategies and Firm Performance: The Different Moderating Role of Technological Environmental Dynamism [J]. Technovation, 2015, 35 (1): 32 - 45.

[206] Cumbers, A., Mackinnon, D., Chapman, K.. Innovation, Collaboration, and Learning in Regional Clusters: A Study of SMEs in the Aberdeen Oil Complex [J]. Environment and Planning A, 2003, 35 (9): 1689 - 1706.

[207] Cyert, R. M., Feigenbaum, E. A., March, J. G.. Models in a Behavioral Theory of the Firm [J]. Systems Research & Behavioral Science, 2010,

4 (2): 81 -95.

[208] Cyert, R., March, J.. A Behavioral Theory of the Firm [M]. Engle - wood Cliffs: Prentice - Hall, 1963.

[209] Dahlman, C.. Innovation Strategies of Three of the BRICS: Brazil, India and China - What Can We Learn from Three Different Approaches [M]. Oxford: University of Oxford, 2010.

[210] Das, T. K., Teng, B. S.. Time and Entrepreneurial Risk Behavior [J]. Entrepreneurship Theory and Practice, 1998, 22 (2): 69 -88.

[211] Das, T. K., Teng, B. S.. Partner Analysis and Alliance Performance [J]. Scandinavian Journal of Management, 2003, 19 (3): 279 -308.

[212] De Noni, I., Orsi, L., Belussi, F.. The Role of Collaborative Networks in Supporting the Innovation Performances of Lagging - Behind European Regions [J]. Research Policy, 2018, 479 (1): 1 -13.

[213] Dettmann, A., Proff, S. V., Brenner, T.. Cooperation over Distance? The Spatial Dimension of Inter - organizational Innovation Collaboration [J]. Journal of Evolutionary Economics, 2015, 25 (4): 729 -753.

[214] Devinney, T. M.. How Well Do Patents Measure New Product Activity? [J]. Economic Letters, 1993, 41 (4): 447 -450.

[215] Diez, J. D.. Metropolitan Innovation Systems: A Comparison between Barcelona, Stockholm, and Vienna [J]. International Regional Science Review, 2002, 25 (1): 63 -85.

[216] Dittrich, K., Duysters, G.. Networking as a Means to Strategy Change: The Case of Open Innovation in Mobile Telephony [J]. Journal of Product Innovation Management, 2007, 24 (6): 510 -521.

[217] Doblinger, C., Surana, K., Anadon, L. D.. Governments as Partners: The Role of Alliances in U. S. Cleantech Startup Innovation [J]. Research Policy, 2019, 48 (6): 1458 -1475.

[218] Dosi, G.. Sources, Procedures, and Microeconomic Effects of Innovation [J]. Journal of Economic Literature, 1988, 26 (3): 1120 -1171.

[219] Dyer, J. H., Nobeoka, K.. Creating and Managing a High - per-

formance Knowledge – haring Network: The Toyota Case [J]. Strategic Management Journal, 2000, 21 (3): 345 – 367.

[220] Dyer, J. H., Singh, H.. The Relational View: Cooperative Strategy and Sources of Interorganizational Competitive Advantage [J]. The Academy of Management Review, 1998, 23 (4): 660 – 679.

[221] Edquist, C.. Systems of innovation. Technologies, Institutions and Organizations [M]. London: Pinter, 1997.

[222] Emden, Z., Calantone, R. J., Droge, C.. Collaborating for New Product Development: Selecting the Partner with Maximum Potential to Create Value [J]. Journal of Product Innovation Management, 2006, 23 (4): 330 – 341.

[223] Eisenhardt, K. M., Tabrizi, B. N.. Accelerating Adaptive Processes: Product Innovation in the Global Computer Industry [J]. Administrative Science Quarterly, 1995, 40 (1): 84 – 110.

[224] Eisenhardt, K. M., Martin, J. A.. Dynamic Capabilities: What Are They? [J]. Strategic Managemen Journal, 2000, 21 (10 – 11): 1105 – 1121.

[225] Eisenhardt, K. M.. Building Theories from Case Study Research [J]. Academy of Management Review, 1989, 14 (4): 532 – 550.

[226] Eriksson, P. E., Patel, P. C., SjoDin, D. R., et al.. Managing Interorganizational Innovation Projects: Mitigating the Negative Effects of Equivocality Through Knowledge Search Strategies [J]. Long Range Planning, 2016, 49 (6): 691 – 705.

[227] Felin, T., Zenger, T. R.. Closed or Open Innovation? Problem Solving and the Governance Choice [J]. Research Policy, 2014, 43 (5): 914 – 925.

[228] Filatotchev, I., Liu, X., Lu, J., et al.. Knowledge Spillovers through Human Mobility across National Borders: Evidence from Zhongguancun Science Park in China [J]. Research Policy, 2011, 40 (3): 453 – 462.

[229] Filley, A. C., House, R. J., Kerr, S.. Managerial Process and Organizational Behavior. Glenview, Ill.: Scott Foresman, 1976.

[230] Fiol, C. M., Lyles, M. A.. Organizational Learning [J]. Academy of Management Review, 1985, 10 (4): 803 - 813.

[231] Fosfuri, A., Tribó, J. A.. Exploring the Antecedents of Potential Absorptive Capacity and Its Impact on Innovation Performance [J]. Omega, 2008, 36 (2): 173 - 187.

[232] Fox, J.. Identification in Matching Games [J]. Quantitative Economics, 2010 (1): 203 - 254.

[233] Frank, R. E., Greenberg, M. G.. Interest - based Segments of TV Audiences [J]. Journal of Advertising Research, 1979, 19 (5): 43 - 52.

[234] Franke, N., Piller, F. T.. Key Research Issues in User Interaction with User Toolkits in a Mass Customisation System [J]. International Journal of Technology Management, 2003, 26 (5 - 6): 578 - 599.

[235] Franke, N., Poetz, M. K., Schreier, M.. Integrating Problem Solvers from Analogous Markets in New Product Ideation [J]. Management Science, 2014, 60 (4): 1063 - 1081.

[236] Frankel, R., Whipple, J. S.. Formal versus Informal Contracts: Achieving Alliance Success [J]. International Journal of Physical Distribution & Logistics Management, 1996, 26 (3): 47 - 63.

[237] Freel, M., Robson, P. J.. Appropriation Strategies and Open Innovation in SMEs [J]. International Small Business Journal, 2016, 1 - 19.

[238] Fu, K., Chan, J., Cagan, J., et al.. The Meaning of "Near" and "Far": The Impact of Structuring Design Databases and the Effect of Distance of Analogy on Design Output [J]. Journal of Mechanical Design, 2013, 135 (2): 1 - 12.

[239] Fukugwa, N.. Determining Factors in Innovation of Small Firm Networks: A Case of Cross Industry Groups in Japan [J]. Small Business Economics, 2006, 27 (2 - 3): 181 - 193.

[240] Gabbay, S. M., Leenders, R. T. A. J.. CSC: The Structure of Advantage and Disadvantage. In Corporate Social Capital and Liability [M]. New York: Kluwer, 1999.

[241] Garud, R., Nayyar, P. R.. Transformative Capacity: Continual Structuring by Intertemporal Technology Transfer [J]. Strategic Management Journal, 2010, 15 (5): 365 - 385.

[242] Gawer, A.. Bridging Differing Perspectives on Technological Platforms: Toward an Integrative Framework [J]. Research Policy, 2014, 43 (7): 1239 - 1249.

[243] Geffen, C. A., Rothenberg, S.. Suppliers and Environmental Innovation [J]. International Journal of Operations & Production Management, 2000, 20 (2): 166 - 186.

[244] Gerken, J. M., Moehrle, M. G.. A New Instrument for Technology Monitoring: Novelty in Patents Measured by Semantic Patent Analysis [J]. Scientometrics, 2012, 91 (3): 645 - 670.

[245] Ghazinoory, S., Bitaab, A., and Lohrasbi, A.. Social Capital and National Innovation System: A Cross - country Analysis [J]. Cross Cultural Management, 2014, 21 (4): 453 - 475.

[246] Ghisetti, C., Marzucchi, A., Montresor, S.. The Open Eco - Innovation Mode. An Empirical Investigation of Eleven European Countries [J]. Research Policy, 2015, 44 (5): 1080 - 1093.

[247] Gold, T., Guthrie, D., Wank, D.. Social Connections in China: Institutions, Culture, and the Changing Nature of Guanxi [M]. New York: Cambridge University Press, 2002.

[248] Granovetter, M.. Economic Action and Social Structure: The Problem of Embeddedness [J]. Amercian Journal of Sociology, 1985, 91 (3): 481 - 510.

[249] Granovetter, M.. The Strength of Weak Ties [J]. American Journal of Sociology, 1973, 78 (6): 1360 - 1380.

[250] Greenwood, R., Hinings, C. R., Whetten, D.. Rethinking Institutions and Organizations [J]. Journal of Management Studies, 2014, 51 (1): 1206 - 1220.

[251] Grilli, L., Murtinu, S.. New Technology - based Firms in Europe:

Market Penetration, Public Venture Capital, and Timing of Investment [J]. Industrial and Corporate Change, 2014, 24 (5): 1109 -1148.

[252] Gu, F. F., Hung, K., Tse, D. K.. When Does Guanxi Matter? Issues of Capitalization and its Dark Sides [J]. Journal of Marketing, 2008, 72 (4): 12 -28.

[253] Guan, J., Zhang, J., Yan, Y.. The Impact of Multilevel Networks on Innovation [J]. Research Policy, 2015, 44 (3): 545 -559.

[254] Guerzoni, M., Aldridge, T. T., Audretsch, D. B., et al.. A New Industry Creation and Originality: Insight from the Funding Sources of University Patents [J]. Research. Policy, 2014, 43 (10): 1697 -1706.

[255] Gulatir, Puranam, P., Tushman, M.. Meta - organization Design: Rethinking Design in Interorganizational and Community Contexts [J]. Strategic Management Journal, 2012, 33 (33): 571 -586.

[256] Hagedoorn, J., Cloodt, M.. Measuring Innovative Performance: Is There an Advantage in Using Multiple Indicators? [J]. Research Policy, 2003, 32 (8): 1365 -1379.

[257] Hallerstede, S. H.. Managing the Lifecycle of Open Innovation Platforms [M]. Springer Fachmedien Wiesbaden, 2013.

[258] Hambrick, D. C., Mason, P. A.. Upper Echelons: The Organization as a Reflection of Its Top Managers [J]. Academy of Management Review, 1984, 9 (2): 193 -206.

[259] Hanifan, L. J.. The Rural School Community Center [J]. The Annals of the American Academy of Political and Social Science, 1916, 67 (1): 130 -138.

[260] Hargadon, A. B., Bechky, B. A.. When Collections of Creatives Become Creative Collectives: A Field Study of Problem Solving at Work [J]. Organization Science, 2006, 17 (4): 484 -500.

[261] Hastbacka, M.. Open Innovation: What's Mine it's Mine. What if Yours Could be Mine too [J]. Technology Management Journal, 2004 (12): 1 -4.

[262] Helper, S. , Levine, D. . Long – Term Supplier Relations and Product – Market Structure [J]. Journal of Law, Economics, and Organization, 1992, 8 (3): 561 – 581.

[263] Henderson, R. , Clark, K. . Architectural Innovation: The Reconfiguration of Existing Product Technologies and the Failure of Established Firms [J]. Administrative Science Quarterly, 1990, 35 (1): 9 – 30.

[264] Hidalgo, C. , Klinger, B. , Barabasi, A. L. , et al. . The Product Space Conditions the Development of Nations [J]. Science, 2007, 8 (5): 482 – 487.

[265] Hila, L. A. . Dismantling Knowledge Boundaries at NASA: The Critical Role of Professional Identityin Open Innovation [J]. Administrative Science Quarterly, 2017, 63 (4): 746 – 782.

[266] Hippel, E. V. . Democratizing Innovation: The Evolving Phenomenon of User Innovation [J]. Journal Für Betriebswirtschaft, 2005, 55 (1): 63 – 78.

[267] Hippel, E. V. , Tyre, M. J. . How Learning by Doing is Done: Problem Identification in Novel Process Equipment [J]. Research Policy, 1995, 24 (1): 1 – 12.

[268] Hoang, H. , Antoncic, B. . Network – based Research in Entrepreneurship [J]. Journal of Business Venturing, 2003, 18 (2): 165 – 187.

[269] Hoang, H. , Rothaermel, F. T. . Leveraging Internal and External Experience: Exploration, Exploitation, and R&D Project Performance [J]. Strategic Management Journal, 2010, 31 (7): 734 – 758.

[270] Hofstede, G. . Cultures and Organizations: Software of the Mind [M]. London: McGrawHill, 1991.

[271] Hohberger, J. , Almeidab, P. , Paradac, P. . The Direction of Firm Innovation: The Contrasting Roles of Strategic Alliances and Individual Scientific Collaborations [J]. Research Policy, 2015, 44 (8): 1473 – 1478.

[272] Holmes, R. M. , Li, H. , Hitt, M. A. , et al. . The Effects of Location and MNC Attributes on MNCs' Establishment of Foreign R&D Centers: Evi-

dence from China [J]. Long Range Planning, 2016, 49 (5): 594 -613.

[273] Hong, J., Wang, C., and Kafouros, M.. The role of the State in Explaining the Internationalization of Emerging Market Enterprises [J]. British Journal of Management, 2015, 26 (1): 45 -62.

[274] Hoopes, D., Madsen, T., Walker, G.. Why is There a Resource - based View? Towards a Theory of Competitive Heterogeneity [J]. Strategic Management Journal, 2003 (24): 889 -902.

[275] Howells, J., Ramlogan, R., Cheng, S. L.. Innovation and University Collaboration: Paradox and Complexity within the Knowledge Economy [J]. Cambridge Journal of Economics, 2012, 36 (3): 703 -721.

[276] Hyytinen, A., Pajarinen, M., and Rouvinen, P.. Does Innovativeness Reduce Startup Survival Rates? [J]. Journal of Business Venturing, 2015, 30 (4): 564 -581.

[277] Iammarino, S., Mccann, P.. The Structure and Evolution of Industrial Clusters: Transactions, Technology and KnowledgeSpillovers [J]. Research Policy, 2006, 35 (7): 1018 -1136.

[278] Iansiti, M., Levien, R.. The Keystone Advantage: What the New Dynamics of Business Ecosystems Mean for Strategy, Innovation, and Sustainability [J]. Future Surbey, 2004, 20 (2): 88 -90.

[279] Insead, H. P., Dahlander, L.. Distant Search, Narrow Attention: How Crowding Alters Organizations' Filtering of Suggestions in Crowdsourcing [J]. Academy of Management Journal, 2015, 58 (3): 856 -880.

[280] Ishii, K., Kurzban, R.. Public Goods Games in Japan: Cultural and Individual Differences in Reciprocity [J]. Human Nature, 2008, 19 (2): 138 -156.

[281] Jaakko, V., Kari.. Understanding Organizational Learning by Focusingon "Activity Systems" [J]. Acting Management InformationTechnology, 2000, 10 (4): 291 -319

[282] Jaffe, A. B.. Technological Opportunity and Spillovers of R&D: Evidence from Firms' Patents, Profits, and Market Value [J]. American Economic

Review, 1986, 76 (5): 984 – 1001.

[283] Jandhyala, S., Phene, A.. The Role of Intergovernmental Organizations in Cross – border Knowledge Transfer and Innovation [J]. Administrative Science Quarterly, 2015, 60 (4): 712 – 743.

[284] Jarillo, C. J.. Entrepreneurship and Growth: The Strategic Use of External Resources [J]. Journal of Business Venturing, 1989, 4 (2): 133 – 147.

[285] Jarvenpaa, S. L., Wernick, A.. Paradoxical Tensions in Open Innovation Networks [J]. European Journal of Innovation Management, 2011, 14 (4): 521 – 548.

[286] Wang, J. J., Li, J. J., Chang, J.. Product Co – development in an Emerging Market: The Role of Buyer – supplier Compatibility and Institutional Environment [J]. Journal of Operations Management, 2016, 46, 69 – 83.

[287] Jensen, K. W., Rezaei, S., Schøtt, T., et al.. Chinese Entrepreneurs Human and Social Capital Benefiting Innovation: In China and in the Chinese Diaspora [J]. International Journalof Business &Globalisation, 2016, 16 (3): 350 – 377.

[288] Jensen, K. W., Schøtt, T.. Firms' Innovation Embedded in Their Networks of Collaboration: China Compared to the World [J]. Journal of Chinese Economic &Business Studies, 2014, 12 (3): 273 – 292.

[289] Jensen, K. W., Liu, Y., Schøtt, T.. Entrepreneurs Innovation Bringing Job Satisfaction, Work – family Balance, and Life Satisfaction: In China and Around the World [J]. International Journal of Innovation Studies, 2017, 1 (4): 193 – 206.

[290] Jeppesen, L. B., Lakhani, K. R.. Marginality and Problem – Solving Effectiveness in Broadcast Search [J]. Organization Science, 2010, 21 (5): 1016 – 1033.

[291] Jha, S. K., Pinsonneault, A., Dubé, L., et al.. The Evolution of an ICT Platform – enabled Ecosystem for Poverty Alleviation: The Case of EKutir [J]. MIS Quarterly, 2016, 40 (2): 431 – 445.

[292] Jiang, T. Y., Sun, W., Bai, Z. X.. Forming Mechanism of Competitive Advantages for Market - oriented Medium, Small, and Micro - sized Enterprises: Taking Knowledge Integration and Organizational Innovation as the Intermediary [J]. ScienceResearch Management, 2013, 34 (6): 17 - 23.

[293] Kaasa, A.. Culture, Religion and Social Capital: Evidence from European Regions [J]. International Journal of Sociology andSocial Policy, 2015, 35 (11/12): 772 - 794.

[294] Kafouros, M., Wang, C., Piperopoulosa, P., et al.. Academic Collaborations and Firm Innovation Performance in China: The Role of Region - specific Institutions [J]. Research Policy, 2015, 44 (3): 803 - 817.

[295] Kaminski, P., De Oliveira, A., Lopes, T.. Knowledge Transfer in Product Development Processes: A Case Study in Smalland Medium Enterprises (SMEs) of the Metal Mechanic Sector from São Paulo, Brazil [J]. Technovation, 2008, 28 (1): 29 - 36.

[296] Kaplan, S., Vakili, K.. The Double - edged Sword of Recombination in Breakthrough Innovation [J]. Strategic Management Journal, 2015, 36 (10): 1435 - 1457.

[297] Kapoor, R., Agarwal, S.. Sustaining Superior Performance in Business Ecosystems: Evidence from Application Software Developer in the IOS and Android Smartphone Ecosystems [J]. Organization Science, 2017, 28 (3): 531 - 551.

[298] Karabulut, A. T.. Effects of Innovation Types on Performance of Manufacturing Firms in Turkey [J]. Procedia - Social and Behavioral Sciences, 2015, 195: 1355 - 1364.

[299] Katila, R.. New Product Search over Time: Past Ideas in Their Prime? [J]. Academy of Management Journal, 2002, 45 (5): 995 - 1010.

[300] Katila, R., Ahuja, G.. Something Old, Something New: A Longitudinal Study of Search Behavior and New Product Introduction [J]. The Academy of Management Journal, 2002, 45 (6): 1183 - 1194.

[301] Katila, R., Chen, E. L.. Effects of Search Timing on Innovation:

The Value of not Being in Sync with Rivals [J]. Administrative Science Quarterly, 2008, 53 (4): 593 -625.

[302] Katz, D., Kahn, R. L.. The Social Psychology of Organizations [M]. New York: Wiley, 1966.

[303] Kemper, J., Schilke, O., Brettel, M.. Social Capital as a Microlevel Origin of Organizational Capabilities [J]. Journal of Product Innovation Management, 2013, 30 (3): 589 -603.

[304] Keupp, M. M., Gassmann, O.. Determinants and Archetype Users of Open Innovation [J]. R&D Management, 2009, 39 (4): 331 -341.

[305] Kim, L.. Crisis Construction and Organizational Learning: Capability Building in Catching - up at Hyundai Motor [J]. Organization Science, 1998, 9 (4): 506 -521.

[306] Klein, B., Leffler, K. B.. The Role of Market Forces in Assuring Contractual Performance [J]. Journal of Political Economy, 1981, 89 (4): 615 -641.

[307] Knoben, J., Oerlemans, L. A. G., Rutten, R. P. J. H.. Radical Changes in Inter - organizational Network Structures: The Longitudinal Gap [J]. Technological Forecasting & Social Change, 2006, 73 (4): 390 -404.

[308] Kogler, D. F., Rigby, D. L., Tucker, I.. Mapping Knowledge Space and Technological Relatedness in US Cities [J]. European Planning Studies, 2013, 21 (9): 1374 -1391. am

[309] Kotin, J., Sharaf, M.. Management Succession and Administrative Style [J]. Psychiatry, 1976, 30 (3): 237 -248.

[310] Kupp, M., Marval, M., Borchers, P.. Corporate Accelerators: Fostering Innovation While Bringing Together Startups and Large Firms [J]. Journal of Business Strategy, 2017, 38 (6): 47 -53.

[311] Kvale, S.. Interviews: An introduction to Qualitative Research Interviewing [M]. Thousand Oaks: Sage Publications, 1996.

[312] Landry, R., Amara, N., Lamari, M.. Does Social Capital Determine Innovation? To What Extent? [J]. TechnologicalForecasting & Social Change,

2002, 69 (7): 681 – 701.

[313] Laursen, K., Salter, A.. Open for Innovation: The Role of Openness in Explaining Innovation Performance among UK Manufacturing Firms [J]. Strategic Management Journal, 2006, 27 (2): 131 – 150.

[314] Laursen, K. L., Foss, N. J.. New Human Eesource Management Practices, Complementarities, and the Impact on Innovation Performance [J]. Cambridge Journal of Economics, 2003, 27 (2): 243 – 263.

[315] Lee, M.. Fostering Connectivity: A Social Network Analysis of Entrepreneurs in Creative Industries [J]. International Journal of Cultural Policy, 2015, 21 (2): 139 – 152.

[316] Leiponen, A., Helfat, C. E.. Innovation Objectives, Knowledge Sources, and the Benefits of Breadth [J]. Strategic Management Journal, 2010, 31 (2): 224 – 236.

[317] Levine, S. S., Prietula, M. J.. Open Collaboration for Innovation: Principles and Performance [J]. Social Science Electronic Publishing, 2014, 25 (5): 1414 – 1433.

[318] Levinthal, D., March, J. G.. A Model of Adaptive Organizational Search [J]. Journal of Economic Behavior and Organization, 1981, 2 (4): 307 – 333.

[319] Levithal, D.. A. Adaptation on Rugged Landscapes [J]. Management Science, 1997, 43 (7): 934 – 950.

[320] Leydesdorff, L., Kushnir, D., Rafols, I.. Interactive Overlay Maps for US Patent (USPTO) Data Based on International Patent Classification (IPC) [J]. *Scientometrics*, 2014, 98 (3): 1583 – 1599.

[321] Lhuillery, S., Plister, E.. R&D Cooperation and Failures in Innovation Projects: Empirical Evidence from French CIS Data [J]. Research Policy, 2009, 38 (1): 45 – 57.

[322] Li, Q., Maggitti, P. G., Smith, K. G., et al.. Top Management Attention to Innovation: The Role of Search Selection and Intensity in New Product Introductions [J]. Academy of Management Journal, 2013, 56 (3): 893 –

916.

[323] Lichtenthaler, U., Ernst, H.. Integrated Knowledge Exploitation: The Complementarity of Product Development and Technology Licensing [J]. Strategic Management Journal, 2012, 33 (5): 513 - 534.

[324] Lichtenthaler, E.. A Capability - Based Framework for Open Innovation: Complementing Absorptive Capacity [J]. Journal of Management Studies, 2009, 46 (8): 1315 - 1338.

[325] Lichtenthaler, U.. Open Innovation: Past Research, Current Debates, and Future Directions [J]. Academy of Management Executive, 2011, 25 (1): 75 - 93.

[326] Lichtenthaler, U., Muethel, M.. The Role of Deliberate and Experiential Learning in Developing Capabilities: Insights from Technology Licensing [J]. Journal of Engineering & Technology Management, 2012, 29 (2): 187 - 209.

[327] Lin, N.. Social Networks and Status Attainment [J]. Annual Review of Sociology, 1999, 25 (1): 467 - 487.

[328] Lin, N.. Social Resources and Instrumental Action, Social Structure and Network Analysis [M]. Los Angeles: Sage Publications, 1982.

[329] Liu, Y, Maula, M.. Local Partnering in Foreign Vntures: Uncertainty, Experiential Learning, and Syndication in Cross - border Venture Capital Investments [J]. Academy of Management Journal, 2016, 59 (4): 1407 - 1429.

[330] Lopez - Vega, H., Tell, F., Vanhaverbeke, W.. Where and How to Search? Search Paths in Open Innovation [J]. Research Policy, 2016, 45 (1): 125 - 136.

[331] Luo, Y.. Dynamic Capabilities in International Expansion [J]. Journal of World Business, 2001, 35 (4): 355 - 378.

[332] MacKinnon, D., Chapman, K., Cumbers, A.. Networking, Trust and Embeddedness amongst SMEs in the Aberdeen OilComplex [J]. Entrepreneurship & Regional Development, 2004, 16 (2): 87 - 106.

[333] Macredie, R. D., Mijinyawa, K.. A Theory – grounded Framework of Open Source Software Adoption in SMEs [J]. European Journal of Information Systems, 2011, 20 (2): 237 –250.

[334] Maggittia, P. G., Smith, K. G., Katila, R.. The Complex Search Process of Invention [J]. Research Policy, 2013, 42 (1): 90 – 100.

[335] Man, T. W., Lau, T., Chan, K. F.. The Competitiveness of Small and Medium Enterprises: A Conceptualization with Focus on Entrepreneurial Competencies [J]. Journal of Business Venturing, 2002, 17 (2): 123 –142.

[336] March, J. G.. Exploration and Exploitation in Organizational Learning [J]. Organization Science, 1991, 2 (1): 71 –87.

[337] Marchi, V. D.. Environmental Innovation and R&D Cooperation: Empirical Evidence from Spanish Manufacturing Firms [J]. Research Policy, 2012, 41 (3): 614 –623.

[338] Marshall, C., Rossman, G. B.. Designing Qualitative Research, 2nd Ed [M]. CA, Thousand Oaks: Sage Publications, 1995.

[339] Marzucchi, A., Antonioli, D.. Industry – Research Cooperation within and Across Regional Boundaries. What DoesInnovation Policy Add? [J]. Regional Science, 2013, 94 (3): 500 –524.

[340] Maxwell, J. A.. Qualitative Research Design [M]. CA, Thousand Oaks: Sage Publications, 1996.

[341] Mayring, P.. Qualitative Content Analysis [J]. Forum Qualitative Social Research, 2000, 1 (2).

[342] McEvily, B., Zaheer, A.. Bridging Ties: A Source of Firm Heterogeneity in Competitive Capabilities [J]. StrategicManagement Journal, 1999, 20 (12): 1133 –1156.

[343] Miles, R. E., Snow, C. C.. Organization Strategy, Structure and Process [M]. New York: McGraw – Hill, 1978.

[344] Mirabeau, L., Maguire, S.. From Autonomous Strategic Behavior to Emergent Strategy [J]. Strategic Management Journal, 2013, 35 (8): 1202 – 1229.

[345] Molina - Azorin J. F., Bergh, D. D., Corley, K. G., et al.. Mixed Methods in the Organizational Sciences: Taking Stock and Moving Forward [J]. Organizational Research Methods, 2017, 20 (2): 179 - 192.

[346] Molina - Morales, F. X., García - Villaverde, P. M., Parra - Requena, G.. Geographical and Cognitive Proximity Effects on Innovation Performance in SMEs: A Way through Knowledge Acquisition [J]. International Entrepreneurship and Management Journal, 2014, 10 (2): 231 - 251.

[347] Moore, J. F.. The Death of Competition: Leadership and Strategy in the Age of Business Ecosystems [M]. NY: HarperCollins, 1996.

[348] Moorman, C., Miner, A. S.. The Convergence of Planning and Execution: Improvisation in New Product Development [J]. Journal of Marketing, 1998, 162 (3): 1 - 20.

[349] Moran, P.. Structural and Relational Embeddedness: Social Capital and Managerial Performance [J]. Strategic Management Journal, 2005, 26 (12): 1129 - 1151.

[350] Mora - Valentin, E. M., Montoro - Sanchez, A., Guerras - Martin, L. A.. Determining Factors in the Success of R&D Cooperative Agreements between Firms and Research Organizations [J]. Research Policy, 2004, 33 (1): 17 - 40.

[351] Mors, M. L., Rogan, M., Lynch, S. E.. Boundary Spanning and Knowledge Exploration in a Professional Services Firm [J]. Journal of Professions and Organization, 2018, 5 (3): 184 - 205.

[352] Murphy, Kevin, Sullivan, et al.. Investigating the Role of Calcium in BAX - induced Cell Death in the Yeast, Saccharomyces cerevisiae [J]. Archives of Disease in Childhood Fetal and Neonatal Edition, 2002, 87 (2): F72 - F74.

[353] Nakamura, H., Suzuki, S., Sakata, I., et al.. Knowledge Combination Modeling: The Measurement of Knowledge Similarity between Different Technological Domains [J]. Technological Forecasting and Social Change, 2015, 94 (116): 187 - 201.

[354] Narasimhan, R., Swink, M., Viswanathan, S.. On Decisions for Integration Implementation: An Examination of Complementarities between Product - Process Technology Integration and Supply Chain Integration [J]. Decision Sciences, 2010, 41 (2): 355 -372.

[355] Nerkar, A.. Old Is Gold? The Value of Temporal Exploration in the Creation of New Knowledge [J]. Management Science, 2003, 49 (2): 211 - 229.

[356] Nickerson, J. A., Zenger, T. R.. A Knowledge - Based Theory of the Firm—The Problem - Solving Perspective [J]. Organization Science, 2004, 15 (6): 617 -632.

[357] Niclas, N., Jakob, F.. Open Innovation Platforms to Boost Pharmaceutical Collaborations: Evaluating External Compounds for Desired Biological Activity [J]. Future Medicinal Chemistry, 2015, 7 (14): 1853 -1859.

[358] Nooteboom, B., Van Haverbeke, W., Duysters, G., et al.. Optimal Cognitive Distance and Absorptive Capacity [J]. Research Policy, 2007, 36 (7): 1016 -1034.

[359] North, D. C.. Institutions, Institutional Change and Economic Performance. Cambridge: Cambridge University Press, 1990.

[360] Okamuro, H.. Determinants of Successful R&D Cooperation in Japanese Small Businesses: The Impact of Organizational and Contractual Characteristics [J]. Research Policy, 2007, 36 (10): 1529 -1544.

[361] Ozcan, P., Eisenhardt, K. M.. Origin of Alliance Portfolios: Entrepreneurs, Network Strategies, and Firm Performance [J]. Academy of Management Journal, 2009, 52 (2): 246 -279.

[362] Ozman, M.. Inter - firm Networks and Innovation: A Survey of Literature [J]. Economic of Innovation and New Technology, 2009, 18 (1): 39 - 67.

[363] Pan, S. L., Tan, B.. Demystifying Case Research: A Structured - Pragmatic - Situational (SPS) Approach to Conducting Case Studies [J]. Information & Organization, 2011, 21 (3): 161 -176.

[364] Parker, G., Alstyne, V. M., Choudary, S. P.. Platform Revolution: How Networked Markets are Transforming the Economy - - And How to Make Them Work for you [M]. NY: Norton and Company, New York, 2016.

[365] Parker, G., Alstyne, V. M., Jiang, X.. Platform Ecosystems: How Developers Invert the Firm [J]. MIS Quarterly, 2017, 41 (1): 255 - 266.

[366] Peng, M. W., Luo, Y.. Managerial Ties and Firm Performance in a Transition Economy: The Nature of a Micro - Macro Link [J]. Academy of Management Journal, 2000, 43 (3): 486 - 501.

[367] Penrose, E.. The Theory of the Growth of the Firm [M]. London: Basil Blackwell, 1959.

[368] Peruta, M. R. D., Giudice, M. D., Lombardi, R., et al.. Open Innovation, Product Development, and Inter - Company Relationships Within Regional Knowledge Clusters [J]. Journal of the Knowledge Economy, 2018, (6 - 7): 1 - 14.

[369] Peteraf, M. A.. The Cornerstones of Competitive Advantage: A Resource - Based View [J]. Strategic Management Journal, 1993, 14 (3): 179 - 191.

[370] Pfeffer, J.. Power in Organizations [M]. Marshfield, MA: Pitman Publishing, 1981.

[371] Pfeffer, J., Salancik, G. R.. The External Control of Organizations: A Resource Dependence Approach [M]. New York: Harper and Row Publisher, 1978.

[372] Phelps, C. C.. A Longitudinal Study of the Influence of Alliance Network Structure and Composition on Firm Exploration Innovation. Academy of Management Journal, 2010, 53 (4): 890 - 913.

[373] Phelps, C., Heidl, R., Wadhwa, A.. Knowledge, Networks and Knowledge Networks: A Review and Research Agenda [J]. Journal of Management, 2012, 38 (4): 1115 - 1165.

[374] Phene, A., Fladmoe - Lindquist, K., Marsh, L.. Breakthrough

Innovations in the US Biotechnology Industry: The Effects of Technological Space and Geographic Origin [J]. Strategic Management Journal, 2006, 27 (4): 369 – 388.

[375] Pilav – Velic, A., Jahic, H.. Collaboration between Besearch Institutions and Business Sector—Case of Transition Countries [C]. International Conference of Education, Research and Innovation, 2015.

[376] Pilav – Velic, A., Marjanovic, O.. Integrating Open Innovation and Business Process Innovation: Insights from a Large – scale Study on a Transition Economy [J]. Information & Management, 2016, 53 (3): 398 – 408.

[377] Piller, F. T., Walcher, D.. Toolkits for Idea Competitions: A Novel Method to Integrate Users in New Product Development [J]. R&D Management, 2010, 36 (3): 307 – 318.

[378] Ponds, R., Van Oort, F., Frenken, K.. The Geographical and Institutional Proximity of Research Collaboration [J]. Papers in Reional Soience, 2007, 3 (86): 423 – 443.

[379] Popper, M., Lipshitz, R.. Organizational Learning: Mechanisms, Culture, and Feasibility [J]. Management Learning, 2000 (1998), 31 (2): 181 – 196.

[380] Poppo, L., Zhou, K. Z., Rhu, S.. Alternative Origins to Interorganizational Trust: An Interdependence Perspective on the Shadow of the Past and the Shadow of the Future [J]. Organization Science, 2008, 19 (1): 39 – 55.

[381] Posen, H. E., Keil, T., Kim, S., et al.. Renewing Research on Problemistic Search—A Review and Research Agenda [J]. Social Science Electronic Publishing, 2017, 12 (1): 208 – 251.

[382] Powell, W. W., Giannella, E.. Collective Invention and Inventor Networks: Handbook of the Economics of Inovation [M]. Oxford: North – Holland, 2010.

[383] Prahalad, C. K., Hamel, G.. The Core Competence of the Corporation [J]. Harvard Business Review, 1990, 68 (3): 79 – 90.

[384] Presenza, A., Abbate, T., Meleddu, M., et al.. Small – and –

medium – scale Italian Winemaking Companies Facing the Open Innovation Challenge [J]. International Small Business Journal, 2017, 35 (3): 327 – 348.

[385] Ramus, T., Vaccaro, A., Brusoni, S.. Institutional Complexity in Turbulent Times: Formalization, Collaboration, and the Emergence of Blended Logics [J]. Academy of Management Journal, 2017, 60 (4): 1253 – 1284.

[386] Rindfleisch, A., Moorman, C.. The Acquisition and Utilization of Information in New Product Alliances: A Strength – of – Ties Perspective [J]. Journal of Marketing, 2001, 65 (2): 1 – 18.

[387] Robichaud, Y., LeBrasseur, R., Nagarajan, K. V.. Necessity and Opportunity Driven Entrepreneurs in Canada: An Investigation into Their Characteristics and an Appraisal of the Role of Gender [J]. Journal of Applied Business and Economics, 2010 (11): 57 – 59.

[388] Robinson, J.. The Economics of Imperfect Competition [M]. London: MacMillan Press, 1933.

[389] Rodan, S.. Structural Holes and Managerial Performance: Identifying the Underlying chanisms [J]. Social Networks, 2010, 32 (3): 168 – 179.

[390] Rosenberg, N.. How Exogenous Is Science? Inside the Black Box: Technology and Economics [M]. New York: CambridgeUniversity Press, 1982.

[391] Rostila, M.. The Facets of Social Capital [J]. Journal for the Theory of Social Behaviour, 2011, 41 (3): 308 – 326.

[392] Rumelt, R. P., Lamb, R.. Competitive Strategic Management [M]. NJ Englewood Cliffs: Prentice – Hall, 1984.

[393] Sang, M. L., Hwang, T., Choi, D.. Open Innovation in the Public Sector of Leading Countries [J]. Management Decision, 2012, 50 (1): 147 – 162.

[394] Sankowska, A., Soderlund, J.. Trust, Reflexivity and Knowledge Integration: Toward a Conceptual Framework Concerning Mobile Engineers [J]. Human Relations, 2015, 68 (6): 973 – 1000.

[395] Schiller, D., Fu, W. Y., Diez, J. R.. Interactive Learning, Informal Networks and Innovation: Evidence from Electronics Firm Survey in the

Pearl River Delta, China [J]. Research Policy, 2013, 42 (3): 635 -646.

[396] Schøtt, T.. Entrepreneurial Pursuits in the Caribbean Diaspora: Networks and Their Mixed Effects [J]. Entrepreneurship and Regional Development, 2018, 30 (9 -10): 1069 -1090.

[397] Schøtt, T., Jensen, K. W.. Firms'Innovation Benefiting from Networking and Institutional Support: A Global Analysis of National and Firm Rffects [J]. Research Policy, 2016, 45 (6): 1233 -1246.

[398] Schøtt, T., Sedaghat, M.. Innovation Embedded in Entrepreneurs Networks and National Educational Systems [J]. Small Business Economics, 2014, 43 (2): 463 -476.

[399] Shane, S., Locke, E. A., Collins, C. J.. Entrepreneurial Motivation [J]. Human Resources Management Review, 2003, 13 (2): 257 -279.

[400] Sheng, M. L., Hartmann, N. N.. Impact of Subsidiaries' Cross - border Knowledge Tacitness Shared and Social Capital on MNCs' Explorative and Exploitative Innovation Capability [J]. Journal of International Management, 2019, 25 (4).

[401] Shepherd, D. A., Wiklund, J., Haynie, J. M.. Moving Forward: Balancing the Financial and Emotional Costs of Business Failure [J]. Journal of Business Venturing, 2009, 24 (2): 134 -148.

[402] Shir, N., Nikolaev, B. N., Wincent, J.. Entrepreneurship and Well - being: The Role of Psychological Autonomy, Competence, and Relatedness [J]. Journal of Business Venturing, 2018, 34 (5): 1 -17.

[403] Sidhu, J. S., Commandeur, H. R., Volberda, H. W.. The Multifaceted Nature of Exploration and Exploitation: Value of Supply, Demand and Spatial Search for Innovation [J]. Organization Science, 2007, 18 (1): 20 -38.

[404] Simula, H., Ahola, T.. A Network Perspective on Idea and Innovation Crowdsourcing in Industrial Firms [J]. Industrial Marketing Management, 2014, 43 (3): 400 -408.

[405] Sirmon, D. G., Hitt, M. A., Ireland, R. D.. Managing Firm Resources in Dynamic Environments to Create Value: Looking Inside the Black Box

[J]. Academy of Management Review, 2007, 32 (1): 273 -292.

[406] Smith, K. G., Collins, C. J., Clark, K. D.. Existing Knowledge, Knowledge Creation Capability, and the Rate of New Product Introduction in High - technology Firms [J]. Academy of Management Journal, 2005, 48 (2): 346 -357.

[407] Snijders, T. A. B., Bosker, R. J.. Multilevel Analysis [M]. Los Angeles: Sage, 2012.

[408] Seo, E., Kang, H., Song, J.. Blending Talents for Innovation: Team Composition for Cross Border R&D Collaboration within Multinational Corporations [J]. Journal of International Business Studies, 2020, 51 (5): 851 - 885.

[409] Spithoven, A., Clarysse, B., Knockaert, M.. Building Absorptive Capacity to Organize Inbound Open Innovation in Traditional Industries [J]. Technovation, 2010, 30 (2): 130 -141.

[410] Stevens, J. M., Beyer, J. M., Trice, H. M.. Assessing Personal, Role, and Organizational Predictors of Managerial Commitment [J]. Academy of Management Journal, 1978, 21 (3): 380 -396.

[411] Subramaniam, M., Youndt, M. A.. The Influence of Intellectual Capital on the Types of Innovation Capabilities [J]. Academy of Management Journal, 2005, 48 (3): 450 -463.

[412] Sun, F., Hong, J., Ma, X., et al.. Subnational Institutions and Open Innovation: Evidence from China [J]. Management Decision, 2017, 55 (9): 1942 -1955.

[413] Sundbo, J., Gallouj, F.. Innovation as a Loosely Coupled System in Services [J]. International Journal of Services Technology & Management, 2000, 1 (1): 15 -36.

[414] Teece, D., Pisano, G., Shuen, A.. Dynamic Capabilities and Strategic Management [J]. Strategic Management Journal, 1997, 18 (7): 509 - 533.

[415] Terwiesch, C., Ulrich, K.. Innovation and the Boundaries of the

Firm [M]. M A: Harvard Business Press, 2008.

[416] Tether, B. S.. Who Co - operates for Innovation, and Why: An Empirical Analysis [J]. Research Policy, 2002, 31 (6): 947 -967.

[417] Theyel, N.. Extending Open Innovation throughout the Value Chain by Small and MediumsizedManufacturers [J]. International Small Business Journal, 2013, 31 (3): 256 -274.

[418] Thornton, P. H., Ocasio, W.. Institutional Logics and the Historical Contingency of Power in Organizations: Executive Succession in the Higher Education Publishing Industry, 1958 ~ 1990 [J]. American Journal of Sociology, 1999, 105 (3): 801 -843.

[419] Thornton, P. H., Ocasio, W., Lounsbury, M.. The Institutional Logics Perspective. A New Approach to Culture, Structure, and Process [M]. New York: Oxford University Press, 2012.

[420] Tsai, K. H.. Collaborative Network and Product Innovation Performance [J]. Research Policy, 2009, 38 (50): 765 -778.

[421] Tyler, B. B., Steensma, H. K.. Evaluating Technological Collaborative Opportunities: Cognitive Modeling Perspective [J]. Strategic Management Journal, 1995 (16): 43 -70.

[422] Tzabbar, D., Aharonson, B. S., Amburgey, T. L.. When Does Tapping External Sources of Knowledge Result in Knowledge Integration? [J]. Research Policy, 2013, 42 (2): 481 -494.

[423] Van De Vrande, V., De Jong, J. P., Vanhaverbeke, W.. Open Innovation in SMEs: Trends, Motives and Management Challenges [J]. Technovation, 2009, 29 (6): 423 -437.

[424] Van Wijk, R., Jansen, J. J. P., Van Den Bosch, F. A. J., et al.. How Firms Shape Knowledge to Explore and Exploit: A Study of Knowledge Flows, Knowledge Stocks and Innovative Performance across Units [J]. Technology Analysis & Strategic Management, 2012, 24 (9): 929 -950.

[425] Vanhaverbeke, W., Du, J., Leten, B.. Managing Open Innovation Projects with Science - based and Market - based Partners [J]. Research

Policy, 2014, 43 (5): 828 – 840.

[426] Vanhaverbeke, W., Van De Vrande, V., Chesbrough, H.. Understanding the Advantages of Open Innovation Practices in Corporate Venturing in Terms of Real Options [J]. Creativity and Innovation Management, 2008, 17 (4): 251 – 258.

[427] Vasudeva, G., Anand, J.. Unpacking Absorptive Capacity: A Study of Knowledge Utilization from Alliance Portfolios [J]. The Academy of Management, 2011, 54 (3): 611 – 623.

[428] Von Hippel, E.. The Sources of Innovation [M]. Oxford: Oxford University Press, 1988.

[429] Wagner, S., Hoisl, K., Thoma, G.. Overcoming Localization of Knowledge: The Role of Professional Service Firms [J]. Strategic Management Journal, 2014, 35 (11): 1671 – 1688.

[430] Wang, C., Hong, J., Kafouros, M., et al.. Exploring the Role of Government Involvement in Outward Direct Investment from Emerging Economies [J]. Journal of International Business Studies, 2012, 43 (7): 655 – 676.

[431] Watson, J.. Modeling the Relationship between Networking and Firm Performance [J]. Journal of Business Venturing, 2007, 22 (6): 852 – 874.

[432] Wernerfelt, B.. A Resource – based View of the Firm [J]. Strategic Management Journal, 1984, 5 (2): 171 – 180.

[433] West, J., Bogers, M.. Leveraging External Sources of Innovation: A Review of Research on Open Innovation [J]. Journal of Product Innovation Management, 2014, 31 (4): 814 – 831.

[434] West, J., Gallagher, S.. Challenges of Open Innovation: The Paradox of Firm Investment in Open – source Software [J]. R&D Management, 2006, 36 (3): 319 – 331.

[435] Xiao, Z., Tsui, A. S.. When Brokers May Not Work: The Cultural Contingency of Social Capital in Chinese High – tech Firms [J]. Administrative Science Quarterly, 2007, 52 (1): 1 – 31.

[436] Xie, X. M., Zeng, S. X., Tam, C. M.. Overcoming Barriers to In-

novation in SMEs in China: A Perspective Based Cooperation Network [J]. Innovation, 2010, 12 (3): 298 -310.

[437] Yan, Y., Guan, J.. Entrepreneurial Ecosystem, Entrepreneurial Rate and Innovation: The Moderating Role of Internet Attention [J]. International Entrepreneurship and Management Journal, 2019, 15 (2): 625 -650.

[438] Yang, T. T., Li, C. R.. Competence Exploration and Exploitation in New Product Development: The Moderating Effects of Environmental Dynamism and Competitiveness [J]. Management Decision, 2011, 49 (9): 1444 -1470.

[439] Yang, Y. M., Hu, S. J.. Study on the Main Problems and Countermeasures of Finance of Small and SMEs in Counties: A Survey from Hunan Province [J]. Science - Technology and Management, 2009, 11 (1): 4 -8.

[440] Yi, J. T., Hong, J. J., Hsu, W. C., et al.. The Role of State Ownership and Institutions in the Innovation Performance of Emerging Market Enterprises: Evidence from China [J]. Technovation, 2017, 62 -63, 4 -13.

[441] Yin, R. K.. Case Study Research: Design and Methods [M]. London: Blackwell Science Ltd, 1994.

[442] Yli - Renko, Autio, H. E., Sapienza, H. J.. Social Capital, Knowledge Acquisition, and Knowledge Exploitation in Young Technology - based Firms [J]. Strategic Management Journal, 2001, 22 (6 -7): 587 -613.

[443] Yoon, B., Song, B.. A Systematic Approach of Partner Selection for Open Innovation [J]. Industrial Management & Data Systems, 2014, 114 (7): 1068 -1093.

[444] Zahra, S., George, G.. Absorptive Capability: A Review, Reconceptualization, and Extension [J]. Academy of Management Review, 2002, 27 (2): 185 -203.

[445] Zeraati, H., Rajabion, L., Molavi, H., et al.. A Model for Examining the Effect of Knowledge Sharing and New IT - based Technologies on the Success of the Supply Chain Management Systems [J]. Kybernetes, 2020, 49 (2): 229 -251.

[446] Zhang, J., Baden - Fuller, C., Mangematin, V.. Technological

Knowledge Base, R&D Organization Structure and Alliance Formation: Evidence from the Biopharmaceutical Industry. Research Policy, 2007, 36 (4), 515 - 528.

[447] Zhao, L., Aram, J. D.. Networking and Growth of Young Technology - Intensive Ventures in China [J]. Journal of Business Venturing, 1995, 10 (5): 349 - 370.

[448] Zhu, Y., Wittmann, X., Peng, M. W.. Institution - based Barriers to Innovation in SMEs in China [J]. Asia Pacific Journal of Management, 2012, 29 (4): 1131 - 1142.

[449] Zitt, M., Bassecoulard, E., Okubo, Y.. Shadows of the Past in International Cooperation: Collaboration Profiles of the Top Five Producers of Science [J]. Scientometrics, 2000, 47 (3): 627 - 657.

后　　记

本书是北京市社会科学基金项目“北京市高科技企业开放式创新合作网络建设与治理机制（项目编号：17GLG011）”的部分研究成果，同时受到北京工商大学工商管理学科高精尖学科建设项目（19008021087）和北京工商大学商学院发展基金项目（20601643007）的支持，在此感谢北京市社会科学基金委员会和北京工商大学商学院的支持。

在书稿写作过程中，得到了学术界和企业界的大力支持和协作，尤其是在问卷调查和企业访谈过程中，得到了青岛海尔智能技术研发有限公司HOPE平台，DB Schenker厦门公司（又称全球物流（厦门）有限公司），以及罗臻（厦门）物流有限公司的大力支持，在此对这些企业表示深深的感谢。

在本书完成过程中，北京工商大学商学院的程园、陈涛、齐红伟、侯倩和叶嘉敏等同学做了许多有益的工作，在此对他们表示由衷的感谢。同时，感谢北京工商大学商学院学术著作出版工作委员会的专家们对本书出版的关心。

开放式创新合作对企业创新绩效的作用，尤其是对新创小企业的作用，是近年来创新管理领域研究的前沿问题，由于本书作者水平有限，书中不足之处在所难免，殷切希望读者不吝指正，在此谨致谢意。